JN112388

戦国の城攻めと忍び

北条・上杉・豊臣の攻防

戦国の忍びを考える実行委員会
埼玉県立嵐山史跡の博物館［編］

吉川弘文館

目次

図版目次

第Ⅱ部

第一章

第二章

コラム1

第三章

コラム2

第四章

凡　例

本書では、原則として以下の各項にしたがって表記した。

・武将の名称は、できるだけ事典類に掲載されている名称を用い、時々に用いられる仮名・諱の使用は避けた。ただし、必要な場合と巻末年表を除く。

・城郭名、城名については、史料の記載にできるだけしたがったが、発掘調査成果等を示す際には、遺跡名（周知の埋蔵文化財包蔵地名）によった。

・年号の表記は、和暦（西暦）と表記した。

例　天正十年（一五八二）

・史料の引用はできるだけ読み下し案として表記した。部分的な史料の引用は「　」を付して、原文のままとした部分もある。読み下す場合には、読点や並列点を加え、くずし字は異体字・俗字を常用漢字の正字に置き換え、真仮名・変体仮名は現代仮名づかいとし、送り仮名を加えた。また、必要に応じて現代語訳を付した。

・史料名は「　」を付して表記し、刊本・日記類等の場合は、『　』を付し、所蔵別文書集名には「　」を付した。

・引用する史料に掲載された刊本がある場合は、刊本名とそこでの史料番号を付して便に供した。特に『戦国遺文』については、「戦＋各編名略称＋史料番号」と略記した。（略称の例：今＝今川　北＝後北条　武＝武田　房＝房総）

・文献の引用は、（著者姓→発行西暦年）で表記し、原則、各章末に参考文献一覧を付した。参考文献は「著者名→刊行年→書名→出版社名」の順に記した。

関東戦国時代略図

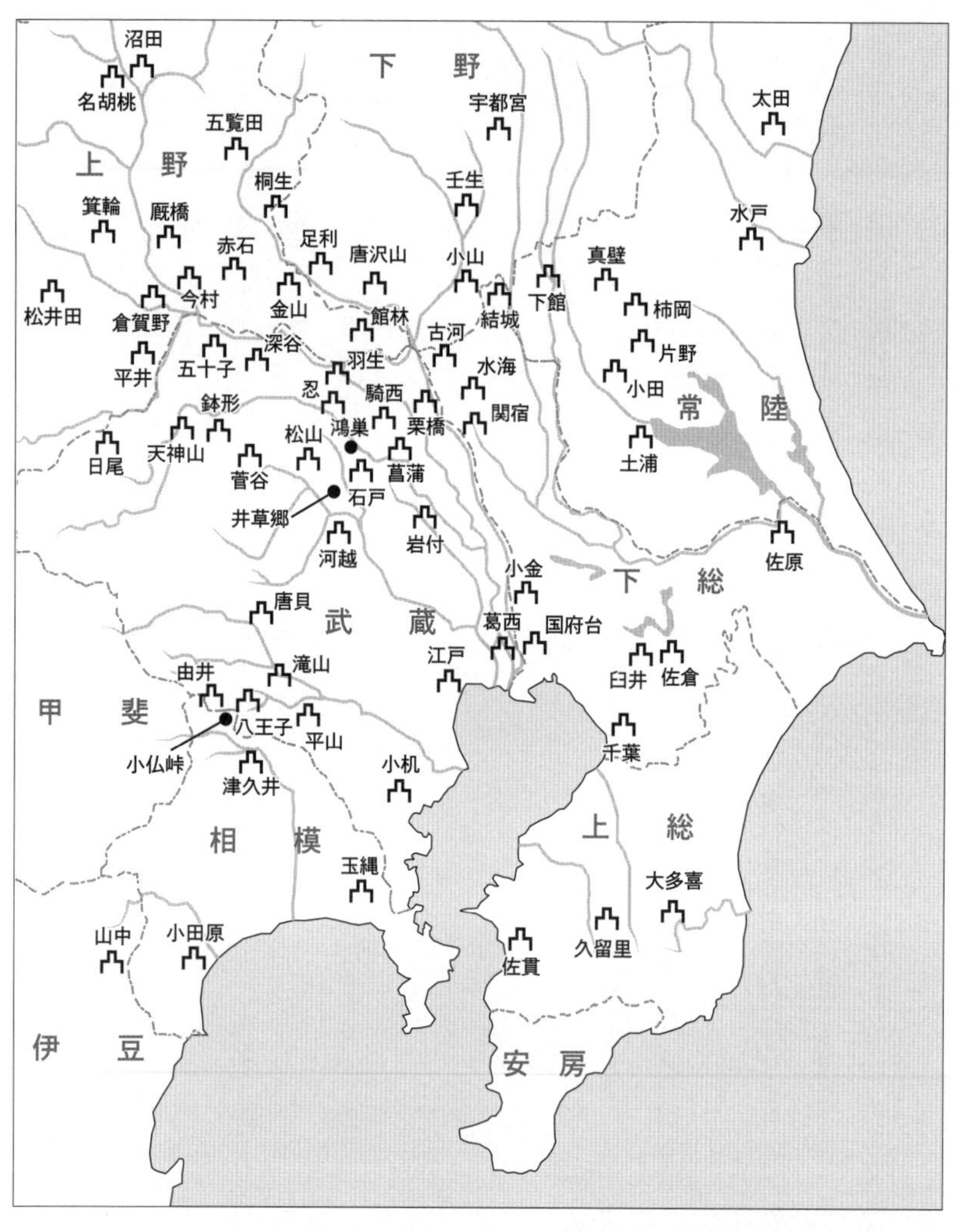

沼田
名胡桃
下　野
宇都宮
太田
五覧田
上　野
桐生
壬生
水戸
箕輪
厩橋
赤石
足利
唐沢山
小山
真壁
松井田
今村
倉賀野
金山
館林
結城
下館
柿岡
深谷
古河
片野
平井
五十子
羽生
水海
小田
常　陸
忍
騎西
鉢形
関宿
鴻巣
栗橋
日尾
天神山
松山
土浦
菅谷
菖蒲
石戸
井草郷
岩付
佐原
河越
小金
下　総
唐貝
武　蔵
葛西
国府台
滝山
江戸
臼井
佐倉
由井
甲　斐
八王子
平山
千葉
小仏峠
小机
津久井
上　総
相　模
玉縄
大多喜
山中
小田原
佐貫
久留里
伊　豆
安　房

プロローグ——戦国の忍びとの出会い

岩田明広

武の達人として世界的な人気を誇る「忍者」だが、実はその実態はよくわかっていない。「すっぱ」「らっぱ」「くさ」「かまり」「のきざる」「ふしかぎ」「もんじやく」そして「しのび」。忍びにはさまざまな呼称があるといわれるが、南北朝時代の『太平記（たいへいき）』には、すでに「忍」が登場し、多くの武士たちがその言葉の意味を理解していたことが明らかだ。なぜ別の言葉が必要だったのか。「別名」は実は異なる役の者を指すのではないのか。

戦国の闇を駆け抜けた「忍び」の実相をとらえたい。それが筆者と「忍び」研究との出会いだ。

平成二十五年（二〇一三）九月七日、国際オリンピック委員会により夏季オリンピックの東京開催が発表された。昭和三十九年（一九六四）以来、五十六年ぶり二度目の開催になる。その二年前にあたる平成二十三年三月十一日、日本は東北・関東東方沖を震源とした大地震と津波により、甚大な被害を受けていた。東京オリンピック・パラリンピックは、日本の復興を世界に示す記念すべき大会と位置づけられた。訪日外国人客数が年間一〇〇〇万人を越える、日本ブームの中での出来事だった。

東京五輪開催決定を受け、日本政府は歴史と伝統文化の発信事業を加速した。多くの博物館・美術館が、五輪の外客を当て込んで、日本文化を軸に据えた事業を計画した。そんな中、平成二十七年、日本の侍文化に画期となる出来事が起こった。刀剣乱舞ＯＮＬＩＮＥサービスが始まり、女性を中心に刀剣ブームが訪れたのだ。追いかけるように各地の城郭が人気となり、戦国ブームの様相が際立っていった。

一方で、震災と同じ平成二十三年、甲賀市・伊賀市を先駆けに、それまで各家に秘蔵されていた史料を発掘する、本格的な「忍者」研究が走り出していた。平成三十年以後は、三重大学・国際忍者学会等が各地の研究者・研究機関・行政体と連携し、新しい「忍者」研究の成果を世界に発信するようになっている。刀剣ブーム・戦国ブームに続く「忍者」ブームが到来したのだ。

このころ埼玉県立嵐山史跡の博物館に在籍していた筆者は、東京五輪に合わせたインバウンド事業として、「忍者」をテーマにした特別展実施を企画した。幼少期のテレビ番組『仮面の忍者　赤影』や中学・高校と読み漁った山田風太郎の忍者小説による憧れに加え、冒頭の疑問を解消するため、世界に通じる日本文化の素材「忍者」に本格的に取り組んでみたいと思ったのだ。とはいえ当初は、数少ない文献記録を集め、修験関係の出土品や伝世品を探し、各地の城に展示されている忍器と忍術の秘伝書を拾い上げれば事足りると高を括っていた。しかしその後、文献記録を探すうち、それまでに蓄えた知識が創作や想像の結果にすぎず、忍者の確かな歴史記録がほとんどないことに衝撃を受けた。歴史的事実にもとづく忍者展が、今まで催されなかったわけを、痛いほど納得させられた。

展示品探しは難航した。確かな文献記録どころか、由来の明らかな伝世品にさえ行き当たらず、考古資料も皆無で、せいぜいどこかで読んだ記憶のある近世の軍記や戯曲、演劇の脚本等があるにすぎなかった。しばらく、忍術伝書が唯一の手がかりという状態が続いた。

普通、歴史科学では信頼できる先行研究が参考になるものだが、学術論文や学術書は非常に少なく、研究事例の多くが近世の軍記や現代の「忍者」のイメージの影響を受けていることもわかってきた。基本的な文献でも、本書に御寄稿いただいた三重大学人文学部教授山田雄司氏による通史研究『忍者の歴史』（角川選書、二〇一六年）や、同様に御寄稿いただいた同大学同学部教授吉丸雄哉氏・山田雄司氏・尾西康充氏による文学・サブカルチャーの分析本『忍者文芸研究読本』（笠間書院、二〇一四年）等を除くと良書は少なく、戦国時代に至っては「忍び」の基本文献といえる資料には辿り着けなかった。

展示資料の収集がはかどらず焦りが出はじめたころ、二つの重要な実物史料に出会うことになった。一つは本書に御執筆いただいている谷口榮氏の御紹介によるもので、葛西城（東京都葛飾区）乗っ取りの忍びを命じた北条氏康の判物、もう一つは羽生城（埼玉県羽生市）争奪戦で敵船の乗っ取りを命じた上杉謙信の判物だった。

この頃までには、遅れていた一次史料の把握も、ようやく進んできていた。それらと合わせて詳細に読み進めたところ、戦国期の古文書では、「忍び」の語が、夜間の「潜入」「乗取」「放火」等の特定の戦術を意味する言葉として、また、その任務を負う者たちの呼称として用いられていたことがわかってきた。

葛西城と羽生城の史料にはまた、合戦の前後の動きを記録した関連文書が多く残されていた。それらを検討することで、忍び戦術がとられた状況やその実行部隊の性格、軍内でのあり方等を把握することができた。そしてどうやら戦国期には、忍び戦術に対応可能な鍛錬を積んだ特殊武装集団が存在していたらしいことも把握できた。

展覧会では、戦国期の一次史料の検討から、さらに歩を進め、「忍者」の概念の成立、小説・漫画・映画・テレビを通じての変容などもとりあげた。本書で忍者といわず「忍び」というのは、忍者（ニンジャ）が昭和三十年代成立の語であるためだ。

戦国期の史料を正確に理解するため、並行して近世の忍術伝書と伊賀・甲賀でみつかった最新の近世史料にも目を配った。一度手がかりを掴むと、不思議なものでつぎつぎに重要な事実が浮かび上がってきた。近世初頭の忍びたちは、他の武士とは異なる独自の鍛錬を積み、任務に適した道具を開発・改良・使用して、師弟間で伝授、情報共有していたことも掴めた。直前の戦国にも通用するあり方だと思われた。このことは、忍びの武器や道具「忍器」が特殊なもので、戦場で用いられていたことを意味する。おそらく考古学からのアプローチも可能だ。

とはいえ、これまで発掘調査で得られた確実な忍びの手がかりはない。しかし、まれに多くの武器・武具を出土する城郭があり、出土遺物の中によくわからない特殊なモノが少なからず存在している。その中に何か手がかりがあるかも知れない。忍び独自の「忍器」を探すため、筆者は、関東を中心に各地の戦国城郭の発掘調査報告書をめくり、特殊遺物を選び出すことにした。

探索の中、地元埼玉の観光地川越で、近世の忍器と伝わる資料群（川越歴史博物館蔵）を確認した。同時に、三重大学国際忍者研究センターの高尾善希氏の御教示により、川越藩に五〇人の忍足軽が仕えていたこと、その屋敷が東北大学附属図書館所蔵の「川越城下図」に描かれていることを知った。さらに、川越藩の忍びについては、郷土史家による先行研究があることもわかった。これをきっかけに、実物資料の詳細な観察と文献史料との比較検討をおこない、川越の忍器群が幕末の実物の忍器と判断できることに行き着いた。近世の忍器群という確実な足場を得たことで、それらの構造や形状をもとに、考古資料を観察することが可能になった。

最初に特殊武器の可能性を感じたのは、さいたま市にある岩槻城跡の出土遺物中にあった六角形の平板な石器であった。川越の忍器群中の鉄つぶてに酷似していることから、鉄つぶてや平型手裏剣と同じ回転系投擲武器だと考えた。同様のものは、岩付城支城の伊達城跡（大和田陣屋跡）でも多く発見されていた。伊達城跡には製作痕跡があり、岩槻城跡のものは、伊達城跡から持ち込まれたものであると考えられた。

数ヵ月後の令和元年（二〇一九）初夏、人が人を繋ぐように辿り着いたのが、東京都八王子市にある国指定史跡八王子城跡の採集遺物中にあった土玉群だ。昭和三十年代に地元の郷土史家が発見したもので、長年、代用銃砲弾だと考えられてきた。戦国期の戦闘遺物調査で八王子市郷土資料館にうかがった際、拝見する機会を得たものだ。それらの中に、川越の忍器に共通する構造の特殊な資料を発見した。構造と形状から、撒菱であることが一目で理解できた。

六角形の石器も撒菱とみられる土製品も、豊臣秀吉による小田原北条氏攻めの際、北条方の城で作られ用いられたものだ。製作に鍛錬が必要である一方、他の遺跡に出土例がない。つまり、製作集団は、この独特な道具を開発・改良・使用して、外部に情報を漏らさず、その集団内で伝授していたとみられるのだ。構造・形状・製法・情報管理状況から、「忍器」とみてよい特殊武器だ。これらについては、NHKの歴史番組「ニンジャトゥルース　エピソード20」（NHKワールド）と「歴史探偵　戦国の忍び」（NHK総合）で復元製作実験をおこなっており、本書で報告も兼ねて詳しく紹介する。

さて、戦国期の忍びについては、これまで軍記や忍術伝書に引きずられ、確実な事実から成る定点が把握できていなかった。軍記の多くは、情報提供者の事情を多分に反映したオーラルヒストリーだ。今日では、近代以後の戦時検証の歴史から、そうした情報が歴史科学上の歴史的事実になりにくいことは広く知られている。その意味で、一次史料から把握した「忍び」の実態と実物の忍器は、架空の忍び装束を脱ぎ去った戦国の「忍び」と現代社会の初めての出会いであり定点となる成果だといえる。

こうして企画展は、ようやく展示としての形をなすに至った。ところが、文化庁補助金獲得の目途が立ち、準備のほとんどを終え、開催を目前にした令和元年末、中国で原因不明の肺炎が発生した。この肺炎は、翌年初には新型のコロナウィルスによるものと確認され、春には急速に日本国内にも広がっていった。多くの社会活動が規制され、東京五輪も展示も開催が一年延期されることになった。展示からもう一歩踏み出し、より具体的に「忍び」の実態を解明しようと計画していたミニシンポジウムも、合わせて延期が決まった。

その後、新型コロナウィルス感染症拡大の波が三度訪れたが、令和三年七月、展示期間を大幅に短縮して企画展「実相　忍びの者」の開催にこぎつけた。ミニシンポジウムは、博物館セミナー「戦国の忍びを考える—武蔵国での戦いをめぐって—」と題して九月十九日の開催となった。延期期間を利用し、セミナー各発表者には、忍びが関わった戦国の城争奪戦の具体像まで研究を深化していただくことができた。

セミナー実施後には、記録集の刊行を求める声を多くいただくことになった。発表者諸氏からも、記録集を残しておくべきだとの御意見をいただき、刊行に辿り着いたのが本書である。

本書は、今回の調査研究の足跡をたどる構成とした。まず第Ⅰ部第一章で戦国期の一次史料から把握できる忍びの実像を紹介し、第二章で戦術としての忍びの具体的事例をとりあげ、その枠組みや実行部隊について紹介した。また、第Ⅱ部第一章に、戦国期の特殊武器の基本的な情報提供と、忍器としての認定過程を示した。第Ⅰ部第三・四章、第Ⅱ部第二・三・四各章では、博物館セミナー発表者の気鋭の研究者に、戦国大名軍の戦闘・城郭構造・特殊武器の使用方法等と忍びの関係を考察していただいた。おおまかに第Ⅰ部で、戦国期の忍びの枠組みや制度としてのあり方を探り、第Ⅱ部で、どのような者たちが忍びを担い、あるいは関わっていたのかを追求する内容になっている。さらにコラムには、NHKの番組撮影を通じて実施した忍器の復元製作・使用実験の結果について、復元製作者の陶芸家・石材加工家のレポートを掲載した。そして最後に、これらを踏まえ、忍者研究のリーダーである山田雄司氏、文学史の忍者研究第一人者である吉丸雄哉氏から、それぞれ玉稿を賜り、忍びを含む忍者研究の課題や将来の見通しについて、第Ⅲ部を設けた。

本書を通じて、確かな資史料にもとづく戦国期の城攻めと、その陰でおこなわれた忍び戦術の実態に思いをはせ、科学的な追及を経ても、なお多くの謎が残る忍びの世界をお楽しみいただければ幸甚とするところだ。

第Ⅰ部　城攻めと忍び

——戦国の軍と忍びを考える

第一章　一次史料からみた戦国期の忍び

岩田明広

一　戦国の忍びはどう理解されてきたか

これまでの忍び研究

「忍び」は、南北朝時代の『太平記（たいへいき）』に現れ、明治初期まで武士の時代に永く存在し、現在は「忍者（にんじゃ）」として、日本のみならず世界的な人気コンテンツになっている。しかし、その実態は謎に包まれている。戦国期の忍びを考えるにあたり、まずは忍び研究の現状を紹介しておきたいと思う。

忍びの任務といえば、最初に情報収集を思い浮かべるのが一般的かも知れない。近年の主な研究成果では、「忍び」とは、敵国への侵入・放火・破壊・夜討ち・待ち伏せ・情報収集をおこない、戦闘を避け、生きて帰り主君に報告する者たちであったとされている（山田二〇一六）。伊賀市・甲賀市で未発見の文献史料を掘り起こす研究がはじまり、これを丹念に前進させた忍者研究の第一人者、三重大学人文学部教授の山田雄司氏による見解だ。山田氏とともに文学史の立場から忍者研究をリードする同大教授の吉丸雄哉氏は、実在した忍びの任務について、戦時には敵国・敵城へ

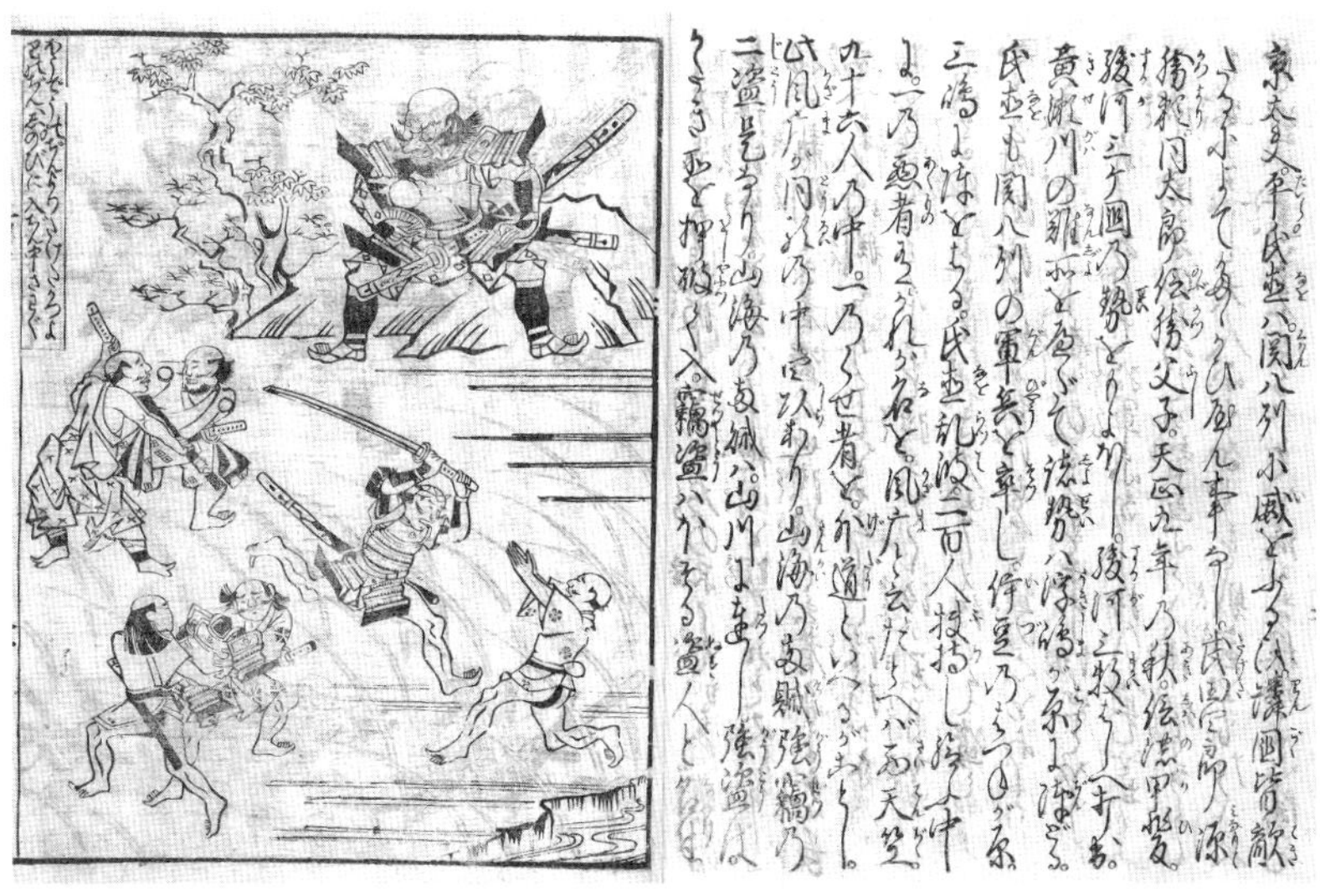

図１　『北条五代記』の挿絵にある乱波の頭領風摩の姿
残虐非道な忍者風魔のイメージを作った挿絵（国文学研究資料館蔵、写真提供）

の潜入・情報操作・攪乱・放火・夜討ちをおこない、平時には敵国・敵城に潜伏して情報収集をおこなった、とする考えを示している（吉丸二〇二二）。伊賀市・甲賀市・三重大学等の研究は、各地に影響を与え、現在では、弘前・松本・川越・福井・松江・姫路・岡山・徳島・萩・熊本等の近世諸藩について、記録が確認・解読され、幕藩体制下の忍び研究が進んでいる。

しかし、忍びがその能力を最も発揮した戦国期については、信頼できる史料が少なく、その実態はよくわかっていないのが本当のところだ。一般的には、悪党というアウトローが、各地で「すっぱ」「らっぱ」「くさ」「かまり」「軒猿」「伏齅」等と呼ばれる「忍び」として、敵国・敵城への潜入・潜伏・情報収集・情報操作、暗殺・放火・攪乱等をおこなったという、明治期以来の認識が踏襲されている。こうした見方は、「乱波（らっぱ）」の大将「風摩」の残虐非道なイメージを、平易な物語とともに挿絵で可視化した『北条五代記』（図１）などの軍記に加え、乱波・出抜（すっぱ）、伊賀者・甲賀者、泥棒を同一視した江戸文化研究家三田村鳶魚（みたむらえんぎょ）の著述などに起因している（三田村一九三二）。この解釈は明治以後の忍者ブームによって広く行き渡り、多くの商業出版物や映画・テレビを通じて社会に固定されてしまった。

最近の戦国期の研究は、軍団としての家臣団の状況や兵員動員と郷村の実態、銃砲の導入状況等から、兵種別軍団編成（西股二〇一二）や情報戦略・兵站の解明（盛本二〇〇八など）等の具体的研究段階に進んできた。当時の記録には、戦が本軍と忍び等の別動隊による作戦で進められた様子が容易にうかがえ、本来なら、別動隊としての忍び研究はもっと進んでいてよい状況だ。しかし、作戦や詳細な戦術の研究に、大きな進展はみられない。結果的に、「忍び」は潜入・攪乱・放火等のさまざまな行為（忍び行為）であるとする批判にもつながっている（荒垣二〇一三）。二〇一〇年代の中世史学界には、忍びの存在自体を疑う雰囲気さえ漂っていた。

別動隊の代表格としての忍びの詳細を理解できれば、現況の戦国社会の研究成果と合わせて、一〇〇年を越える戦国時代に高度な発達をとげた戦術や作戦、それらを求めた戦国大名の軍事戦略とその構造的な思考、さらには、戦に明け暮れた人々の思想にまで理解が及ぶ可能性がある。

こうした状況の中、武田氏研究で知られる平山優氏が、忍び研究に一つの大きな足跡を残した。全国の大名・国衆らに目を配り、広範に忍びの同時代史料と軍記の記述を収集することで、具体的な忍びの活動を把握しようと試みたのだ（平山二〇二〇）。多くの文献記録から、平山氏は忍びが非正規雇用の傭兵であったことに迫った。しかし、軍記の比率が高く、また個々の記述の関連史料を追求する段階には至らなかったため、忍びの成員を悪党に求め、その任務を「らっぱ」「すっぱ」「野伏」「かまり」「草」などとともに括る従来の見方に留まることになった。

一方、忍びの象徴として扱われながら、ほぼ研究対象にならなかったものに忍びの道具「忍器」がある。何らかの「モノ」が忍びの道具・武器と証明されれば、その性格や戦闘形態を定義する重要な要素になりうるにも関わらず、確実な資料を確認する作業さえおこなわれてこなかった。このため、戦国期の忍器は、これまで未発見であった（阿刀二〇一二）。

武術史の分野では、日中・太平洋戦争中に、実戦における戦闘術との関連の中で「手裏剣」の研究がおこなわれた。中世以来の歴史と古武術流派としての手裏剣術を紹介したもので（藤田一九三六・成瀬一九四一）、その成果は昭和の忍者ブームの際に、忍びと手裏剣を結びつける結果につながった（藤田一九六四）。最近三重大学による研究が進み、手裏剣術は棒状のものを投げる剣術の範囲の技術であるとされ、忍びは手裏剣を投げなかったと結論づけられることになった（吉丸二〇二一など）。

その他の研究でも、最大の忍術伝書といわれる『万川集海（まんせんしゅうかい）』の忍器の構造図から、デザイン性を検討した成果がある程度に過ぎず（相磯二〇〇三）、戦国期の忍びや戦との関連を追及した歴史研究の例はみられない。

戦国期の忍びは、コト・モノどちらの面からも、未解明の研究課題であるのだ。

本書で紹介する研究の位置とトレンド

戦国の忍びの企画展を準備する中、こうした研究状況に触れ、軍記における創作要素をいったん完全に排除し、確実な一次史料にもとづく研究段階を確保する必要性を、強く意識させられることになった。ここでいう一次史料とは、研究対象とする時代当時に書かれた命令書や召集・勧誘状、状況報告、規則・定書等の当事者史料を指す。日記等の書付については、風聞等の不確かな情報を除き、直接経験したことに関する記述部分に限定したものを含む。また、同時に、解釈が入り込みにくい確かな証拠として、考古資料に目を向け、忍器と認定できる資料の確認を進めることも必要であると感じた。

こうした必要性を条件に調査研究を実施した結果、筆者が世に問うことにしたのが、展覧会事業の企画展「実相　忍びの者」であり、展示図録（岩田二〇二一ａ）および関係論文の「戦国の忍びを追う」（岩田二〇二一ｂ）と「戦国の忍器を追う」（岩田二〇二二）であった。

一次史料を重視する考え方は、国際忍者学会会誌『忍者研究』に掲載された近世の忍びに関する諸論や和田裕弘氏による天正伊賀の乱の研究（和田二〇二一）と同様の方向性の模索であり、今後の本格的な忍び研究に繋がる傾向であろう。

前置きが長くなってしまった。次に、忍び関係の一次史料を紹介し、そこからみえる忍びの実態を追ってみたいと思う。

二　一次史料に残された戦国の忍び

最古の忍びの当事者史料

本章でとりあげる史料は関東甲信越静が中心だが、できるだけ全国を視野に入れるよう努めている。とりあげる条件は、「忍」「しのび」の語がある戦国期の一次史料とし、「忍」の語が「密かに」の意の副詞として用いられているものは除く。

史料を集めてみてわかったことだが、管見に触れた史料は一〇点しかなく、あらためて忍びの史料が少ないことに驚かされた。尼子氏・島津氏にはまだ存在するようだが、十分検証できなかったため本章では除いた。

「忍」「しのび」の語の初見は、文学作品を含めれば『太平記』巻第二十「八幡炎上事」で、北朝の建武五年（一三三八)、足利尊氏配下の高師直が、北畠顕信が籠る石清水八幡宮を忍びに放火させた記述になる。しかし、一次史料として最も古い例は、現在のところ、永正七年(一五一一)十二月二十八日から翌年三月九日までに起こった斯波義達陣所や斯波方国衆陣所の火災について記した【史料二】「伊達忠宗軍忠状」であろう。

応仁の乱後、遠江守護職に補任された今川氏親は、永正五年、斯波氏に奪われていた遠江に侵攻した。「伊達忠宗軍忠状」は、今川氏に与していた駿河伊達氏忠宗の軍功を記したものだ。書状冒頭の斯波方陣所の火災のうち、井伊次郎陣所・番所と太田左馬助陣所の火事について次のように記している。

【史料二】「伊達忠宗軍忠状」(京都大学総合博物館所蔵「駿河伊達文書」戦今二五五)

(前　略)

一、同夜(二月二十二日)亥の剋時分　ミたけ井伊次郎陣所・番所火事、
　　是れはしのびを付け申し候、
一、三月九日　丑剋時分　太田左馬助陣所初め、其外三十余り火事、
　　同、

(後　略)

忍びが放火をおこなったとも考えられるが、軍忠状では手柄についての証人が必要な場合があり、忍びは忠宗軍の放火の見定めをした証人かも知れず、判断しづらい。他の史料に比して半世紀ほど古い時期であることに、わかりづらさの原因があるのかも知れない。ともあれ、忍びが軍の命を受けて放火した可能性を示す史料ではある。

武田軍配下の忍び任命の記録

【史料一】を除けば、忍び関係の一次史料は銃や砲が普及した永禄期以後のものが主体になる。以下、年代を追って確認していく。

【史料二】永禄四年（一五六一）八月二十六日付「武田家朱印状写」は、群馬県安中市松井田町の諏訪城（諏訪要害）を武田軍が攻めた際の命令書で、水車輪の「乗取」を「忍之衆」に指示したものだ。

【史料二】「武田家朱印状写」（「海老原家文書」戦武四一八五）

（前　略）

上州松枝（松井田）の庄内、諏訪要害における水車輪乗取の忠節について、両国の忍の衆に仰せつけるものなり、御親類衆・御宿老衆の誰が被官なりとも、下知において背かば、御上意を請けず、成敗いたすべきものなり、ついては、成敗致すとも、隠れず申し上ぐべく候、

（後　略）

前年、将軍足利義輝から関東管領上杉憲政の補佐を指示された上杉謙信が、関東諸将の参陣を得て、北条氏が席巻する関東に侵攻した。永禄四年春には、小田原城（神奈川県小田原市）を包囲するまでに達している（第二次越山）。広大で堅固な小田原城は簡単に落とせず、農繁期の春を迎えると、上杉・関東諸将軍には離反者が出はじめ、小田原城の包囲を解き撤退した。謙信は鎌倉鶴岡八幡宮に移り、関東管領と上杉氏名跡を継承した上で、群馬県前橋市の厩橋城を経て越後に帰国した。北条軍は謙信帰国直後から、上杉方に与した諸城・諸将奪還作戦を開始した。

五月、帰国した上杉軍の動きを確認し、同盟していた北条氏に応じて武田信玄が甲府を発し、北信濃の上杉方拠点を攻撃した。上杉軍は再度出陣し、川中島合戦最大の激戦第四次合戦を迎えることになる。

この史料は、川中島合戦直前の緊張状態の中で、攻城戦の戦術として、忍びによる城の一部の「乗取」を命じたものだ。攻撃対象の諏訪城の位置からみて、忍びを命じられる両国の者たちは、武田配下の真田氏が領した信濃国と上野国、または武田領国の甲斐国と上野国の武士たちだと思われる。御親類衆・御宿老衆の誰の家臣であっても命に背くな、とあり、両国から参陣した親類衆・宿老衆を含む国衆の家臣から「忍びの衆」が選任されることがわかる。忍びを命じられるのは武田氏からみれば陪臣にあたる。

このことは、忍びが近世のような常設の組織ではなかったことを示している。つまり、忍之衆は、軍の作戦内で「忍」と呼ばれる戦術行動を命じられる者たちを指し、彼らが仕える国衆の身分や功労を問わず、能力主義で選任されたことを推測させる。

武田軍の忍びは、軍配下の忍び戦術実行能力のある下級武士が命じられるもので、任命された時点で「忍び」と呼ばれる仕組みであったとみられる。命に背くな、背けば成敗する、とあるのは、忍びの任がそれだけ厳しいものであったことを示すと考えられる。

北条軍の攻城戦における忍び戦術の記録

次にあげる【史料三】永禄五年（一五六二）三月二十二日付「北条氏康判物（契状）」は、現存する忍びの史料の中で最も重要なものであろう。この史料も上杉謙信第二次越山の影響下に発給されたものだ。越山により上杉方に与した関東の城々と諸将を奪還しようとした、北条軍の作戦行動における命令書だ（図2）。

【史料三】「北条氏康判物」（「本田家文書」戦北七五〇）

葛西要害、忍をもって乗っ取り上げ申し付くれば、御褒美として知行方下さるべき事、

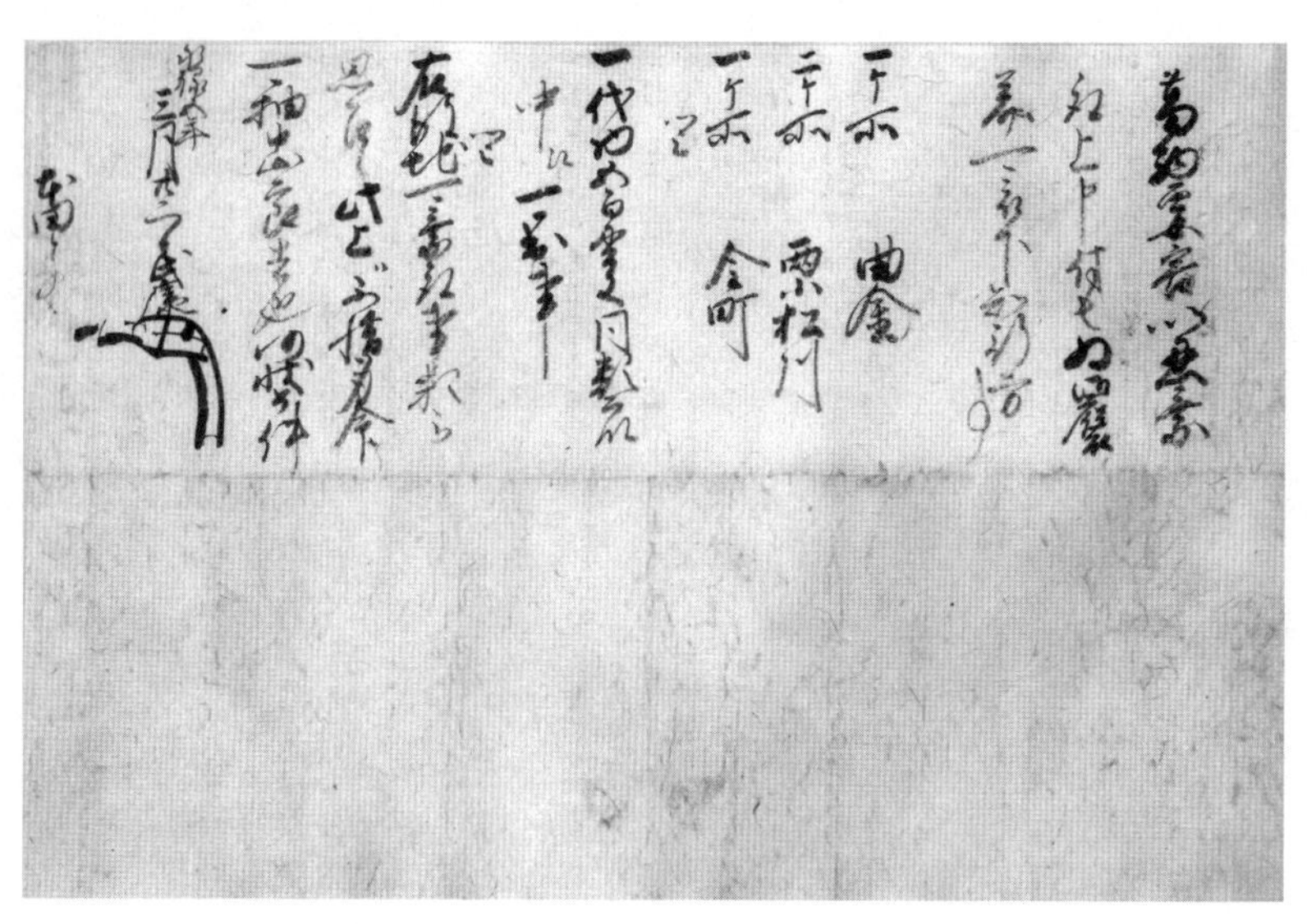

図2　永禄五年三月二十二日付「北条氏康判物」
忍びをもって葛西要害を乗っ取るよう、北条氏康が本田氏に命じている。忍びの古文書としてはもっとも重要なもの（個人蔵、足立区立郷土博物館寄託）

一ケ所　曲金、
二ケ所　両小松川、
一ケ所　金町、以上、
一　代物五百貫文、同類衆中へ出すべき事、以上、
右、彼の地乗取べき事、頼み思し召され候、此の上は身命を惜しまず、忠節を抽んずるべきものなり、仍って状、件のごとし、
　永禄五年三月二十二日　　氏康（花押）
　　本田とのへ

「本田」という武士に葛西城を「忍」で乗っ取るよう指示するので、褒美として曲金・両小松川・金町（東京都葛飾区）の知行を与え、実行部隊（同類衆）に五〇〇貫文を給付する用意があるというのだ。この史料には一連の記録群（史料群）があり、忍びの実態を非常によく示している。第Ⅰ部第二章で詳しく紹介するため、ここではこの史料の文法と文意についてのみ確認しておく。

「忍びをもって（以忍）」は、名詞の「忍」によって、

または「忍」を用いてとなるので、「忍び戦術によって／忍びを用いて」、または「忍びという集団で／忍びを使って」という二つの意味に解釈できることになる。また、忍びの実行部隊が、「本田」を寄親とする寄子であることも読み取れる。褒美によって北条軍に属し、軍事行動をおこなう本田の忍び実行部隊が、傭兵集団であったこともわかる。北条軍に常設の忍び組織はなく、傭兵として雇用する場合があったとみてよいことになる。

毛利氏に関わる忍び警固の記録

同時期には、中国地方でも忍びが使われていたようだ。大内氏を滅ぼして台頭した毛利氏は、尼子氏から石見銀山の奪取を企てていた。いったんは敗れた毛利氏だったが、永禄五年、尼子領に侵攻した（第二次月山富田城の戦い）。このとき、毛利元就の子で配下の吉川元春が、援軍を送った石見国衆の益田藤兼に対し、敵方尼子氏・平田氏の動向を知らせ、援軍の動きに指示を与えた書状がある。その中に忍びに対する用心の記述がみられる。

【史料四】「吉川元春書状」（『大日本古文書』「益田家文書」三一七）

（前　略）
今朝、敵相動かず候、弥儀無しの由、申し越し候、先づ以って御心安くすべく候、追々、到来の趣、御意を得るべく候、
また、平田の儀、各御倉元と聞き及び候て、自然、忍をも付き候ては、然るべからず候の条、心付けらるべくの由、仰せ蒙り候、
（後　略）

出雲市平田町にあった平田城に、尼子方の忍びを潜入させてはならないとの意だ。この史料でも、「忍」は軍の配下で忍びという任務に従事する者たちを指している。忍びに対する警固を説いたものだが、尼子軍が忍び戦術を用いていたことを示している。毛利軍も軍中で「忍び」を用いていたことは確かであろう。

城攻めの戦術を表す武田氏史料の二つの用例

やはり同時期の史料で、武田氏の城攻めに関する二つの事例を紹介しておこう。うち一つは副詞的用法の熟語の可能性があるが、「忍」の語が「忍び戦術を用いて」という意にとれる記述であるためとりあげるものだ。

武田氏は、上杉氏と川中島での戦いを続ける一方で、上野国西部にもたびたび侵攻した。永禄七年（一五六四）には、配下の真田幸綱・小山田備中守虎満らをともなって松井田城攻略を目指していた。

このとき、信玄の下に真田幸綱（渾名弾正）から密書で注進があった。上野国衆の安中重繁（越前入道）が上杉謙信（輝虎）に内通し、小山田備中守の在番する城を「忍び取ろう」としているとのことだ。信玄は、小山田備中守に使いを出し、【史料五】の書状を送った。忍びによる乗っ取りの恐れがあるため、油断せず、内通者に用心せよと命じたのだ。

「忍」の語は「忍取」という熟語にもみえるが、この用例は他の古文書にはみられない。副詞的用例ではなく、「忍」が名詞であり、「忍び戦術を用いて取る」の意で用いられたと考えたい。読み下しも、「忍びにて取る」が正しいかも知れない。

武田軍に敵城を忍びによって奪う戦術があり、配下の武士たちには「忍」が軍事用語として理解されていたものと思われる。

【史料五】「武田信玄書状写」（徳川林政史研究所『古案』戦武九一五）

（前　略）

真弾（真田幸綱）の所より蜜書をもって注進の如くは、安（安中重繁）、輝虎かたへ越し、計策候て、その城を忍び取る由に候、油断あらば、曲事必定に候、

（後　略）

もう一つは、武田勝頼が配下の三浦員久らに対し、城の防御を固めるよう命じた条目だ。

天正三年（一五七五）五月の長篠の戦いで武田軍を破った織田・徳川連合軍は、武田氏に対する圧迫を強めた。徳川勢は駿河・伊豆国境まで攻め込み、遠江の諏訪原城（静岡県島田市）、二俣城（静岡県浜松市）と攻略していった。二俣城を落とされた武田勝頼は、静岡県藤枝市にあった要の城、田中城の守りを固めるよう、在番の三浦員久らに【史料六】のとおり警固を命じた。

忍びについての記述は、箇条書きされた警固項目のうち、城の改修を進めよとする一条の付けたりにある。

【史料六】「軍役条目」（「佐久町友野氏旧蔵文書」戦武二五六九）

（竜朱印）条目

一　其の城の用心普請等、昼夜を捨てず肝煎の事、

付、忍の用心、専ら申し付けらるべきの事、

（後　略）

忍びに対する警固は、命じられたようにせよ、との意だ。文法的には、「忍」は、忍びという戦術、あるいはその戦術の実行部隊を指す名詞であり、それに対する警固（用心）となる。この史料でも、忍びは軍の配下で軍事的な戦術を実行する者たちを指していることがわかる。

忍びと夜を結びつける史料

天正六年、上杉謙信が死ぬと、二人の養子景虎（かげとら）と景勝（かげかつ）による跡目争い「御館（おたて）の乱（らん）」が起こった。北条氏康の子だった景虎を援護するため、北条氏政は武田勝頼に景虎支援を依頼した。しかし、勝頼が景勝支援に回り甲越同盟を結んだため、北条・武田の対立が生じ、甲相同盟が破綻、伊豆半島周辺で戦闘に発展した。

天正八年二月、合戦に巻き込まれる惧れのある静岡県三島市多呂（たろ）の百姓を対象に、【史料七】のとおり、戦時下の定めが下された。第三条に忍びに関する記述がある。

百姓は戦禍を避けて逃亡しても帰ってくるべきだとし、夜中に忍びにでも追い散らされた場合は、近くにいるようにして、出張して農作業にあたらせるまでだ、としている。

【史料七】「北条家朱印状」（「小出文書」三島市誌増補史料編Ⅱ一九七・戦北二一四二）

（前　略）

一　郷村へ如何様にも立ち帰りて、これ有るべきは尤に候、若し、また夜中、忍びにも追い散らさるべく地形は、その間寄々に徘徊させ、出作にもこれ致すべくまでに候事、

（後　略）

この史料では「忍び」は人・集団とも戦術ともとることができる。忍びが夜間の戦術であったことは理解できるが、残念ながら、その役の詳細等については記されていない。

忍び実行部隊の組織と潜入の状況を具体的に示す史料

次に紹介する【史料八】は、一つの書状に「すつは」「しのひ」「足軽」の三語が同時に登場するため、これらが同

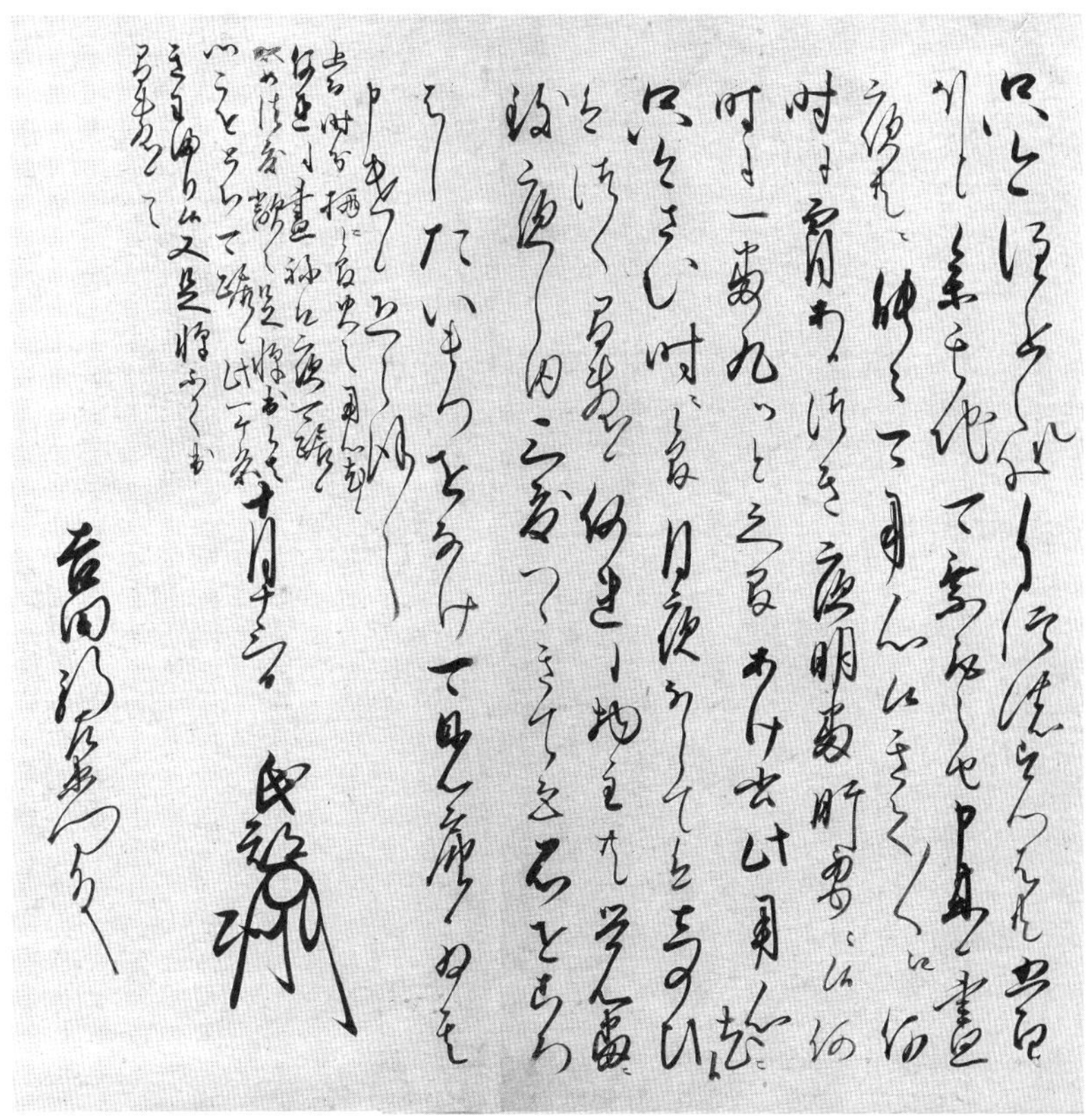

図3　天正十年のものとみられる十月十三日付「北条氏邦書状写」
すっぱ、しのび、足軽が登場する有名な史料。夜間の城郭警固の詳細が書かれており、対忍び戦術の警固方法がわかる。すっぱ・しのび・足軽の区別もできる（国立公文書館蔵、写真提供）

一の意味をもつと誤解させる史料ともなっている。しかし、注意深く読めば、それらの関係や忍びの組織的な性格を把握できる重要な記述であることがわかる（図3）。

写しであり、年月日を欠くため、文書発給当時の具体的な背景は不明だが、北条氏が秩父地域の支配を固め、鉢形城（埼玉県寄居町）主北条氏邦配下の吉田新左衛門が上野国に侵攻していた際のものとみられる。武田氏滅亡と織田信長の自害により、信濃・西上野が不安定化したため、真田氏が生き残りをかけて北条氏に接近した頃にあたる。「すっは」を送り込んだのは真田氏であろう（丸島二〇一五）。書状には次のようにある。

【史料八】「北条氏邦書状写」（国立公文書館蔵『諸州古文書』十四『武州古文書』、戦北二四三一）

只今注進の処、信濃より、すっぱども五百ほど参り、その地乗取べくの由、申し来り候、昼夜ともに能々用心すべく候、きわ〳〵へ何時も、宵・あかつき・夜明番、肝要に候、何時も一番九つとの間あけ出、此の用心尤に候、只今さむ時に候間、月夜なしては、しのひはつくまじく候、何れも物主ども、覚番に致し、夜の内、三度つづきてゐ、石をころばし、たいまつをなげ、見届くべく候、其のため申し遣わし候、恐々謹言、

追って、時分柄に候間、火の用心尤に候、何れも昼寝て、夜踞るべく候、法度のごとく敵の足軽出で候はば、門々を閉じ踞るべく候、此の一ヶ条きわまり候、又足軽ふかく出まじく候、以上

十月十三日　氏邦（花押）

吉田新左衛門殿（真重）

信濃から来た「すつは」五〇〇人ほどが、吉田新左衛門の居城を乗っ取ろうとしているので、昼夜とも隅々まで注意し、宵から暁まで不寝番の巡回が大事だという。「しのひ」（忍び）は、寒期であるので月が明るい夜になれば潜入して来ない、とある。忍びは、すっぱの中から選ばれるなどして、敵城に潜入するものだと周知されていたようだ。すっぱを差し向けた者は不明だが、明らかに攻城戦であり、真田軍の別動隊とみるのがよいだろう。忍びはすっぱより少人数で、何らかの人選がおこなわれたものと解せる。また、忍びが、夜間の潜入をともなう軍事行動をする者たちであったこともわかる。

さらに、忍び対策として、石を転がし、松明を投げて見届けるよう指示もある。追而書（おってがき）には足軽も登場する。忍びのように潜入しようと城の周囲に「つく」ものではなく、門を閉じて防御するべきもの、つまり城下に攻め入って来る存在と認識されていたことがわかる。足軽もすっぱの一員と考えられるが、忍びとは異なり、夜に限定されない一般的な戦闘員だったと理解できる。

戦術としての忍びに夜間の放火があったことを示す記録

次に、戦術としての忍びに、夜間の放火があったことを示す史料を紹介する。

永禄期から天正初期、北条氏は関東平野南部の河川交通と物流支配を目論み、関宿（せきやど）城・羽生（はにゅう）城等の利根川水系の拠点の城にたびたび侵攻した。千葉県野田市にあった関宿城と茨城県古河市にあった水海（みずうみ）城を拠点とした簗田（やなだ）氏は、上杉謙信第二次越山後、北条氏の圧迫にさらされることになった。

【史料九】は、その中で生じた水海城傍の番小屋の夜の火災について、忍びの仕業ではないので、番小屋の警備兵に勝手なふるまいを慎ませるよう、簗田晴助（はるすけ）が配下の斎藤但馬守に伝えたものだ。

【史料九】「簗田晴助書状」（『下総旧事』葛飾郡三「水海村斎藤徳右衛門所蔵文書」戦房一一六五）

一夜前、水海（城）際小屋の火事の次第、是非無く候、然れども敵地へ申し合せの子細、これなく、忍の所行、これなき由、申し上げ候間、小屋の者ども心やすく存じ、ちりぢりにかりしりそらず、在城致すべくの由、堅く申し付くべく候、

（後　略）

文法的には、「忍」は人・集団・組織を表す名詞として使用されているが、簗田領内の武士たちが「夜間」の「放火」を敵軍の忍びによる城攻めの戦術だと理解していたことを示している。同時に、北条軍の忍び戦術に放火があったことも示している。簗田領内では、北条方の忍び戦術を受けた経験があったのかも知れない。

忍び戦術に放火があったことを示す近世初期の史料

最後に紹介するのは、近世初期とはいえ、いまだ戦国期の様相を残す大坂冬の陣に関わる史料で、戦国の忍び研究でも参考にすべき記録だ。

慶長十九年（一六一四）の大坂冬の陣の際、徳川方井伊勢の先鋒を務めた木俣守安（きまたもりやす）に、主の井伊直孝（なおたか）が自陣の警固を命じたものだ。大坂城に近い先陣であるので、忍びが来て放火するようなこともあるだろうから、鉄炮大将衆に昼夜とも巡回警備を命じよとある。

【史料一〇】「木俣守安宛井伊直孝覚書」（「中村達夫氏所蔵文書」『彦根市史』第六巻一六四）

（前　略）

一　先手の儀、大坂近辺の事に候間、自然しのびなど来り候いて、火つけ候儀も、これ有るべく候条、鉄炮大将衆

へ仰せ付けられ、昼夜、まわり番、仰せ付けらるべき事、

（後　略）

【史料九】同様に、「しのび」は、放火という軍の戦術を担う人・集団を指している。日常的な戦闘がなくなった慶長期においても、戦術としての忍びには放火が含まれていたとみてよい。ただし、戦国期の一次史料に、忍びが放火したことを直接記した確実な事例は認められないことも付記しておきたい。

戦国の忍びとは――忍びの定義

収集した史料には、地域偏在がみられる。北条氏（【史料三・七・八】）と武田氏（【史料二・五・六】）が三点ずつ、今川氏配下の駿河伊達氏（【史料一】）と毛利氏配下の吉川元春（【史料四】）・簗田氏（【史料九】）・井伊氏（【史料一〇】）が各一点である。合戦の場所を考えると、関東中部から西部と静岡に八点が集中している。大名ごとの文書の発給体制の違いを考慮しても、北条・武田の軍で、忍びが多用されていたとみてよい。

北条軍の忍びは、秘密裏におこなわれる「夜間」の敵城等への「潜入」「乗取」、そしておそらく「放火」を指す戦術であり、その任務に通常の軍役とは別に召集された者たちをあて、任務についた場合、実行部隊が忍びと呼ばれたとみられる。武田（真田）軍でも夜間の乗っ取りを指すが、通常の軍役で召集された者の中から適任者が選任されていたようだ。簗田軍の忍びの詳細は不明だが、北条軍の忍びに対する簗田軍兵の理解から逆説的に、夜間の放火を任務に含んでいたと考えられる。毛利軍・尼子軍・今川軍では任務は判然としないが、忍び戦術を用いていたことは確かであろう。そして、いずれの大名軍でも、忍びは軍の別動隊としての作戦行動の一部であり、本軍の支援のもとにおこなわれるものであったと考えられる。また当然ながら、乗っ取りや放火の実行時には、小規模な戦闘がおこなわ

れた可能性があり、忍び実行部隊は戦闘についても十分な準備を調えていたと考えられる。

とりあげた史料全体に目を配ると、「忍び」は、軍の作戦行動で用いた戦術を表す軍事用語であり、その戦術を実行する人・集団をも表す語として軍兵に共通認識されていたことがわかる。

以上のことから戦国期の武蔵・相模・上野・下総・越後・駿河の各旧国程度の範囲（安芸・出雲も含まれる可能性が高い）では、「忍び」とは、軍の作戦の一部として、軍の支援の下におこなわれた小規模な戦闘をともなう敵城等への夜間の潜入・乗っ取り・放火等をおこなう戦術であり、その任務にあたった者たちの呼称であった、と定義できる（岩田二〇二一b）。そして、忍びの実行部隊は、通常の軍役とは別に特定の武士が召集されたり、軍中から夜間の活動に長けた特定の武士たちが任ぜられたりする仕組みであったと考えられる。この仕組みの存在は、忍び戦術が誰でもできるものではなかったことを想像させる。これについては次章で詳しく紹介する。

意外なことは、近世の忍び研究でその任務の筆頭にあげられる情報収集が、戦国期史料に見出せなかったことだ。また、忍びを「すつは」「かまり」「くさ」等と同じ概念だとすべき記録もみられなかった。とくに待ち伏せ戦術の草と伏兵については、忍びの史料と平行してある程度調査を進めたが、忍び戦術との相違が明らかな反面、接点は認められなかった（岩田二〇二一a）。

戦術としての内容や仕組みを整理すると、多くの戦国大名軍で、ほぼ同じ忍びの概念が通用していたことがわかる。だからこそ南北朝期に『太平記』の記述が成立したのであろう。

本章では、個々の史料を主に文法的な側面から検討してきた。その結果、軍事用語としての「忍び」については明確な一つの概念が与えられており、少なくとも「すつは」や「足軽」、「くさ」「伏兵」とは異なる意味を持つ語だったとみてよい。本来、文献史学はこの手続きを大切にしてきたはずだが、こと忍びとなると、それを省いて多様な語を同義の別称としてきた。その他の別称についても、詳細な検討が必要であり、広範な役割を含むとするのはその先の話とするべきだ。

忍びの定義の行方

ところで、先頃、忍者研究の大著『忍者学大全』（山田雄司編、東京大学出版会、二〇二三）が刊行された。「忍者」研究の概要を第一線の研究者たちが論じた傑書で、現時点の金字塔ともいえる一冊だ。戦国期の忍びの論述はまだ少数だが、これまで筆者が手をつけられずにいた戦国期島津氏の忍びについて、桐野作人氏の詳細な分析にもとづく秀論が掲載された（桐野二〇二三）。桐野氏が記すとおり、島津氏の「忍び」の活動も本章の定義に合致する内容のようだ。一方で、桐野氏は伏草が待ち伏せ戦術後に城下への放火をおこなった例があることから、忍びと伏草に画然とした区別はなく、忍びの定義により広い概念を想定したいとしている。

桐野氏の指摘は、戦国の軍の具体的なあり方にもとづく重要なものだ。

しかし、桐野氏がとりあげた「放火」は、戦国の戦では攻守ともにおこなう一般的な軍事行動でもある。この意味では、「伏草」という戦術の中にも放火があって不思議はない。また、本章にあげた一次史料での放火は、忍びが城郭本体内部に潜入しておこなうもので、島津氏伏草の事例とは異なるようにも思える。しかも、先述のように、忍びが実際に放火した確実な証拠は確認できていない。

本章の定義の核は、秘密裏に敵城等に潜入して乗っ取りや放火をおこなう戦術を命じられた特定の者たちがおり、その戦術と実行部隊に対して「忍び」という軍事用語が存在したということにある。つまり、忍びを命じられた者たちが乗っ取り・放火をせずに待ち伏せ戦術をおこなったり、伏草を命じられた者たちが待ち伏せをせずに敵城の乗っ取りや放火をおこなったりする任務の乗り換えがなく区別できるという考え方だ。放火という行為が、忍びに伏草を包含するキーポイントにはならないだろう。

乗り換えの証拠がない現状では、定義変更を積極的におこなう状況ではないと考えるが、今後、大名軍単位や地域単位、あるいは汎日本的にどのような概念だったのかの精査と、各地における他の別動隊戦術との区別は欠かせない課題だ。各地の研究者が研究成果を持ち寄るなど、協働研究が必要だろう。

一次史料からみた戦国の忍びと城攻め

さて、すでに読者はお気づきだと思うが、本章にあげた軍の作戦行動のほとんどが攻城戦であった。これは、戦国後期の城が、人・モノ・カネが集中する政治・経済・宗教・軍事の中心であったことによっている。城の支配が、国や地域の支配と同等の価値をもっていたため、争奪の対象となっていたのだ。この意味では、戦国期の忍びは、城取りの戦術の側面をもっていたともいえそうだ。

次章では、城の争奪戦に関わる一次史料群を用いて、二つの城攻めにおける具体的な忍び戦術を検証する。戦国期の忍びと軍の実態に迫ってみたい。

〈参考文献〉

相磯洋一　二〇〇三「『萬川集海』に見る忍器のデザイン的考察」（『安田女子大学紀要』31　安田女子大学編）
阿刀弘史　二〇一一「「忍者」研究の現状と課題」（『紀要　設立四〇周年記念号』財団法人滋賀県文化財保護協会）
荒垣恒明　二〇一三「第三九九回例会　忍びに関する基礎的考察」（『戦国史研究』六六　戦国史研究会）

岩田明広　二〇二一a『実相　忍びの者』埼玉県立嵐山史跡の博物館企画展図録
岩田明広　二〇二一b「戦国の忍びを追う―葛西城乗取と羽生城忍び合戦―」（『埼玉県立史跡の博物館紀要』第一四号　埼玉県立さきたま史跡の博物館・埼玉県立嵐山史跡の博物館）
岩田明広　二〇二二「戦国の忍器を追う―忍器認定過程と忍器からみた忍びの正体―」（『埼玉県立史跡の博物館紀要』第一五号　埼玉県立さきたま史跡の博物館・埼玉県立嵐山史跡の博物館）
桐野作人　二〇二三「戦国島津氏の忍びについて―「いくさ忍び」の事例と特質」（『忍者学大全』東京大学出版会）
成瀬関次　一九四一『手裏剣』新大衆社
西股総生　二〇一二『戦国の軍隊』学研パブリッシング
藤田西湖　一九三六『忍術秘録』千代田書院
藤田西湖　一九六四『図解　手裏剣術』井上図書
丸島和洋　二〇一五『真田四代と信繁』平凡社新書
三田村鳶魚　一九三三『江戸の白浪』早稲田大学出版部
盛本昌広　二〇〇八『軍需物資から見た戦国合戦』洋泉社
山田雄司　二〇一六『忍者の歴史』角川選書
吉丸雄哉　二〇二二『忍者とは何か　忍法・手裏剣・黒装束』角川選書
和田裕弘　二〇二一『天正伊賀の乱　信長を本気にさせた伊賀衆の意地』中公新書

第二章　永禄五年葛西城忍び乗っ取り作戦と天正二年羽生城忍び合戦

岩田明広

一　一次史料に残る詳細な忍びの記録——葛西城忍び乗っ取り作戦

本章では、一次史料から把握できる、忍びが関わった二つの城攻めを紹介する。忍び戦術の実態を探る短い旅におつきあい願いたい。

開戦前夜——上杉謙信第二次越山と葛西城

永禄三年（一五六〇）正月、関東管領上杉憲政が身を寄せる上杉謙信の下に、大多喜城（千葉県大多喜町）主正木憲時から支援の出陣要請が届いた。関東一円に勢力を広げようとする、北条氏の圧迫からの救済を請うものであった。このとき謙信は、越中の一向一揆との戦いに赴き応じなかったが、帰国後には上杉憲政からも関東出陣が要請された。

越中を制することに成功した謙信は、秋口、関東に向けて出陣した。脊梁山地を越えて上野国の明間城（群馬県安中市か）・沼田城（同県沼田市）等を攻略したが、兵力増強のため、関東諸将に陣触れを出して、しばらく上野国に留まった。厩橋城（同県前橋市）で越年して関東諸将の参陣を待つと、次第に諸将が集い、翌年二月、武蔵国松山城（埼

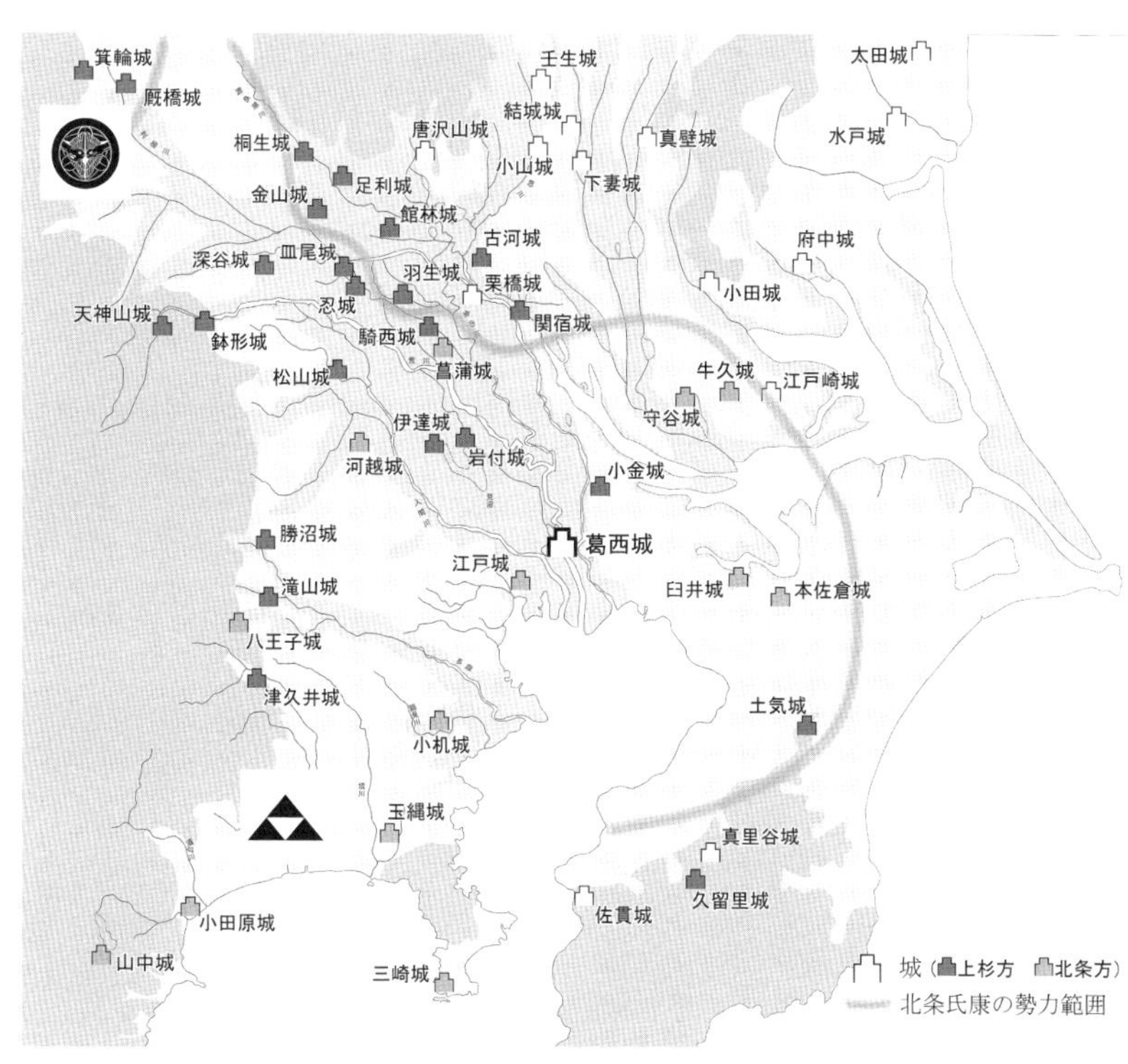

図1　上杉謙信第二次越山後の城の状況と北条氏康の最大勢力範囲
北条氏が勢力範囲を拡大する中、上杉謙信第二次越山により、多くの城が上杉方に奪われた。

玉県吉見町）に着陣した。

上杉・関東諸将連合軍は、武蔵国内を破竹の勢いで進軍し、北条方にあった江戸城（東京都千代田区）・河越城（埼玉県川越市）をはじめ七八ヵ所もの城を奪い、北条氏の本城小田原城（神奈川県小田原市）を包囲した（図1）。

その後、連合軍は城下に放火するなどしたが、小田原城を落とすことはできなかった。田植えの頃になると、諸将から撤兵要求が出始めた。謙信は鎌倉鶴岡八幡宮に移り、関東諸将の推戴を得る形で、上杉憲政から関東管領と上杉氏の名跡を譲り受け、四月下旬までに撤退した。この出兵を含め、謙信は対北条のため関東に一七回にわたり出陣したが、最大の成果を得る戦いであった（第二次越山、簗瀬二〇一七）。

このとき上杉軍に応じた関東諸将に、安房から上総に進出し、久留里城に本拠を置く里見氏があった。上杉軍の攻撃に同調した里見軍は、三月上旬には、上総から東京湾東岸を北上し、三浦半島海域に進出していた。上杉・関東諸将連合軍が小田原城に迫る中、里見軍は、北条軍が備えとして配置した三浦衆の水軍を抑え、東京湾最奥部に位置する葛西城を攻略した。上杉氏との間をとりもった、岩付城（埼玉県さいたま市）の太田資正と呼応した作戦だった可能性が高い。

長く北条氏の対下総最前線にあった葛西城が、上杉方に奪われたのだ。

葛西城奪還へ——忍びの召集

上杉謙信撤退後、北条氏は上杉方についた諸城と国衆諸将の奪還作戦を開始した。小田原城を出た北条軍は、氏康軍・氏政軍に分かれ、相模湾岸から八王子の由井城を経て北進し、北武蔵に向かった。氏政軍は唐貝山城（東京都青梅市）を攻略、太田康資軍を分隊して河越城に向かわせ、その後、先んじて秩父に入った氏康軍を追い、日尾城（埼玉県小鹿野町）、天神山城（同県長瀞町）を奪還した。氏康軍・氏政軍は合流して上野国の倉賀野方面に向かい、その後、同盟関係にあり呼応して出陣していた武田軍とも合流、倉賀野城を攻めた。

北条軍の奪還作戦進展に対し、謙信は再び越山したが北条軍の勢いは止められなかった。永禄五年、謙信は、下野国の唐沢山城（栃木県佐野市）を牽制しつつ上野国の館林城（群馬県館林市）を攻略すると、厩橋城へ引き上げた。

倉賀野城攻めの後、北条軍は荒川中流部から利根川沿岸の城々ににらみを利かせつつ、利根川の水上権獲得を目論み荒川筋を南下した。利根川水系の要であり、里見勢が詰める葛西城（東京都葛飾区）を奪還するのが狙いであった。

北条氏康は、葛西城を無傷で奪還するため、忍び戦術による乗っ取り作戦を計画した。葛西城は、現在の東京都心を囲む山手線の五キロほど東側に位置し、東京湾最奥部に注ぐ中川を、当時の河口から九キロほど遡った川沿いにあった平城だ（葛西城については第三章で詳細に論じられるので、ここでは概略のみにとどめる）。

戦国期、中川は武蔵・下総の国境をなしており、江戸初期に閉ざされた埼玉県羽生市で分かれる旧利根川本流（会の川）に通じて、上野国に達していた。現在、都市化により城の面影はほとんどないが、発掘調査により、中川西岸の自然堤防上、長さ三〇〇〜四〇〇メートルの範囲を城域としていたことがわかっている。前面の中川と背後の後背湿地で守られた天然の要害が、当時の姿だ。城中核部は、青戸地区と呼ばれる微高地にあたる。現在は「青砥」と表記されるが、元来は「青戸」で、川港を意味する「葛西青津」が語源とされている（図2、谷口二〇〇九）。

葛西城奪還作戦は、氏康軍がいち早く荒川流域を南下する途上で準備が進められた。永禄五年三月二十一日、本田という武士の許に、氏康からの使者が到着したのだ。携えた書状【史料一】には、江戸周辺に一ヵ所、足立郡に二ヵ所の知行を与えるので参陣せよと書かれていた。

【史料二】「北条氏康判物」（「本田家文書」戦北七四八）

今度忠節致すよう、紋無く馳せ来るについては、江戸筋に於いて一所、足立に二ヶ所、遣わすべく候、

（後　略）

書状には「紋無く馳せ来るについては（無紋就馳来者）」とある。戦国期は、旗指物（はたさしもの）に家紋を明示して参陣するのが習わしであった。北条氏は、参陣する将兵に出す着到状（着到帳）に、要請する兵卒数と装備の内容を詳しく示すことが多い。旗指物に付す紋の金の飾りまで指定した記録があり、紋を重視していたことがわかっている。その北条氏が旗指物を掲げずに、つまり所属を伏して参陣しろというのだ。隠密の仕事に違いない。

図2　葛西城の立地と城域

長年の発掘調査によって、広範囲に及ぶ城域が把握されている。中川右岸の城郭域も南北に長大で、多くの曲輪や防御施設があったことがうかがえる。城中心部が青戸と呼ばれる範囲。永禄五年四月の戦いでは、本田の忍びは周辺部（おそらくは北端や南半の）曲輪や城下の乗取を実行し、太田本軍が青戸を乗っ取った。対岸の城下にあたる葛西新宿は、この戦いより後に整備された可能性が高いが、前身が存在していなかったとは考えにくい。軍事・物流の重要拠点として次第に整備が進み、中川両岸に広がる範囲が城域となっていったのが葛西城の姿だ。背景は1947年米軍撮影。

本田氏への参陣要請は、【史料二】のとおり、同日重ねておこなわれた。これも異例のことだ。

【史料二】「北条氏康判物」（「本田家文書」戦北七四九）

各同心者ども、此方へ馳せ来る上は、何の地に於いても、
郡代分儀を申し懸ける処にあらず、罪科の事、堅くこれ在るまじく候、
殊更、太田指南の上は、聊も横合の義、これ有るべからず候、
心安く存じ、走り廻るべきものなり、仍って件のごとし、

（後　略）

配下の同心たちが北条方に参陣すれば、郡代が道理に合わない言いがかりをつけたり罪科を問うたりすることはない。太田康資軍の指揮下に入れば横やりは挟まないので、安心して励め、とある。江戸城を拠点とした太田康資は、太田氏の流れだが北条氏康の母方の甥にあたる。諸城・諸将奪還作戦では、氏政軍から分かれた北条本軍の一つを指揮していた。

翌二十二日、本田の許へ第一章【史料三】の書状を携え、三度目の使者がやってきた。本田と同類衆の任務が、忍び戦術だと明かされた瞬間だった。

忍び戦術の実行部隊は、第一章【史料二】の「同類衆」＝【史料二】の「同心」である。「本田」は実行部隊の同心を集め、実行を指揮する役にあったとみてよい。褒美の土地は、永禄二年（一五五九）の『小田原衆所領役帳』では、旧来家臣江戸衆の領地となっている。作戦前、本田氏と同類衆は、北条氏家臣ではなく傭兵集団だったことがわかる。

別動隊としての忍び

本田氏に対する勧誘はさらに続いた。四月十六日には、【史料三】のとおり、北条氏政から褒美を加算する旨の書状が届き、実行方法に関する重要な条件が提示された。「葛西の地一力に乗っ取り（葛西地一カニ乗取）」とある。忍び戦術による「乗取」を、本田の単独部隊でおこなえというのだ。

傭兵としての本田部隊は、本軍としての太田軍から独立した「別動隊」としての「特殊部隊」であったことがわかる。また、北条方の使者には本田方から返答の使者が出ていたはずで、使者のやりとりを繰り返し、忍び戦術の詳細の打合せや報酬（褒美）の交渉がおこなわれていたことも把握できる。

【史料三】「北条氏政判物」（「本田家文書」戦北七五九）

知行方
一ヶ所　葛西金町、一ヶ所　同曲金、一ヶ所　同両小松川、
一ヶ所　江戸廻飯倉、以上、
一　代物五百貫文　衆中、以上、
右、葛西の地一力に乗っ取り指上げ至るに申さば、相違なく下さるべく候、仍って件の如し
永禄五年
卯月十六日（花押）（北条氏政）
本田とのへ

成功した忍び戦術と任務の追加

【史料三】に続く八月十二日付「北条家朱印状」では、【史料四】のとおり、忍び戦術への報酬として約束された知行が本田氏に与えられたことがわかる。

【史料四】「北条家朱印状」（「本田家文書」戦北七七四）

去る春の忠節につきて、金町郷下され候の処、小金より兎角横合申し候なり、是は一旦の儀となすべく候、此上は相違なく入部致すべきものなり、

（後　略）

忍び戦術による葛西城乗っ取り作戦が成功したのだ。このとき戦いに参加した太田康資家臣の興津右近（おきつうこん）に宛てた、北条氏政の感状が残る。「去る二十四日、青戸の地乗っ取り候みぎり、敵一人討ち捕り候は神妙に候。向後、いよいよ走り廻るべきものなり」とある。

興津右近は太田本軍の兵士だったはずだ。太田本軍が四月二十四日に青戸の城の乗っ取りをおこなっていたのだ。本田部隊の忍び戦術が単独部隊による戦術として命じられていることから、この作戦が北条本軍としての太田本軍と本田部隊の同時多発的な作戦として実行されたものであることが読み取れる。夜間、忍び戦術で陽動をおこない、その間に太田本軍が城の主要部分を乗っ取ったのだ。忍びが葛西要害と表現された葛西城の従属的な曲輪等（おそらくは南北に長い城郭の端部等と考える）を乗っ取り、興津右近を含む太田本軍が青戸＝城の中心部を攻略したということだ。

このことは、江戸太田一族の掛川（かけがわ）藩主太田家が十八世紀初頭に作成した『太田家記』巻上にも書かれている。「四月二十四日の夜、葛西の城へ向い御攻めの時、城主は里見義弘の家臣網代なにがし、康資公、自ら戦いて大いに破り首を取る事、数百と云いし。此時本田清兵衛能く働きて軍功これ有り。其の時、北条氏政より清兵衛へ葛西郷の内賜り、

康資公より御指料の御刀を清兵衛に遣わされ、彼の刀今もって彼の家に持ち伝へける」とある。顕彰記のため参考に過ぎないが、夜間の陽動戦術としての忍び戦術と本軍による葛西城同時攻撃の傍証にはなる。

ところで、成功した葛西城乗っ取りであるが、史料をみる限り、北条氏にとっては、十分な状況は得られていなかったようだ。【史料五】にあげるとおり、二ヵ月半後の八月二十六日付「北条家朱印状」には、次のようにある。

【史料五】「北条家朱印状」（「本田家文書」戦北七八三）

足立郡における知行の義、下さるべきの由、御約諾これ在るといえども、越谷・舎人、下さるとは御留書にこれ無く候、然らば両郷大郷に候、重ねて一に忠信これ致すについては、速やかに下さるべく候、涯分、身命を惜しまず、走り廻るべきものなり、

（後　略）

本田氏は、四月二十四日に成功させた忍び戦術に対して、三月二十一日付の判物（【史料二】）で示された成功報酬を要求したようだ。しかし、越谷・舎人は手許の記録になく大きすぎるとして与えず、さらに重ねて忠信すれば速やかに与えるというのだ。葛西城乗っ取りが、四月の忍び戦術で十分達成されていなかったか、新たな忍び戦術による陽動作戦が必要な事情があったことがわかる。当時の城の乗っ取りは、段階的に進む場合もあった。南北に長い葛西城では充分ありうる状況だったはずだ。北条氏は褒美を追加して、本田氏に重ねての働きを求めたのだ。

直後の【史料六】八月二十九日付「北条家朱印状」では、二度の忍びの実行が鮮明になる。

【史料六】「北条家朱印状」（「本田家文書」戦北七八四）

飯倉郷、左近私領三十九貫文、此のほか内所務三十貫文、公方領、卅貫文。以上九拾九貫文、此の分、請け取り申すべきもの也、

（後　略）

【史料五】で八月二十六日に重ねて命じられた働きに対し、再び褒美が与えられている。本田氏は、八月二十九日までの四日間に再度忍び戦術を成功させていたと思われる。

これについては、翌年（一五六三）八月十二日付の【史料七】「北条家朱印状」に、先年二回の忍び戦術に対する知行宛行の確認のため、証拠の二通の文書を持参せよとする北条氏の求めの記録がある。

【史料七】「北条家朱印状」（「本田家文書」戦北八二五）

先年葛西忠節の時、下され候御判形両通、御披見なさるべく候、持参致すべく候、

（後　略）

葛西城忍び乗っ取り作戦では、四月二十四日と八月二十六日から二十九日までの間の二回の忍び戦術が実行され、成功していたのだ。

さて、この事例では、北条氏の忍び戦術について、次のような枠組みが把握できる。①本軍（太田軍）・行政組織（郡代）の支援の下に共同作戦として忍び戦術が実行されていた。②実行期間は短時日であり、忍び実行部隊による長期潜入・潜伏はおこなわれなかった。③また、忍び投入に先立ち、軍と行政関係者に忍び戦術の実行を周知する一方で、忍び実行部隊の所属は機密事項とされ、覆面的に召集し、単独かつ秘密裏に戦術を実行させていた。④さらに、北条氏康・氏政の下には、忍び戦術（夜間の軍事行動）を実行する能力を有する者たち（この場合、本田氏とその配下）の情報が、事前にもたらされていた。

これらのことと第Ⅰ部第一章にあげた一次史料の検討結果から、戦国後期北条氏の「忍び」については、「軍の作戦行動として、軍・行政組織の後方支援の下、夜間におこなう小規模な戦闘をともなう潜入・乗っ取り・放火などの戦

術であり、その役についた部隊や人の呼称でもあった」と定義できることになる。

本田の忍びとは何者か

葛西城忍び乗っ取り作戦で忍び戦術を指揮した本田氏は、それ以前の記録にほとんど登場しない。この作戦を記した「本田家文書」で、突然歴史の表舞台に現れる。そしてその後は、徳川幕府に仕えたことがわかっている。『寛政重修諸家譜』によると、本田氏は源頼朝御家人の畠山重忠郎従の本田近常に遡り、その後、島津氏に仕え、系図では祖となる戦国期の正勝のとき、北条氏康に属したとされている。正勝は、氏康家臣として軍功をあげ、下総国葛西領内に五〇〇貫文の地を得て、本領と合わせ八〇〇貫文を知行したとある。これは「本田家文書」の葛西城忍び乗っ取り作戦に相当し、内容が合致する。葛西に知行を得た本田氏は、北条滅亡後、徳川家に旗本として仕え、武蔵国本田・畠山を含む男衾・大里・児玉等の知行を得て栄えた。葛飾区金町や埼玉県三郷市に屋敷の伝承地も残る。その後も『寛政重修諸家譜』に八代までの家譜があり、分家もあるが、以後の所在は判然としない。

「本田家文書」を伝える本田氏は千葉県在住だが、畠山重忠郎従の本田近常本拠の埼玉県深谷市、旧川本町の本田には、本田近常の子孫を名乗る家系が現存している（川本本田氏）。現地には本田氏館跡と本田城跡とされる遺構も残る。北条氏の召集に川本本田氏が応じ、軍功により知行を得た葛飾に分家して移り住んだと考えると辻褄が合う。

「本田家文書」には、永禄十二年（一五六九）閏五月二十日付の朱印状があり、正勝の没後、その子が幼少だったため、伯父の甚十郎を手代とするよう北条氏が命じた記録が残る。正勝には兄弟があり、分家後、葛飾に移ったのが正勝で、本領川本本田に残ったのが甚十郎だったのであろう。忍び戦術の実行部隊は川本本田で組織され、鍛錬を積んでいたことになる。葛西城乗っ取りで忍びを指揮したのは、本田正勝と甚十郎の二人だったのかも知れない（岩田二

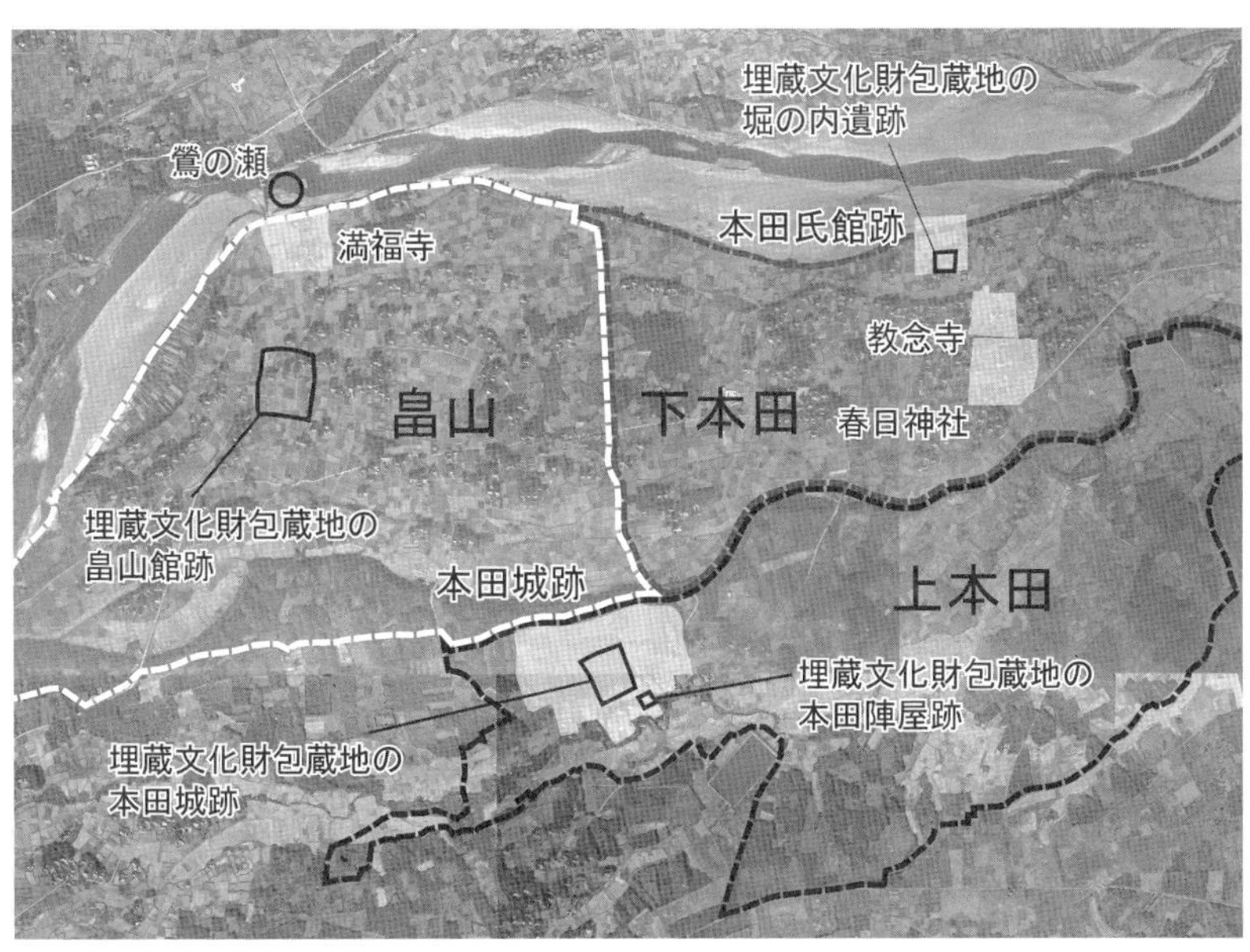

図3　本田周辺の地形と遺跡

1947年米軍撮影の空中写真を基に、2ヵ所の本田氏拠点の範囲を復元した。本田城跡と陣屋跡は一つの中世城郭の遺構残存地点と思われる。春日神社は下本田氏神、満福寺は畠山重忠再興と伝わる。鶯の瀬は重忠渡河伝承の地。畠山館跡は深谷市史跡に指定されている。

〇二一b・二〇二三)。

それでは、忍びの故郷ともいえる川本本田とは、どんなところだったのか。本田は隣接する畠山重忠本拠の畠山とともに、関東平野の中央を流れる荒川中流の右岸、低・中位の河岸段丘面に所在する農村で、戦国当時は、上本田郷と下本田郷からなっていた（図3）。川本本田氏は、秩父平氏の平野部進出（畠山に入り、後に畠山を名乗った）に関わった在地の開発領主と考えられており、本田と畠山の開発を主導したといわれている（清水二〇一〇）。実際には、本田・畠山には用水がなく農地が限られ、とくに畠山は永く荒れ地であった。一方で、古来、荒川本流の内水面漁業や水運を業としていたことがわかっている。『新編武蔵風土記稿』（「男衾郡」三「本田村」）には、二八〇余りの民家があったと記されている。

本田の地には、徳川家康武蔵入国後の文禄四年（一五九五）におこなわれた検地記録が残されており、本田氏が上下本田郷筆頭の土地所有者兼耕作者であり、土地寄進の記録等から土豪の地位にあったことが把握されている（岩田二〇二一b）。

昨今では、戦国期の土豪は、大名から課される軍役を請け負い、郷村内で割り振る立場にあったといわれている（久留島一九九〇）。また、戦国期の軍役では、武器・武具が自前調達によるものであったことを前提にすると（北条氏発給の各着到帳より）、本田氏配下の忍び戦術の実行部隊は、土豪としての川本本田氏が支配する上下本田郷の自作農が中心だったと考えられる。文禄四年の検地記録に掲載された人々の親世代の者たちであった可能性が高い。川本本田氏との寄親寄子関係を結ぶ、地縁的・血縁的な半士半農の下級武士で、一定の財力をもつ者たちだ。

忍び戦術実行部隊は、命令書（第一章【史料三】）にあるように傭兵としての雇用であった。本田郷には通常の軍役が別に課されていたとすると、彼らは通常の軍役で召集されない自作農であり、他に、足が速い・夜目が利くなどの特技をもった隷属民たちが従ったと考えられる（村の警固等のために置いていた悪党等も含まれたかも知れない）。あるいは本田郷が通常の軍役を免除された特殊な郷であれば、多くの住民が忍び実行部隊の候補となりうる。

二　羽生城忍び合戦にみる忍び戦術の展開

羽生城争奪戦と「夜わざ鍛錬之者」

前節に示したとおり、北条氏は忍び戦術のために、手厚い褒美と異例の頻度で本田氏とその配下を勧誘・召集した。これは北条氏が、本田部隊の忍びの実践能力を知っていたからに他ならない。

近年、忍びの能力を示す語句を含む、重要な史料の実物が確認された。北条氏は葛西城奪還後、利根川水系の支配

図4　土地利用と色調から復元した羽生城跡の範囲と周辺の旧河道

利根川支流と湿地に囲まれた水の城が羽生城の当時の姿だった。この復元図は、第Ⅰ部第四章図9掲載の絵図とほぼ一致する。背景は1958年国土地理院撮影。（岩田2021 aより転載）

を狙い、上杉方拠点の関宿城と羽生城に手を伸ばした。守る上杉勢は激しく抵抗し、北条軍との間で幾度もの攻防戦が展開された。当該史料は、そのうち、天正二年の北条軍侵攻の際に残されたものだ。

　羽生城は、利根川の右岸から約一キロの位置にあった平城だ。戦国期の利根川は、羽生城の北西で浅間川と会の川という二筋の本流に分かれ、城の北側には浅間川から分れた中川の旧河道が、南側には会の川から分かれた手子堀川が流れていた（図4）。このため、羽生城は利根川本流に通じる川港をもつ水上交通の要としての機能をもち、小河川を天然の水堀とし、周囲に湿地帯が広がる要害だったと考えられる。こうした立地と機能は、利根川下流二二キロにある関宿城にも共通しており、河川を防御施設とし、水上交通と物流を抑える水の城であったとみなしてよい。

上杉謙信第二次越山後の諸城・諸将奪還作戦により、南関東一円での勢力を回復した北条氏であったが、永禄十一年（一五六八）の武田信玄の駿河侵攻や里見氏の台頭等により、周囲との敵対関係が際立つようになっていた。翌永禄十二年、関東の緊迫した情勢に、北条氏は上杉氏と同盟関係を結んだ（越相同盟）。しかし、北条氏の支援要請に上杉氏からの援軍派遣はおこなわれず、元亀二年（一五七一）、北条氏康の死をきっかけに、後継者になった氏政は上杉氏との同盟関係を破棄した。その後、北条軍は、北武蔵・上野・下総をうかがい、翌年には羽生城に向け出陣した。秋頃には、近隣の深谷城の攻略にも着手し、関宿城にも圧力を強めていった。

北条軍の動きに対し、上杉謙信は厩橋城の北条高広に羽生城・深谷城の守りを固めるよう命じた。しかし、天正元年（一五七三）四月、深谷城主上杉憲盛が北条方と和睦したため、羽生城は孤立状態に陥ることになった。羽生城は、武蔵国に残された唯一の上杉方拠点になっていたようだ。北条軍は、夏には厩橋城にも迫った。当時、羽生城主の菅原為繁が謙信に援軍要請をおこなったが、謙信は武田氏との戦いを優先し、要請には応じなかった。

翌天正二年正月、謙信は、羽生城・関宿城からの援軍要請を受けてようやく出陣した（第十三次越山）。三月、上杉軍は群馬県前橋周辺の諸城を攻略し、同県みどり市の五覧田城に迫った。同下旬には金山城（群馬県太田市）攻略をねらい、太田市の藤阿久に陣取った。

対する北条軍は羽生近辺に兵を進めた。四月初め、謙信は北条軍侵出の状況を見届けるよう羽生城主木戸忠朝らに命じた。北条軍は水軍を整え、周辺の水上権をほぼ手中にしているようだった。十分な船のない上杉軍は、利根川の増水で渡河を阻まれ、羽生城支援が難しい状況にあった。しかし、このときの謙信は、羽生城が兵糧・弾薬の供給により持ちこたえることができると考えていた。謙信は意図していた金山城攻めをやめ、群馬県明和町の館林領大輪に布陣した。こうして上杉・北条両軍は、利根川両岸で対陣する形になった。

四月四日、謙信は太田資正父子に佐竹義重宛ての参陣を促す書状を送らせるため、羽生城主の木戸忠朝・重朝、菅原為繁らに飛脚の警固を命じる書状を送り、一両日中には羽生城方面へ打ち出すとしながら、追而書に次のように加えた（【史料八】、図5）。

【史料八】「上杉謙信書状」（個人蔵『上越市史』上杉一二〇三）

（前　略）

追って、存の旨に候間、船を集め置かれること専一に候、敵地の船をも、夜わざ鍛錬の者を差し越し候えども、ねらいとり候いて、船数多く集め置かるべく候、覚悟の旨候間、此の如く候、以上

四月四日　謙信（花押）

木戸伊豆守殿

同　右衛門大夫殿

菅原左衛門佐殿

※この三名が羽生城主

兵糧・弾薬運搬のために、「夜わざ鍛錬之者」を向かわせ北条方の船を狙い取るなどしてでも、船を集めよ、と命じたのだ。書状の書きぶりからは、羽生城の木戸・菅原の配下に、「夜わざ鍛錬之者」がおり、有能だと伝え聞いていたように感じられる。

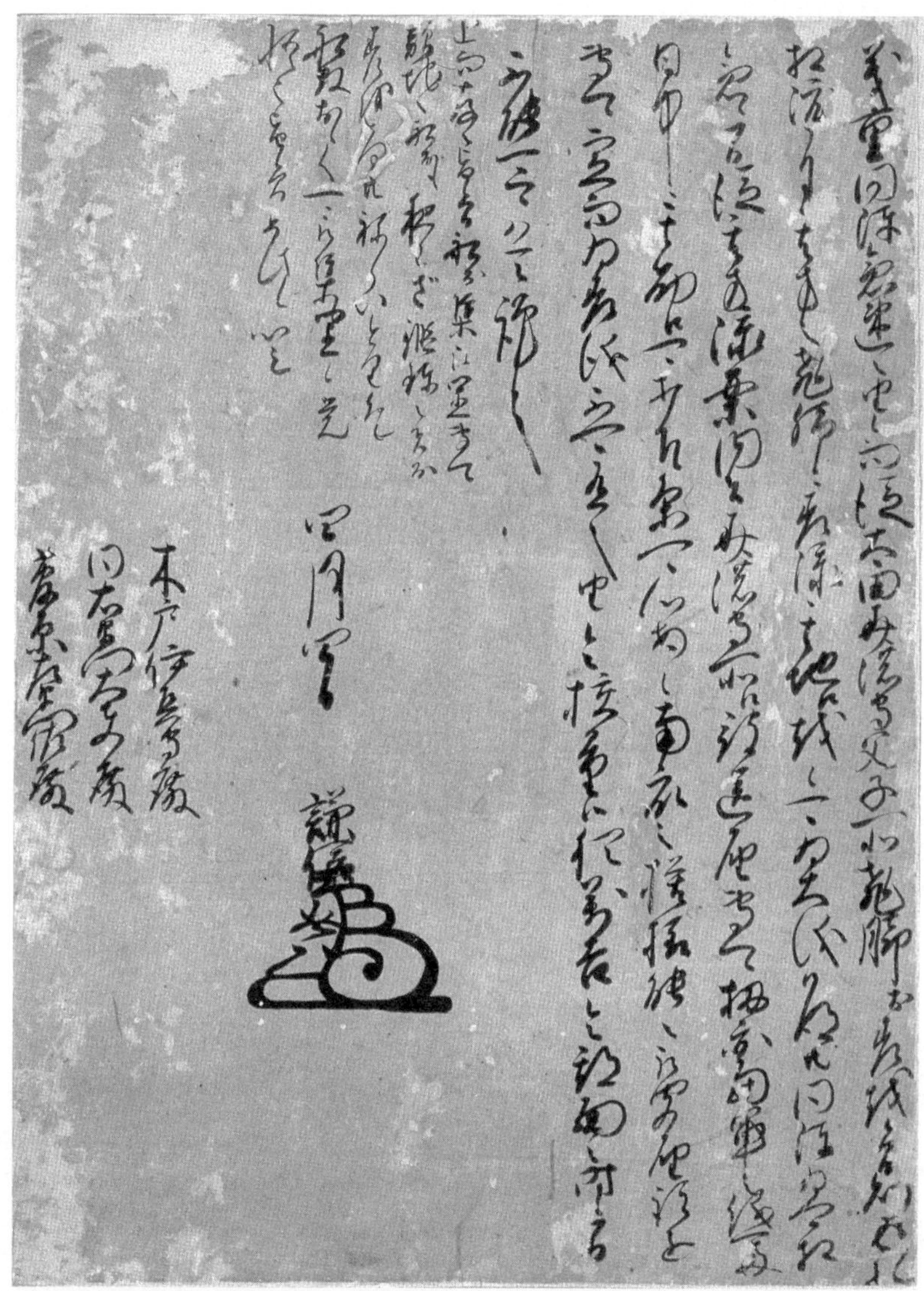

図５「夜わざ鍛錬之者」が登場する天正二年四月四日付「上杉謙信書状」

孤立する羽生城救援のため、兵糧・弾薬の搬入を計画した上杉謙信だったが、増水した利根川を渡れず、夜わざ鍛錬之者に敵船を奪わせるなどして、船を集めるよう羽生城主の木戸氏らに指示している。忍び戦術が鍛錬した「夜わざ」によって実施されていたことを示す重要な史料。（個人蔵。上越市公文書センター写真提供）

その後の記録には、兵糧・弾薬の搬入を実行したが失敗に終わったことが記されている。謙信は木戸忠朝ら三名に向け、四月十三日に使者を送り、【史料九】のように言い訳した。

【史料九】「上杉謙信書状」（「志賀槇太郎氏所蔵文書」『上越市史』上杉一二〇四）

（前　略）佐藤ばかものに候、其故は大河を隔て、船にて兵粮送り入れ候はば、羽生の地、瀬端より二里を隔てる由申し候間、敵、妨げ候はば、兵糧は入れず、結句、不足を欠く事に候、如何の由と尋ね候へば、少しも敵の妨げ致すべき地形にこれなく候、船をも三十艘にて一船に越すべき由申し候いつる条、さかと心得、一世中の不足を欠き候事、無念に候、（後　略）

佐藤筑前守（さとうちくぜんのかみ）の事前情報によると、兵糧運搬に敵の妨げはなく三〇艘の船を一船にして（おそらく船橋を意味すると考える）渡るのがよいとのことだったため、兵糧の搬入を実行したが、敵の妨害にあって失敗した、佐藤はばかものだ、とある。利根川が北条軍の支配地域となっていたため、上杉軍が現地で船を調達することはできなかったと思われる。しかし、上杉軍は三〇艘の船で兵糧運搬を実行し、失敗したというのだ。

籠城中の木戸・菅原らにも、自前の船を用意することはできなかっただろう。「夜わざ鍛錬之者」が敵船を奪い、対岸の上杉軍に届けることに成功していたのだ。謙信の言い訳は、敵船を入手した羽生城兵の行動に対してのものだろう。

第Ⅰ部第一章のとおり、夜間の小規模な戦闘をともなう潜入・乗っ取り・放火が忍び戦術の定義だとすると、「夜わざ鍛錬之者」による敵船乗っ取りは、忍び戦術にあたるとみなせる。羽生城には、「夜わざ鍛錬之者」と称する夜間の軍事行動を鍛錬した者たちがおり、忍び戦術を命じられていたのだ。謙信が「忍び」と記さなかったのは、この書状が忍び戦術の行使を例示しただけにすぎなかったからだろう。同時に斥候は佐藤筑前守という武家官位で呼ばれる武士が担っており、忍びと情報収集役が異なっていたことも明らかだ。

残念ながら、「夜わざ鍛錬之者」が鍛錬した夜わざがどのようなものかについての記録はないが、少なくとも、夜間の船の乗っ取りと戦闘の技術をもっていたことは確かであり、操船技術が含まれていた可能性も想定すべきだ（これについては、第Ⅰ部第四章を参考にしていただきたい）。

天正二年羽生城忍び合戦

羽生城への兵糧搬入作戦には、上杉・北条両軍の関係記録が多く残されている。

上杉軍の兵糧搬入失敗の後、北条軍は埼玉県本庄(ほんじょう)市の本庄（本庄城か）に陣を移し、四月十五日には、深谷市本田に移っている。謙信はこれを「昨日、本田へ引き上げの由申し候」と記している。北条軍の「撤退」とみなしたのだ。ついては部隊を徒に布陣させておく必要はない、と判断している。謙信は、羽生城はしばらく安全だとみて、赤石城(あかいしじょう)（群馬県前橋市）への向城(むかいじろ)として今村城(いまむら)（同県伊勢崎市）を構えて支援策とし、秋に再度の出兵（越山）を約束して帰国してしまった。

謙信が撤退とみた北条軍の移動は、きわめて不可解だ。当時の羽生城の状況について、謙信は「既に前後左右及び百里味方の地一城もこれ無き所へ」と評している。北条軍は圧倒的に有利な状況にあったのだ。利根川水系の水上権掌握に繫がる羽生城攻略を目前にして、本庄に移動し、さらに利根川から離れた荒川流域の本田に移動する理由は考えにくい。本田は先述のとおり、狭い河岸段丘面にあり要害の地ではなく、軍事的利用は、建武の新政後の新田軍残党との戦いで、上杉・畠山連合軍が布陣した記録以外にみられない。

移動の理由は、上杉軍撤退後の北条軍の行動から読み取れる。北条氏は、謙信撤退後、間を置かず武蔵国内を統治しつつ、七月下旬以前には羽生城への攻撃を再開している。本田への北条軍の移動は、上杉軍を撤退させるための作戦行動だったのだ。

一方の上杉軍は、約束通り八月初めに再出陣した。十一月初旬には新田領・金山城を攻撃して武蔵国に入り、鉢形城下・忍城下・松山城下の上田領に放火した。しかし、戦況はすぐれず、十一月下旬、関宿城が包囲されたため、足利・館林・新田領に放火し、栃木県佐野市の越名（古井名）に着陣、簗田晴助らと談合する一方、佐竹義重の参陣を待つことにした。

佐竹義重との会談が不調に終わると、関宿城を義重に任せ、謙信自身は栗橋・館林等の北条占領地を突破し、利根川を越えて武蔵に入った。その後、謙信は騎西城、菖蒲城、岩付等の敵地に放火し、自軍に羽生城破却を命じ、羽生衆千余人を連れ出した。羽生衆を金山城の向城として築いた砦に置くと、上杉軍は厩橋城経由で帰国していった。

この戦いでは関宿城も開城し、城主の簗田晴助・持助父子は下野国水海城に移った。北条軍は、関宿城を無傷で奪うことに成功したのだ（関宿城の戦いを含めた全体の流れについては、第Ⅱ部第二章に新井浩文氏による詳しい解説があるので、参照願いたい）。

破却されたはずの羽生城はというと、その後早くに成田氏が入り、北条に与する城として再利用されている。羽生城の状況について、氏政は閏十一月十八日付「北条氏政書状写」で「自落」とみている。謙信が命じた破却は、城の機能を失わせるほどではなく、簡単に再建できる状態だったようだ。北条氏は、関宿城のみならず、羽生城をも大きな被害のない状態で手に入れたとみてよいだろう。

この戦いの経緯をみると、北条軍が羽生城の力攻めを避け、いったん間をとるなどして、その後の攻めに繋げたことがうかがえる。一方の上杉軍は、羽生城防衛にこだわっていたが、最終的に破却という行為に出た。

羽生城に固執する両軍の作戦には、無傷で城を入手したい北条軍と、敵に渡さず拠点を維持し、難しければ敵の再利用を避けたい上杉軍の思惑の交錯がみえてくる。羽生城の利根川上流には、上野国上杉方拠点の厩橋城が、下流には関宿城、葛西城が控え、沿川には金山城、佐野城、館林城などが分布する。利根川を制すれば、各城を結び、関東支配にきわめて有利だ。北条軍にとっては、対上杉の前線基地になりうる。上杉氏にとっては、上野国の拠点厩橋城の脅威になりかねない。謙信が、自軍に「破却」させたのは、北条軍に無傷で使用させないためだったのだろう。北条軍の上野・下総への支配拡大を足止めする最後の一手だったのだ。

さて、北条軍が力攻めを避けて本庄・本田と移ったのが、羽生城を関宿城同様、無傷で奪うためであり、自落の際の破壊を避けようとしたのだとすると、移動先に本庄と本田を選んだ理由は何か。

この年、北条氏政は武田勝頼に厩橋城方面への出兵を依頼しており、本庄への移動が武田軍に呼応して厩橋城をうかがう動きだった可能性は高い。しかし、利根川から遠ざかる本田への移動の理由はわかりにくい。何か別の目的があったのではないか。

当時の本田郷には、父氏康が葛西城を奪還したとき活躍した本田の忍びが健在だった。天正初年頃の本田郷は北条氏領有になっており、一部が深谷城主上杉氏憲（うじのり）の知行であった。忍びを実行した特殊武装集団も北条軍の指揮下にあったと思われる。羽生城を無傷で奪うためには、忍び戦術が適している。氏政はそう判断したのではないだろうか。

羽生城攻めを再開した北条軍の戦術は、忍びによる乗っ取り戦術が中心であったと想像する。昼は本軍が攻め、夜は忍びが迫ったのだ。

天正二年の羽生城の戦いでは、少なくとも上杉軍が船の奪取に忍び戦術を用いたが、北条方の本田の忍びが関わった可能性もある。筆者はこの戦いを天正二年羽生城忍び合戦と呼んでいる。

北条氏政もかなりの戦略家だったと思われる。

「夜わざ鍛錬之者」とは誰か

忍び戦術の実行には「夜わざ」の鍛錬が欠かせなかったはずだ。それでは「夜わざ鍛錬之者」とは、どのような者たちだったのか。

「夜わざ」の語は、戦国期の分国法の代表例として知られる「結城家法度」（弘治二年〈一五五六〉）にみることができる。草や夜わざの任務にかこつけて略奪に向かう若い近臣は、命令どおりに動かないので注意せよとする条文だ。当時の北関東では、夜間の軍事行動を「夜わざ」と呼んでいたらしい。

謙信の口ぶりでは「夜わざ鍛錬之者」の直接の主家（寄親）は、羽生城主の木戸忠朝・重朝・菅原為繁らだと思われる。残された記録からみる限り、木戸氏はもともと河田谷氏を菅原氏は広田氏を名乗っており、木戸氏は埼玉県桶川市川田谷を、菅原氏は同県鴻巣市川里の広田を、それぞれ本拠にしていたとされている（冨田二〇一〇）。永禄三年（一五六〇）頃には、羽生城を共同統治していたようだ。

永禄九年の上杉氏による臼井城（千葉県佐倉市）攻めでは、両者に各五〇騎の軍役が割り当てられているが、これは忍城主成田氏や唐沢山城主佐野氏の四分の一に過ぎない。木戸氏・菅原氏は、在村武士が成長して羽生領に知行を与えられた土豪と考えられ、小規模な城持ち国衆だ。羽生領での支配権は強くない。夜わざ鍛錬之者は、指揮官である木戸忠朝・重朝または菅原為繁どちらかの寄子で、どちらかの本拠で夜わざを鍛錬して構成された特殊武装集団だったとみるのが自然であろう（これについては、第Ⅰ部第四章で高鳥氏が別の見方を提示する。重要な見方であり、今後検討を要する）。

河岸段丘にあった川田谷村は、三ツ木（みつき）城跡・石戸（いしど）城跡・牧野（まきの）陣屋跡など、複数の戦国期城館跡を有し、近世後期には荒川の川港を備え、民戸は五〇〇軒を数えた（『新編武蔵風土記稿』巻一五一「足立郡之一七」「石戸領川田谷村」）。対して広田村は、利根川が乱流する加須低地に位置し、戦国期の城館跡はなく、近世後期の民戸数は一五〇だ（『新編武蔵風土記稿』巻之二一七「埼玉郡之一九」「広田村」）。「夜わざ鍛錬之者」の故地としては、木戸氏本領の川田谷村が有力だ。

三　実例にみる戦国期の忍びと城攻め

本章で紹介した二例の忍び戦術は、信頼できる一次史料に恵まれた非常に稀な事例だ。両例からは、戦国期の忍びに関する二つの特徴が把握できる。一つは、忍び戦術が、攻城戦や籠城戦の軍の作戦の一部に組み込まれ、明確な目的をもって実行されていたとみられることだ。もう一つは、特定の郷村の土豪が、寄子らに夜間の軍事行動の技術を鍛錬させせて特殊武装集団を形成し、その構成員から忍びの実行部隊を選抜編制していたとみられることだ。戦闘的・能動的な忍びの姿がそこにはある。しかし一方で、夜わざの内容等、具体的な忍び戦術の技術や技能を、一次史料から読み取ることはできなかった。解明には、さらに広い視野が必要だ。

謎を秘めた忍び研究の面白さは、これからも永く続いていくことになりそうだ。

〈参考文献〉

岩田明広　二〇二一ａ『実相　忍びの者』埼玉県立嵐山史跡の博物館企画展図録

岩田明広　二〇二一ｂ「戦国の忍びを追う—葛西城乗取と羽生城忍び合戦—」（『埼玉県立史跡の博物館紀要』第一四号　埼玉県立さき

たま史跡の博物館・埼玉県立嵐山史跡の博物館）
岩田明広　二〇二三「続戦国の忍びを追う―葛西城乗取にみる忍びの技の具体像―」（『埼玉県立史跡の博物館紀要』第一六号　埼玉県立さきたま史跡の博物館・埼玉県立嵐山史跡の博物館）
葛飾区編　一九八五『増補葛飾区史』上巻
久留島典子　一九九〇「中世後期の『村請制』について―山城国久世上下荘を素材として―」（『歴史評論』四七五号　歴史科学協議会）
清水　亮　二〇一〇「在地領主としての東国豪族的武士団―畠山重忠を中心に」（『地方史研究』六〇巻六号　地方史研究協議会）
谷口　榮　二〇〇九『東京下町に眠る戦国の城・葛西城』（シリーズ57「遺跡を学ぶ」）新泉社
冨田勝治　二〇一〇『羽生城と木戸氏』（中世武士選書3）戎光祥出版
簗瀬大輔　二〇一七『上杉謙信の雪中越山』高志書院

第三章　忍びにより葛西城を奪う

谷口　榮

一　史料と出土遺物から忍びに迫る

東京都葛飾区青戸に所在する葛西城(かさいじょう)は、武蔵野台地と下総台地の間に広がる東京低地に築かれた平城である。東京低地は、東京都の東部に位置し、一般的に江戸や東京の下町と呼ばれる地域にあたり、地勢的にみると関東平野の臨海部にあり、関東の諸河川が集中し東京湾に注いでいる。鉄道の敷設や車社会が到来するまでは、東京低地を流れる河川が上流の関東内陸と海とを結び、水上交通の利便がよい地域であった。加えて、武蔵野台地と下総台地を東西に結ぶ幹線道路が古代から貫いていた。

また、東京低地は、古代から中世において古隅田川(ふるすみだがわ)・隅田川の流れが武蔵国と下総国の境であり、近世には江戸川が両国の境となり、現在でも江戸川が東京都と千葉県の境となっている。つまり東京低地は、いにしえから水陸交通が結節する交通の要衝であり、境界地域という地政を備えていた（谷口二〇一八a・b）。

葛西城は、このような地域的特性を持った東京低地の東部を流れる中川の右岸に形成された標高二メートルほどの自然堤防上に築かれた城で、関東平野の最南端、南関東でも最も低いところに占地する戦国の城である。戦国期は、古利根川末流の葛飾区水元から同区亀有を流れる中川と亀有から足立区千住旭町までの古隅田川（葛飾・足立両区の境）のラインが武蔵と下総両国の境となっていたので、葛西城は境目の城でもあり、海と関東の内陸とを結ぶ水陸交通を押えた軍事拠点でもあった（図1）。

葛西城は、天守もなく石垣も築かれていないこともあって、「葛西城の規模は通常城郭とよばれているものと違い、おそらく「砦」あるいは「館」程度の小規模のものであったに違いない」とか、「青戸に城塞がつくられたのは、小田原北条氏の時代になってからのことで、天文・永禄両度に起きた房総里見氏との国府台合戦に備えて急きょ築造されたとみるのが妥当のようである」（入本一九八五）などと評価されてきた。

しかし、昭和四十七年（一九七二）から開始された環状七号線道路建設にともなう発掘調査が進む中で、中国本土でも類例を見ない元代の青花器台の優品（古泉一九八四・亀井二〇〇七）や全国的にも珍しい花弁を施した唐臼（桐山二〇〇七）などのいわゆる威信財と呼ばれる唐物の出土（小野一九九七）は、従来の葛西城のイメージでは収まらない異次元の存在として注目された。このような考古学的な成果もあって文献史料の調査研究も進み、佐藤博信氏が「古河公方足利義氏論ノート」を著し、古河公方足利義氏が葛西城に御座していたと指摘したのである（佐藤二〇〇二）。葛西城は、関東公方の御座所とも成っていた関東戦国史のなかでも重要な城であることが考古学的な成果とともに、文献史料の調査研究という両面から明らかになったのである（谷口二〇一〇）。

葛西城をめぐって考古学や文献史学の面で、まだ追究しなくてはならない課題が多くあるが、その中でも注目されるものとして「本田家文書」との関係であろう。「本田家文書」については、萩原龍夫（一九七六）・森田洋平（一九八六）・加増啓二（一九九一a・b）各氏の先行研究があり、とくに、「永禄五年三月廿二日付北条氏康契状」（「本田家文

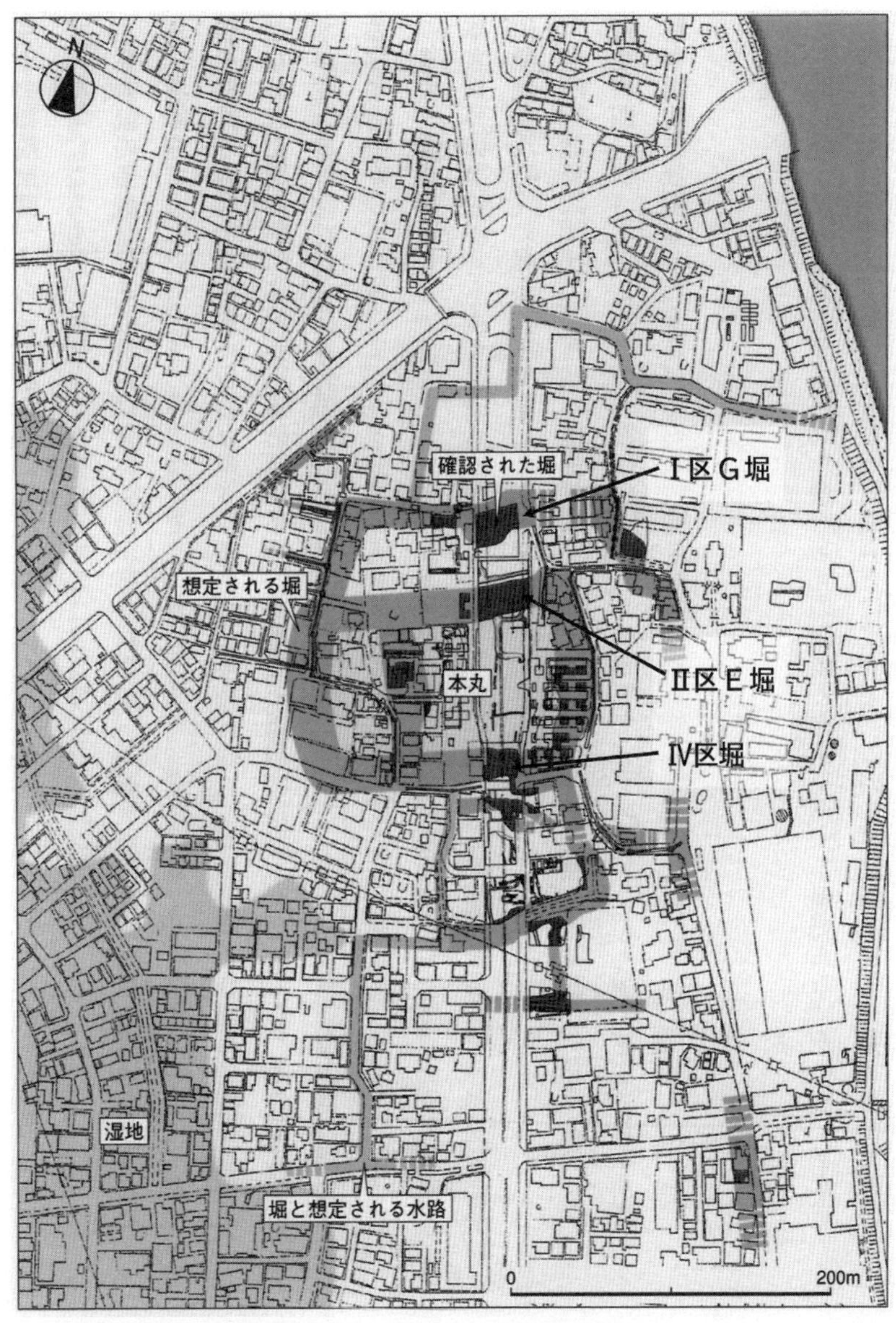

図1　北条氏時代の葛西城縄張り想定図
(『東京都指定史跡 葛西城跡』葛飾区教育委員会 2016 を加筆)

書」）は、北条氏康が忍びを使って葛西城奪取を画策したとされ、「忍」と明記された史料として注目されている。その他にも葛西城奪回の過程や北条氏康・氏政の動向、長尾景虎の関東侵攻に関わる研究などに史料としてよく引かれている。

令和三年（二〇二一）度に埼玉県立嵐山史跡の博物館の企画展「実相　忍びの者」が開催され、関連イベントとして「戦国の忍びを考える」セミナーが企画されて葛西城の報告を担当することになった。本章は、その時の報告をもとに、企画を担当された岩田明広氏の「忍び」に関わる研究（岩田二〇二一）を参考にしながら、「本田家文書」が発給された時期の葛西城を取り巻く情勢を概観し、葛西城から出土した資料で「忍び」もしくは白兵戦をうかがわせる資料を紹介し、「本田家文書」と葛西城との関係や葛西城における「忍」や戦の様子などについて考えてみたいと思う。

なお、文中では『戦国遺文』後北条氏編（東京堂出版）の掲載史料については、「戦北」と略記した後に掲載史料番号を表記している。

二　葛西城をめぐる攻防

葛西築城と大石石見守

葛西城は、享徳三年（一四五四）に勃発した享徳の乱前後に山内上杉方の下総国葛西の軍事的な拠点として青戸の地に築城された。葛西城には、武蔵守護代大石氏の一族で山内上杉氏当主の側近として仕えた家系の大石石見守が在城し、山内上杉方の関東最南端の前線、海を望む臨海部にあり、関東内陸と連絡する河川の注ぐ葛西の守備にあたっていた。

享徳の乱後の葛西城の築かれた下総国葛西（現在の葛飾・江戸川・墨田・江東区域）は、山内・扇谷の両上杉氏や古河公方家の内紛、さらには下総守護千葉氏の内紛の影響を受け、不安定な状況となっていた。一時期には寛正三年（一四六二）頃に武蔵千葉氏の実胤が入部したり、文明九年（一四七七）に起こる長尾景春の乱の影響で大石石見守も扇谷上杉氏方の太田道灌に与したり、明応六年（一四九七）には千葉氏の家臣円城寺によって石見守が討たれてしまう（「本土寺過去帳」）。討たれた石見守は、年代から初代葛西城主ではなくその子孫と思われる。これによって葛西は、千葉守胤に制圧されたりするなど、山内上杉氏から扇谷上杉氏の支配するところとなった（長塚二〇〇七）。

十六世紀になると、永正三年（一五〇六）から永正の乱と呼ばれる越後国の守護と守護代との争いや山内上杉氏の内紛が、古河公方家の政氏と嫡男高基との対立とも結びつき、諸勢力を巻き込んだ抗争となって関東の情勢は不安定となった。

古河公方家では、永正九年に高基が古河公方の家督を継ぐが、弟の義明は房総を基盤とした新たな政治勢力小弓公方として高基と対立する。永正十五年に高基が政氏を隠居させ一連の争乱は収束するが、それも束の間、再び山内・扇谷上杉氏のなかで対立が生じ、西上野などで戦闘におよぶ（黒田二〇一三）。

永正の乱以後の葛西城および葛西地域は、正確な時期はわからないが武蔵千葉氏から再び石見守の後継者が入部している（長塚二〇〇七）。

永正十六年に伊勢宗瑞から家督を継ぎ小田原に本拠を構える北条氏綱は、両上杉氏の内紛に乗じて関東侵出を企てる。大永四年（一五二四）正月に、扇谷上杉朝興が山内上杉憲房と和睦するため江戸城（東京都千代田区）を出立して武蔵国河越に着陣している隙を狙って、城主不在の江戸城を攻略した。これに対し両上杉氏は、岩付城（埼玉県さいたま市）を奪回するなど北条氏に反撃を加えた。翌大永五年二月には、岩付城が再度北条氏に攻め落とされ、北条氏は大石石見守の拠る葛西に迫った。

その時の扇谷上杉方の緊迫した様子は、家臣の三戸義宣が越後の長尾為景に宛てた書状からも知ることができる（「三戸義宣書状」上杉家文書）。この書状で義宣は、大石石見守が守備している葛西城へ敵が向かっている旨を伝え、もし葛西城が落ちれば「当国滅亡」と為景に援軍を求めている。葛西城および葛西の地が、上杉氏の領国経営にとってどれだけ重要な位置にあったかがうかがえよう。葛西城は、後詰めもあってこの危機を何とか退けることができた。

両上杉氏は攻勢に転じ、同年八月には武蔵白子原（埼玉県和光市）で北条氏綱の軍勢を撃退し、翌大永六年六月に蕨城（埼玉県蕨市）を攻略、九月には小机城（神奈川県横浜市）を落城させるなど北条氏に対し優勢に展開している（黒田二〇二〇・森田二〇二一）。

ここで注目されるのは、小弓公方勢力の房総の武田・里見氏と甲斐武田氏が両上杉氏と連携して優位に攻勢に転じられたことである。大永六年五月に、両上杉氏の反撃と連携した足利義明は、武田・里見勢を渡海させ北条領沿岸部を襲撃させている（長塚二〇二一）。このような状況から蕨城攻めは、陸上による軍勢の移動というよりは、地理的にも武田・里見氏は船を使った攻略ではなかったのではないだろうか。江戸城を北条方に抑えられているなかで、それを可能としたのも葛西城の存在が大きいものと思われる。

享禄から天文期

十六世紀前半の関東の戦国期は、関東の将軍と呼ばれる古河公方家の動向によってさまざまな問題が起こっている。元号が大永から享禄に改元される時期になると、古河公方足利高基と嫡子晴氏が対立し、山内上杉氏も権力抗争が起るが、享禄年中に収束に向かう。しかし、両上杉氏と北条氏との抗争は続いていた。

天文になると里見氏に内紛が起き、天文二年（一五三三）に北条氏綱と扇谷上杉朝興が双方の敵対する勢力に加担している。同年と天文四年には、相模国東部に扇谷上杉氏が攻め込む事態ともなっている。天文六年には、扇谷上杉朝興が亡くなり家督を朝定（ともさだ）が継いだが、七月に河越と松山で北条氏綱勢に大敗を喫してしまう。翌天文七年正月、扇谷上杉朝定と山内上杉憲政（のりまさ）はともに河越城（埼玉県川越市）を奪還するべく攻めるが、北条氏はこれを撃退する。北条氏は、そのまま扇谷上杉氏方の臨海部の孤塁となった葛西城に向かい攻略、葛西地域は北条氏の勢力下に組み込まれることになる。

今までこの葛西城攻略は、北条氏にとって下総攻略の足場となったと評価されてきた（萩原一九七六）。それだけではなく、北条氏は江戸城と葛西城を手中に収めたことで、武蔵野台地と下総台地の間の関東諸河川が海へと注ぐ臨海部を支配下に置き、関東内陸部と海とを結ぶ交通を掌握したことを評価すべきであろう。

葛西城が北条方に攻略されたことにより、扇谷上杉朝定は海を介して房総の小弓公方と連絡が遮断され、小弓公方にとって葛西を掌握していることが、晴氏の本拠古河（こが）城（茨城県古河市）攻めの前提条件だったとも指摘されている（滝川二〇一九）。

天文七年十月、小弓御所足利義明と房州の雄、里見義堯（よしたか）は、太日川（ふとひがわ）（江戸川）を挟んで国府台（こうのだい）（千葉県市川市）に陣取り北条氏と対峙し、合戦におよぶ。両勢力激戦の末、北条氏綱・氏康親子は敵大将の足利義明、その嫡子義純（よしずみ）、弟基頼（もとより）などを討ち取り、小弓公方家は滅亡する。その結果、晴氏は房総に君臨する小弓公方勢力を一掃し、古河公方家が関東足利氏の正嫡の地位を確保することができた。また、義明勢を破った戦功で北条氏綱は、晴氏から「関東管領（かんとうかんれい）職」に補任され、古河公方家を支える立場となった。

北条氏綱は、さらに古河公方家との接近を図る。天文八年八月、北条氏綱の娘芳春院（ほうしゅんいん）殿（氏康の妹）が晴氏の正室となる婚約が成立し、同年十二月に古河に嫁いでいる。この婚姻により北条氏綱は、古河公方家と親戚関係となり、「関東管領職」について、「足利氏御一家」の家格となって、関東において古河公方家に次ぐ政治的な地位に就くことになる（佐藤二〇〇二・黒田二〇一一）。

天文十年七月十七日、氏綱が逝去し、氏康が家督を継ぐ。氏康と山内・扇谷両上杉氏との抗争は続く中、山内上杉憲政は北条方となった武蔵忍城（おし）（埼玉県行田市）の成田（なりた）氏攻めを目論み、両上杉氏から晴氏にも出陣の要請がおこなわれていた。

氏康は、このような忍城をめぐる情勢に対して河越城に援軍を入れ、忍城の支援体制を固める。上杉方は攻撃の矛先を河越城に変え、河越城を包囲した。それに対して晴氏は、両上杉氏の要請に応じて出陣し、氏康と敵対する態度をとった。

天文十五年四月二十日、憲政勢は攻撃に打って出たが、結果は氏康の勝利となった。この河越合戦で扇谷上杉氏は滅亡し、山内上杉氏の憲政も古河公方晴氏も敗走した。氏康は、この勝利によって敵対行動に出た晴氏に対しても決定的に優位な立場を確保することになった（佐藤二〇〇二・黒田二〇一一）。

天文二十年末までの間に芳春院殿と晴氏との間に生まれた梅千代王丸（うめちよおうまる）が古河城から葛西城へ移っている。天文二十一年十二月十二日、晴氏は家督の譲状をしたため、梅千代王丸が古河公方家を継いだ。歴代古河公方が家督相続に書を記すことはなく、この家督相続が氏綱の強い意向をもっておこなわれたことが指摘されている（佐藤二〇〇二）。

新たな古河公方の御座所となった葛西城には、晴氏も天文二十一年十二月前後に入城し、晴氏・芳春院殿・梅千代王丸の親子三人が葛西で暮らすことになる。ここに至って葛西城は関東の将軍の本拠として東国の政治勢力の表舞台に立つことになり（長塚二〇一〇・谷口二〇一〇）、梅千代王丸は「葛西様」と尊称されるようになる。

上杉憲政は、平井城（群馬県藤岡市）を本拠として勢力挽回の機会をうかがっていたが、離叛者が出るなどかえって劣勢に追い込まれ、天文二十一年には平井城を退去して越後の長尾景虎の元に移った。

天文二十三年七月二十四日、晴氏が葛西城を離脱して古河城に帰座し、北条氏に反旗を翻す天文事件が起こる（谷口二〇一二）。藤氏もこの晴氏の動きに合わせ古河城へ入っている。同年十月上旬、古河城は野田氏によって攻略され、この事件以降、晴氏の政治生命は絶たれ、表舞台から姿を消すことになる。弘治元年（一五五五）十一月、梅千代王丸は葛西城で元服し、室町将軍足利義輝から偏諱を受け「義氏」と名乗り、母芳春院殿と古河公方権力を象徴する存在となった。この年の十二月に、氏康は武田信玄と今川義元と三国同盟を結び、景虎の関東侵攻に備えた。

永禄から天正期

永禄元年（一五五八）四月、義氏は鎌倉鶴岡八幡宮参詣のために葛西城から動座、参詣後には北条氏の本拠小田原城（神奈川県小田原市）に滞在し、再び公方領国へ戻ってきた時には、葛西城ではなく関宿城へ御座している。

永禄二年に小田原北条氏家臣の所領を書き上げ、所領に見合った税分を貫高として記載した「小田原衆所領役帳」が作成されるが、この役帳によると葛西は江戸城を中心とする江戸衆に所属し、江戸城代遠山丹波守（綱景）を筆頭に、大胡・会田・島津等の江戸衆と呼ばれる家臣が知行し、葛西城には遠山丹波守の一族遠山弥九郎が在城するなど、葛西地域の領域支配を進めていたことが確認できる。

永禄三年、関東の情勢は風雲急を告げる。長尾景虎が関東に攻め込み、反北条勢力によって葛西城は落城してしまう。葛西城は、一時、北条方の手を離れたものの、次項で詳しく検討するが、永禄五年四月には、北条氏は葛西城を再奪取する。

永禄七年、葛西城再奪取に功のあった太田康資が里見方へ寝返り、これを切掛けに北条氏康と里見義堯の子義弘は国府台で再び戦火を交えることになる。はじめは小田原北条方の名だたる武将が討ち取られ里見氏が優勢であったが、里見方の油断に乗じて急襲し、里見勢を撃退する。先の戦を第一次国府台合戦、後の戦を第二次と呼んでいる。

葛西の地は、太日川（江戸川）を境に小田原北条氏と反北条勢力との両勢力がしのぎ合う境界地域であったが、この第二次国府台合戦以降、軍事的な緊張状態は緩和され、永禄十一年に葛西新宿の伝馬役を定め（戦北一〇八八）、天正四年（一五七六）には葛西と栗橋間の被官船往復を認めるなど（戦北一八七一）、永禄七年以降、積極的に領国経営を進める様子が当時の史料からうかがえ、天正十八年四月の豊臣秀吉による小田原攻めの際に落城するまで、北条氏の前線への中継・補給基地として維持された（長塚一九八九・谷口二〇一〇）。

三　長尾景虎の関東出兵と「本田家文書」

永禄三・四年の関東出兵

永禄二年（一五五九）、長尾景虎は天文二十二年に続いて二度目の上洛をおこない将軍足利義輝に謁見し、上杉憲政への尽力を命じられている。景虎は、それ以前に室町幕府が大名に与える最高の格式である相伴衆に補され、すでに相伴衆になっていた氏康や信玄と対等な家格を得ることになった（馬場二〇〇四・黒田二〇一一・阿部二〇一二）。

同年末には北条氏や武田氏が景虎の領国越後を侵す軍事行動を見せた。景虎は、翌永禄三年五月十九日に尾張桶狭間で今川義元が織田信長に討たれたため三国同盟が崩れ、北条氏と敵対する里見氏や佐竹氏などからの要請もあり、翌永禄三年八月に景虎は憲政を擁して関東に攻め入った。

景虎は、上野や武蔵の反北条勢力を結集して上野・武蔵・相模に侵攻し、翌永禄四年三月には北条氏の本拠地である小田原城下まで軍を進駐させた。この間、上野や北武蔵の北条方の諸城を支配下に収め、松山城（埼玉県比企郡吉見町）や葛西城も反北条勢力に攻め落とされてしまう。後で触れる永禄五年の北条氏による葛西城再奪取に関わる諸史料の中に、永禄三年に落された葛西城は里見義弘の家臣網代氏が守備していたことか記されている（『太田家記』巻上）。このことから葛西城は里見勢によって攻略され、網代氏が入城していたことがうかがわれる（長塚一九九二）。

景虎率いる反北条勢に小田原城を包囲された北条氏が、武田氏に支援を要請したこともあって、景虎は包囲を解いて鎌倉に移り、そこで上杉憲政から関東管領職と山内上杉氏の名跡を譲られ、上杉政虎と改名した。政虎は、関東管領として補佐する関東の公方として晴氏の子藤氏を古河城に入城させ、藤氏の後ろ盾として憲政と公卿近衛前久も古河城に同行した。これにより既存の古河公方足利義氏と関東管領北条氏康に対抗する政治体制を構築した（佐藤一九八九・市村一九九〇・黒田二〇〇一）。

政虎は、永禄四年六月に越後に帰国し、八月に川中島で武田信玄と合戦におよび、十一月には信玄と氏康が連携して軍事行動に出たため再び関東に出兵した。同年末には足利義輝から偏諱を受け輝虎と改名、厩橋城（群馬県前橋市）で越年して翌永禄五年三月に越後に退去した。

永禄五年の葛西城攻め

永禄四年六月に政虎が越後に戻ると、上杉方となった下野・北武蔵の諸勢力のなかには北条方に寝返るなど、反北条勢力にも綻びがみえてくる。氏康は先に記したように武田氏とも連携しながら反撃の準備を進めていく。その北条氏の反撃の一翼を担っていたのが太田道灌の流れを汲む江戸太田氏の太田康資であった。

北条氏政が康資に宛てた「(永禄四年)九月十一日北条氏政書状写」(戦北七一六)によると、氏政は北武蔵での北条方の反撃の状況を伝えるとともに、河越城を反撃の拠点として江戸衆筆頭の遠山綱景に諸々指示しているが、反撃の作戦は「密事」であり、康資に「下総口」での行動が「肝要」であると伝えている。

この文書が氏政から康資に出されたときは、政虎は川中島で武田軍と戦の最中であった。北条氏による反撃が進むなか、政虎は軍勢を率いて十一月に再び関東に入った。しかし、この時の政虎は、前回のような勢いはなく新しい公方に据えた藤氏を古河城に置いたまま、上杉憲政と近衛前久を廐橋城に移し、自身は三月に越後に帰ってしまう。

この機に乗じて北条氏康・氏政親子による反北条勢力の里見氏に奪取された葛西城の再攻略の準備が進められたか、またその後の北条氏と本田氏とのやり取りの様子が以下の「本田家文書」によって知ることができる。

【史料1】「(永禄五年)三月廿一日北条氏康判物」(「本田家文書」戦北七四八)→第Ⅰ部第二章【史料一】参照
【史料2】「(永禄五年)三月廿一日北条氏康判物」(「本田家文書」戦北七四九)→第Ⅰ部第二章【史料二】参照
【史料3】「(永禄五年)三月廿二日北条氏康判物」(「本田家文書」戦北七五〇)→第Ⅰ部第一章【史料三】参照
【史料4】「(永禄五年)卯月十六日北条氏政判物」(「本田家文書」戦北七五九)→第Ⅰ部第二章【史料三】参照
【史料5】「(永禄五年)八月　三日北条家朱印状」(「本田家文書」戦北七七四)→第Ⅰ部第二章【史料四】参照
【史料6】「(永禄五年)八月廿六日北条家朱印状」(「本田家文書」戦北七八三)→第Ⅰ部第二章【史料五】参照
【史料7】「(永禄五年)八月廿九日北条家朱印状」(「本田家文書」戦北七八四)→第Ⅰ部第二章【史料六】参照
【史料8】「(永禄六年)八月十二日北条氏康判物」(「本田家文書」戦北八二五)→第Ⅰ部第二章【史料七】参照

永禄五年三月二十一日に北条氏康から本田氏に【史料1】と【史料2】の二通が出されている。【史料1】は、本田氏に宛てた参陣要請で、軍事行動による忠節を尽くせば「江戸筋一ヶ所、足立ニて二ヶ所」を与えることが記されている。

【史料2】は、本田氏を筆頭とする「各同心者共」の軍事行動は、「殊更太田指南上ハ」と太田康資の指揮下でおこなわれることを指示している（萩原一九七六・加増一九九三）。興味深いのは、康資の指揮下に入れば、郡代（江戸衆筆頭遠山綱景）による邪魔立てはないので安心して励むようにと記していることである。【史料1】の後に、この文書が発給されているとすると、本田氏もしくは同心者のなかに遠山氏との関係が芳しくない者がいたことを想起させ、そのことが氏康側に伝えられていたための筆使いと察せられる。おそらく永禄二年の「小田原衆所領役帳」に記載されている遠山氏の所領内のどこかで問題が起きていたのではないだろうか。

それともう一点注目されるのは、先に紹介した「（永禄四年）九月十一日北条氏政書状写」（戦北七一六）との関係である。極秘裏に進められている「下総口」における北条方の反撃作戦が遠山氏ではなく、康資に任せられていることと関係していることをうかがわせている。それを前提とした場合、【史料1】の「無紋就馳来者」も極秘作戦ならではの指示とみられる。

【史料3】は、【史料1】【史料2】の発給後、一日経って具体的に軍事作戦と恩賞の内容が明示された。この時点で初めて本田氏および「同類衆」（＝同心者）に課せられた軍事任務が「葛西要害以忍乗取」と、葛西城を攻略することが明らかとなる。ここで問題となるのが「以忍乗取」であるが、後で検討することにし、軍事行動に対する成功報酬から北条氏と本田氏の交渉の様子を確認してみたい。

【史料3】では、任務が遂行されれば成功の褒美として本田氏に「曲金」（葛飾区高砂）・「両小松川」（江戸川区東・西小松川）・「金町」（葛飾区金町）、同類衆にも銭五〇〇貫文を与えるとする。【史料1】の時点では、明記されていなかった同類衆の褒美が記されているが、本田氏への褒美の所領は江戸筋一、足立二となっていた。しかし、合わせた三ヵ所は変わらないが（ただし数え方は両小松川を二と数えている）、いずれも葛西となり、場所が違っている。

【史料4】は、それから一ヵ月にも満たない時期の文書で、【史料3】からこの期間、北条氏と本田氏との間で交渉がおこなわれたことがわかる。相違点は、まず北条氏方の発給者が氏康から氏政になっていることである。

次に、褒美として充がわれる所領が「江戸廻飯倉」（港区東麻布・麻布台ほか）が加わり、所領の数え方も都合四ヵ所となる。ただし、両小松川を二ヵ所としていたものを「一」と記している。「葛西地一力ニ乗取」は、【史料3】の「葛西要害以忍乗取」と同じ意味と解され、本田氏は交渉の結果、【史料1】で約束された「江戸筋一ヶ所」を認めさせたことになる。しかし、「足立ニて二ヶ所」は記されておらず、【史料3】と【史料4】で記された「曲金」「両小松川」「金町」が足立に代わる所領として記され、それも一ヵ所多くなっていることも代替え的な処置であることがうかがえる。

【史料4】が発給された八日後の四月二十四日に、葛西城は太田康資の指揮下のもと北条方に奪回される。それは先の紹介した「太田家記」や「（永禄五年）卯月晦日北条氏政感状」（「吉田文書」戦北七六五）によって確認できる（長塚一九九二）。重要なことは、本田氏や同類衆のみで葛西城が攻略されたのではなく、太田康資を大将として組織された軍勢によって攻め落としたことである。

成功報酬をめぐって

【史料3】と【史料4】にみえる本田氏と同類衆のみの攻略でなかったとすると、【史料4】で約束された褒美は反故となろう。その前提で考えると、本田氏は四月の葛西城攻略に忠節を尽くした結果、【史料5】から「金町」が与えられたとみられる。しかし、「小金」から文句が出て難儀したため、北条氏に訴えたのであろう。北条氏は、「金町郷被下候之処、自小金兎角横合申候也」と、「小金」が金町入部に不服を言ってきているのは一時的なことなので、相違なく「金町」に入部せよと命じている。

従来、「小金」を「高城胤辰（たかぎたねとき）」に比定してきたが（加増一九九三）、長塚孝氏は「足利義氏」としている（長塚二〇二一）。【史料5】の時に足利義氏は、関宿城から小金城（千葉県松戸市）に移座しており、高城氏は葛西城が里見氏によって攻略されていた頃は北条氏から景虎に寝返っていた。高城氏が再び北条氏に与する時期は不明であるが、【史料5】の時点では、高城氏ではなく、長塚氏の指摘どおり足利義氏とするのが穏当であろう。仮に高城氏が文句を言ってきたら【史料5】のような表現にはならないであろう。

【史料6】は、北条氏から本田氏へ、成功報酬として足立郡の二ヵ所を与えるとしたが、越谷と舎人とする文書も取り交わしていないし、越谷と舎人は「両郷大郷」なので与えなかった。さらに惜しみなく忠節を尽くせば与えてもよいという内容である。この文書によって、本田氏から北条氏へ【史料1】に記された成功報酬をもとに、足立郡内の越谷と舎人の二ヵ所を知行地として欲しいと催促していたことがうかがえる。それについての北条氏からの回答が【史料6】ということになる。

その回答に対して本田氏は納得したわけではなかった。三日後に出された【史料7】で、「飯倉郷左近私領卅九貫文、此外内所務卅貫文、公方領卅貫文、以上九拾九貫文」が与えられることになった。左近私領および内所務は、「小田原衆所領役帳」に記載されている大草左近大夫に関わる約六拾貫文とみられ、公方領の仔細は不明とされる（佐藤一九八九・加増一九九三）。ここで金町郷に加えて飯倉郷の給付が実行された。

ここまでの経緯をまとめると、永禄五年三月二十一日に極秘作戦への参加が要請され、四月十六日までの間、成功報酬の交渉がおこなわれた。この作戦参加の条件は、太田康資の指示で行動すること。通常の攻撃ではなく、「無紋就馳来者」など極秘裏におこなうこと。そして本田氏と同類衆によって葛西城を落とせば、北条氏政から本田氏に「曲金」「両小松川」「金町」「飯倉」の知行を充てがい、同類衆には銭五〇〇貫文を与えることが約束された。しかし、葛西城攻略は太田康資の指揮のもと本田氏と同類衆だけでなく、興津氏らも加わって実行された。

そのため本田氏と同類衆は、軍功はあげたものの、【史料4】に記された成功報酬をすべて充てがわれたわけではなく、「本田家文書」からは少なくとも金町郷が与えられ、北条氏との交渉の末、遅れて【史料7】で、飯倉郷が与えられたと私は理解したい。ここまでの「本田家文書」からは、両小松川と曲金、銭五〇〇貫文が与えられたことは確認できないのである。

葛西城は二度にわたり攻められたのか

北条氏は、反北条勢力下に組み込まれた「下総口」の奪回作戦を極秘裏に進めていた。それを指揮するのは江戸衆筆頭で郡代の遠山綱景ではなく、太田康資であった。本田氏は、氏康からその指揮下で行動するように指示されているが、一方で【史料3】【史料4】から単独での葛西城攻略も期待されていたとみられる。【史料3】から【史料4】への過程で、北条氏が褒美を上乗せして単独での乗取を催促している背景には、本田氏による成功報酬の条件闘争ともみられるが、加増啓二氏は上杉輝虎や岩付太田氏の来援を恐れた焦りがあったとみている（加増一九九三）。

加増氏は、このような状況から迅速な軍事的勝利をおさめる必要があったことを指摘するが、私は上杉輝虎や岩付太田氏への対処とともに、康資の指揮による葛西城攻略の実行日が四月二十四日と決まっていたのではないかとみている。そのため二十四日以前に単独での攻略を促したのではないだろうか。ここに北条氏と太田康資との微妙な関係、つまり第二次国府台合戦への布石がすでにあったのではないかと想定している。

このような「本田家文書」からの解釈とは異なり、岩田明広氏は葛西城攻略が四月二十四日だけでなく、八月二十六日から二十九日の間に忍び戦術で再度攻撃し軍功をあげたと指摘する（岩田二〇二一）。岩田氏は、「太田本軍は川港機能を押える青戸と呼ばれた葛西城中心部を、本田と同心衆の特殊部隊は忍び戦術で周辺の曲輪や城下の乗取を行った」と想定し、本田氏の忍び戦術は四月二十四日もしくは直前の数日におこなわれたとする。しかし、攻撃が不十分であったたか、別の陽動作戦を起こすことになったため、北条氏は【史料6】を発給して重ねて忠信を尽せばさらに知行地を与えるとし、【史料7】が二度目の本田氏の忍び戦術が実行され、【史料4】で約束された飯倉郷三十九貫文が与えられたと解釈している。つまり、葛西城忍び乗っ取り作戦は二回おこなわれたと岩田氏はみている。

さらに岩田氏は、一回目とされる四月二十四日の攻撃は、「青戸」と「葛西（要害）」という書き方の差異や同時期の他の史料も参考にして、太田本軍は葛西城、本田と同心衆は周辺の曲輪や城下の「乗取」と想定している。

はたして「本田家文書」の【史料1】から【史料7】までの状況から岩田氏が指摘するような葛西城忍び乗取作戦は二回おこなわれたと解釈できるのであろうか。また一回目の攻撃が岩田氏の想定するような状況だったのだろうか。

葛西城は、中川右岸に堀と土塁によって防御された本丸をはじめとする曲輪が築かれ、左岸には葛西新宿を設けており、城域は葛西新宿も含んだ広がりをもっている（図2、谷口二〇〇九）。ただし、葛西新宿は、史料的に永禄十一年（一五六八）まで確認することはできず（「遠山文書」戦北一〇八八）、太田康資による永禄五年四月の葛西城攻めの際に葛西新宿が存在していたか確かなことはわからない。したがって中川右岸に展開する葛西城の曲輪のうち、岩田氏は「青戸」（「吉田文書」戦北七六五）を葛西城の中心部ととらえ、そこを太田本軍が攻め、周辺の曲輪や城下を本田と同類衆が攻めたとみている（岩田二〇二一）。

しかし、「青戸」と「葛西（要害）」の表記の相違も、後者は葛西城という軍事施設を特定して攻略を命じる表記であり、前者はその戦における軍功、つまり葛西城の所在する地での軍功に対する感状という違いではないだろうか。

【史料6】が発給された背景には、加増氏も述べているように本田氏からの【史料2】での約束を履行するよう強い働き掛けがあったものとみられる。具体的には、越谷と舎人を要求したが保留され、忠信を重ねることを言い渡される（加増一九八九）。それに対して、本田氏は納得せず【史料4】にある飯倉を要求したのか、あるいは本田氏の強い成功報酬の要求に対する落しどころとしたのか、【史料7】で飯倉を与えたものであろう。したがって葛西城は四月二十四日の攻撃で奪取され、岩田氏が想定するような二回の攻撃はなかったとみられる。また【史料8】は、【史料7】から一年近く

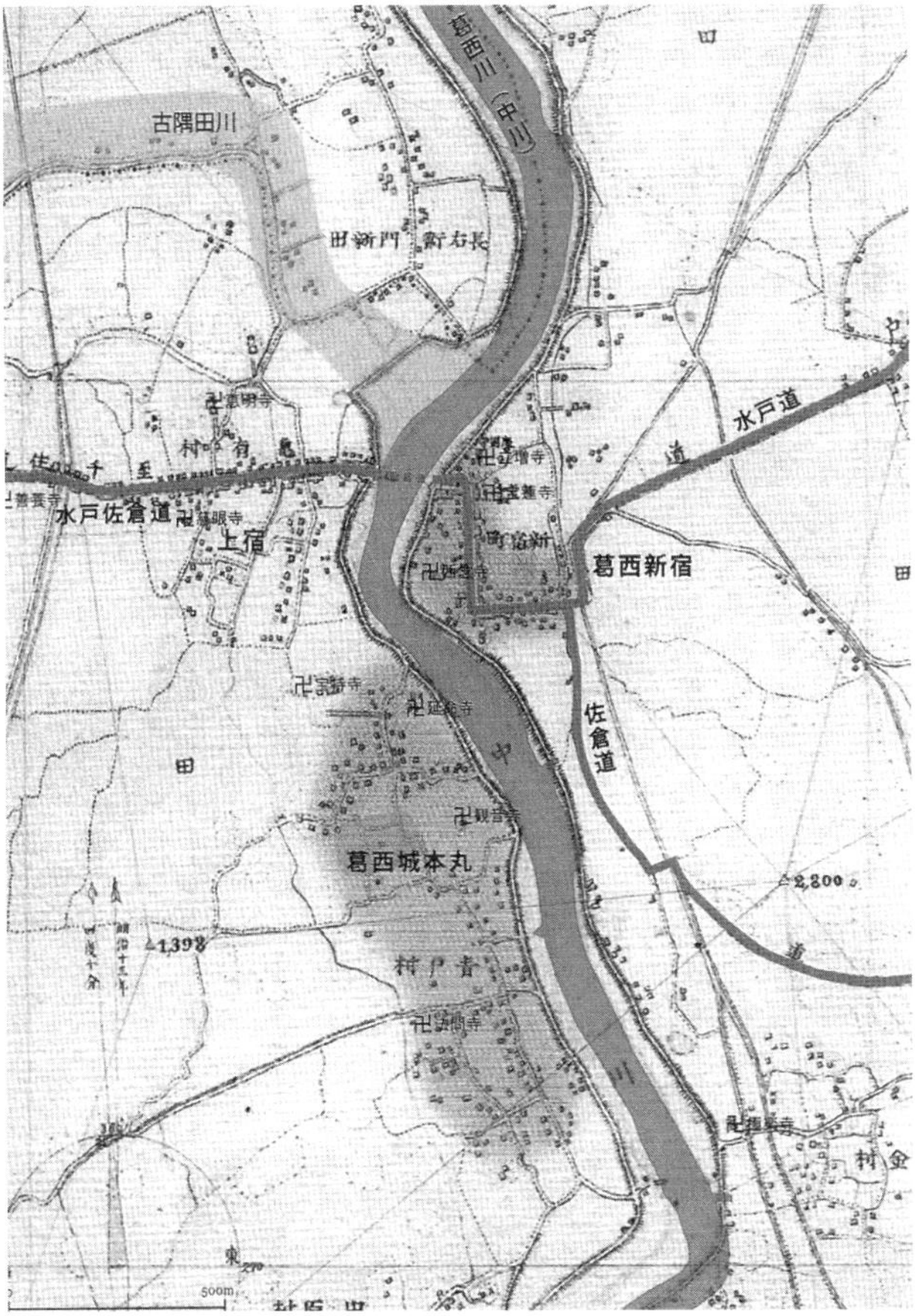

図2　葛西城と城下の広がり
（『東京都指定史跡 葛西城跡』葛飾区教育委員会 2016）

たって出されたもので、「御判両通」を持参して見せるように命じている。他の武士から不満が出たので、その吟味とも考えられるが（加増一九八九）、本田氏の不満は解消せず、【史料7】の後も働きかけをしていたのかも知れない。いずれにしても北条氏と本田氏の成功報酬の交渉は【史料6】で終わったわけではなかったようだ。しかし、【史料8】以降成功報酬をめぐる史料は「本田家文書」には伝わっていない。

「忍」について

「本田家文書」の主人公である本田氏については、すでに萩原龍夫氏（萩原一九七六）・森田洋平氏（森田一九八六）・加増啓二氏（加増一九九一b）をはじめ本書でも岩田明広氏が系譜等について詳しく紹介されているので、ここでは【史料3】に記されている「以忍乗取」について私見を述べたいと思うが、その前に触れておきたいことがある。佐藤博信氏が本田氏について「会田氏と同様に商業・流通・水運を生業とする氏族ではなかろうか」という指摘である（佐藤一九九八）。前項の「享徳から天文期」で記したように、葛西城は「関東内陸部と海とを結ぶ」交通の要衝であり、葛西城の攻め方を考える上で参考となろう。

まず結論から述べると【史料3】の「忍」とは、一般的にイメージされやすい時代劇に登場するような黒装束を着たいわゆる忍術を使う忍者と呼ばれる類いではないと考えている。「忍」とは、戦術を指すものであろう。どのような戦術かというと、日が昇り落ちるまでにおこなわれる通常の軍事的攻撃ではなく、岩田氏が記すように「「夜間の敵城等への「潜入」「乗取り」、そしておそらく「放火」を指す戦術」とみられる。そして、「その役に通常の軍役とは別に招集されるされる者たちを当て、役についた場合、彼らは忍びと呼ばれた」ととらえることに賛同する。

【史料3】の「以忍乗取」とは、「忍び戦術を用いて乗っ取る」ことを氏政は命じたので、【史料2】の「無紋就馳来

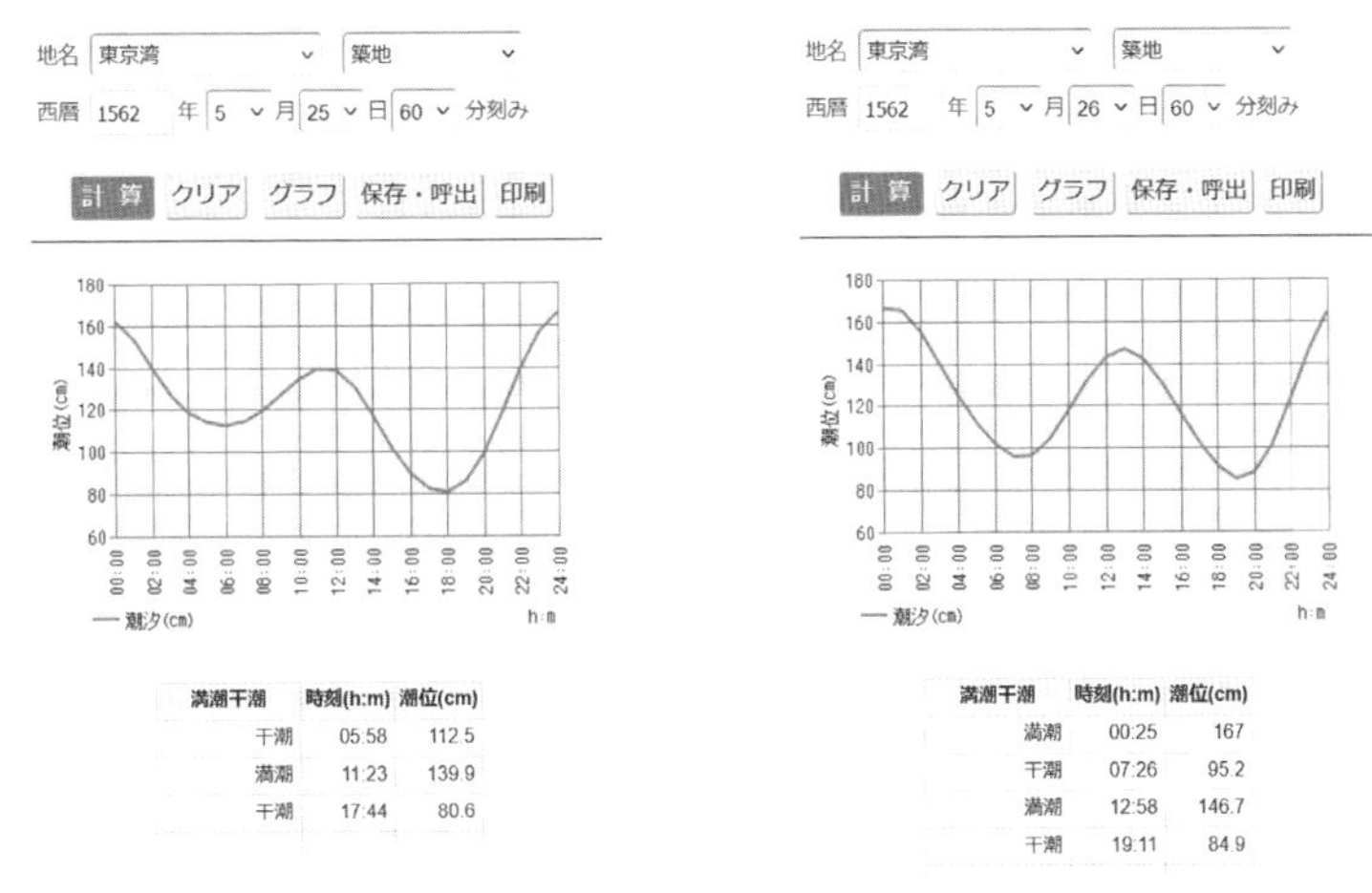

図3　永禄五年四月二十四日（旧暦）と前日（左）の潮位
（https://keisan.casio.jp/exec/system/1258467122 より）

者」も通常の攻撃ではなく、極秘裏に進めることを肯定していよう。さらに注目される記事として、一次史料ではないが「太田家記」巻上に、「四月廿四之夜」と記していることである。夜間の攻撃ということも「以忍乗取」と整合しており重要なポイントである。永禄五年四月二十四日（新暦の一五六二年五月二十六日に相当）の東京都中央区築地の潮位を調べると、満潮が十二時五十八分・一四六・七センチ、干潮が十九時十一分・八四・九センチとなっていた（図3）。月の出は〇時十分の深夜で、前日は下弦の月だったので月が出てもそれほど明るくなかった。満潮だと船の航行には都合がよいが、発見されやすい。干潮だと船の航行には支障が出るが、船を使わずに渡河しやすく、発見されにくい。おそらく月がまだ出ていない夜の渡河しやすい干潮時に忍びの戦術がおこなわれたのであろう。先述した康資による葛西城攻略の日を四月二十四日と決めていたとするのは、攻めやすい夜と潮位を見計っていたと考えているからである。

四月二十四日に実行された葛西城攻略は、太田康資の指揮によるものであるが、その戦い方は昼間の通常の攻撃ではなく、「以忍乗取」であった。本田氏と同類衆のみで「以忍乗取」がおこなわれたものはなかった。

四　戦を物語る出土遺物

武器・武具類と斬首

幾多の攻防が繰り返されてきた葛西城からは、戦国という時代を物語る鏃、小柄（こづか）、刀装具、鉛製の鉄砲玉、鎧（よろい）の小札（こざね）など武器や武具類が本丸をめぐる堀などから出土している（図4）。鉄砲玉は、未使用のものではなく、撃たれた後に何かに当たったらしく変形している。

しかし、葛西城の出土遺物の中で戦国の世がどのような時代であったかを訴える資料として注目されるのは斬首（ざんしゅ）であろう。昭和四十八年（一九七三）におこなわれた環状七号線道路建設にともなう第二次予備調査で出土したもので、本丸の正面に相当する北側を区画するⅡ区E堀のヘドロ層から発掘された（図5、谷口二〇〇九）。

頭骨の特徴から性別は女性と判明した。全体的に小さくて華奢であり、下顎は失われていたが面長の顔立ちで、顔面の幅に比べ奥行きの長い、いわゆる過長頭である。歯や口蓋縫合部などの観察から推定年齢は三十五±十歳とされている。頭蓋の左側から斬撃を二度加えられ、二度目の斬撃で頭部離断されたらしい。さらに死亡時前後に頬骨辺りから打撃が加えられたため、頭部の左側の骨折や破損などの損傷が著しいという（坂上二〇〇七）。

発見された時はすでに骨となっていたが、おそらくは皮膚や頭髪のある生首の状態で堀内に入っていたものであろう。出土地点が本丸の表となる堀であるということに驚かされる。今となってはどのような謂れで首を切られたのかはうかがい知ることはできない。戦国の世は武功を誇る勇ましい武士の時代とイメージされがちであるが、現実は血

図4　葛西城から出土した武器・武具類
（葛飾区郷土と天文の博物館提供）

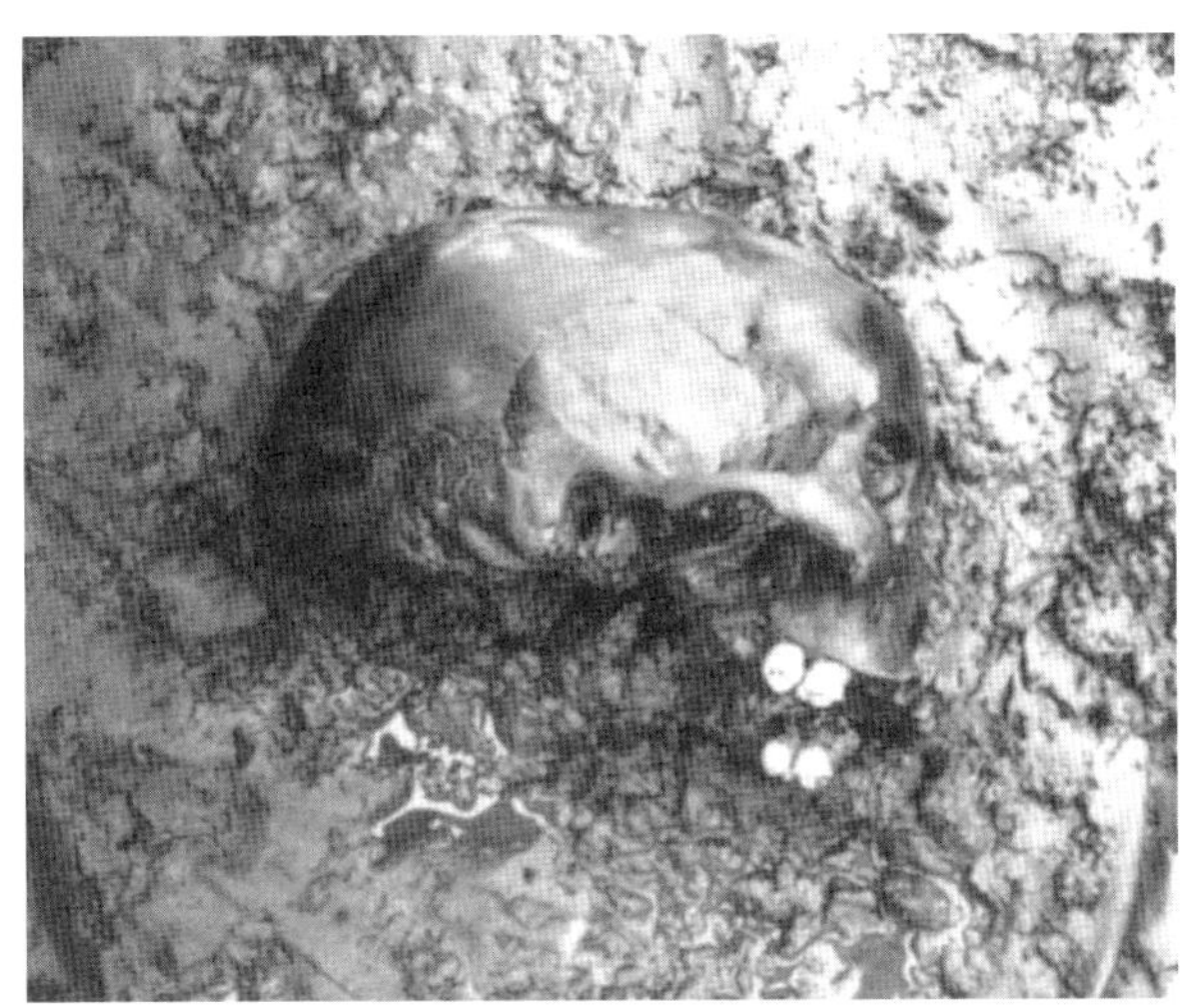

図5　本丸堀から出土した斬首
（葛飾区郷土と天文の博物館提供）

生臭い社会であったことをこの資料は改めて知らしめているように思う。

武器・武具類と斬首以外に戦を物語る資料として注目されるものとして板碑がある。板碑も破片を武器に転用して使っているのではないかと考えている（谷口二〇一〇b）。なぜ武器としての使用が考えられるのかについて、前項の史料から読み解くのとは異なり、考古学的な視点から説明してみたい。

板碑の出土状況

昭和四十七年から昭和五十六年までおこなわれた環状七号線道路建設にともなう調査（以下、「環七調査」と略す）で出土した板碑は、完形や文字が確認できる破損品は二〇〇点を越え、細片を加えれば一〇〇〇点近い数の板碑が出土しており、環七調査において、出土した板碑の最小出土点数は九〇三点を数える。出土している板碑の石材は、すべて埼玉県秩父地方から産出される緑泥片岩であり、武蔵型板碑で占められている。

出土状況を整理すると、板碑の造立時をうかがわせる出土状況はなく、すべて造立時の原位置から浮遊した状況での出土であった。板碑は葛西城のどこからでも出土するのではなく、Ⅱ区の本丸北側の堀（Ⅱ区E堀）や、Ⅲ区本丸のある北側に集中し、本丸より南側の調査区での出土が少なくなる傾向が読み取れる。葛西城の環七調査の出土板碑を遺構内と遺構外とで比べてみると、出土板碑全体の八〇％強が遺構内から出土している。

さらに遺構内出土の板碑の内訳を整理すると、遺構内出土七三一点のうち、遺構内出土の約八〇％（五八八点）が北条氏時代の堀から出土（Ⅰ区G堀九七点、Ⅱ区E堀三八三点、Ⅳ区堀一〇八点）している。遺構内出土の板碑の多くは北条氏時代の堀からであり、上杉氏時代の遺構からの出土はほとんどないことがわかる（谷口一九九三）。

だからといって北条氏時代の堀からまんべんなく出土するということではない。Ⅴ区堀や環七調査以外のⅤ区近くの別の地点の小田原北条氏時代の堀でも板碑の出土は少なく、小田原北条氏時代の堀でも地点によって板碑の出土量に差異がある。

葛西城の環七調査で出土した板碑のうち、紀年銘のわかる資料の時期と出土量を整理すると、時期的に以下の二つの画期が認められる。

①応永期…葛西城の板碑は、貞和〜文和期（一三四五〜五五）の十四世紀中葉から出現するが、量的に安定するのは応永期となる。この時期は、まだ葛西城は築かれておらず、葛西は山内上杉氏が治めていた。

②天文期…永正から天文期にかけて葛西城出土の板碑はピークを迎えるが、天文後半からは急速に姿を消していく。

天文期は、天文七年（一五三八）に北条氏が葛西城を奪取し、北条氏の統治期間にあたる。

葛西城における天文七年以降の板碑として、Ⅳ区堀から北条氏奪取後の天文十年（一五四一）銘の板碑が一点出土している。葛西城以外の葛飾区内でも、小田原北条氏の葛西侵攻以後の時期の板碑は、葛西城を含め五点しか認められていない（谷口二〇一八b）。

転用される板碑

葛西城から出土した板碑は、板碑本来の役割ではなく、新たな役割を付加された用いられ方をしている。その転用の仕方を整理すると、以下のようになる。

①部材としての転用

先に記したように、八一号井戸の構築時に石組の根石として完形もしくは完形に近い板碑を用いている。また、八〇・八一号井戸の石組の間詰石としても板碑の破片を利用。おそらくは利用しやすいように、故意に打ち砕い

図6　板碑破片の加工品
（筆者撮影）

て用いたものと考えられる。

②道具としての転用

板碑の破片を利用して、その表面や側面を砥面として利用した砥具や、硯、周縁を打ち欠いて円盤状に加工したものなどがある（図6）。時代的には、中世という時期に限られたものではなく、近世以降にもみられる。

③武器としての転用

葛西城から出土する板碑片のなかには、拳大程度の破片も多く見受けられる（図7）。このような大きさの破片は、白兵戦などの戦の際に、石礫（いしつぶて）として利用した可能性も考えてもよいと思う。

先に記したように、遺構内出土の板碑は上杉氏時代の遺構からの出土ではなく、ほとんどは北条氏時代の堀であり、それもⅠ区G堀、Ⅱ区E堀、Ⅳ区堀という主に本丸をめぐる堀から出土している。

④埋納行為

環七調査では確認されていないが、他の葛西城の調査で十七世紀代の井戸から完形の板碑が一点置かれるよう

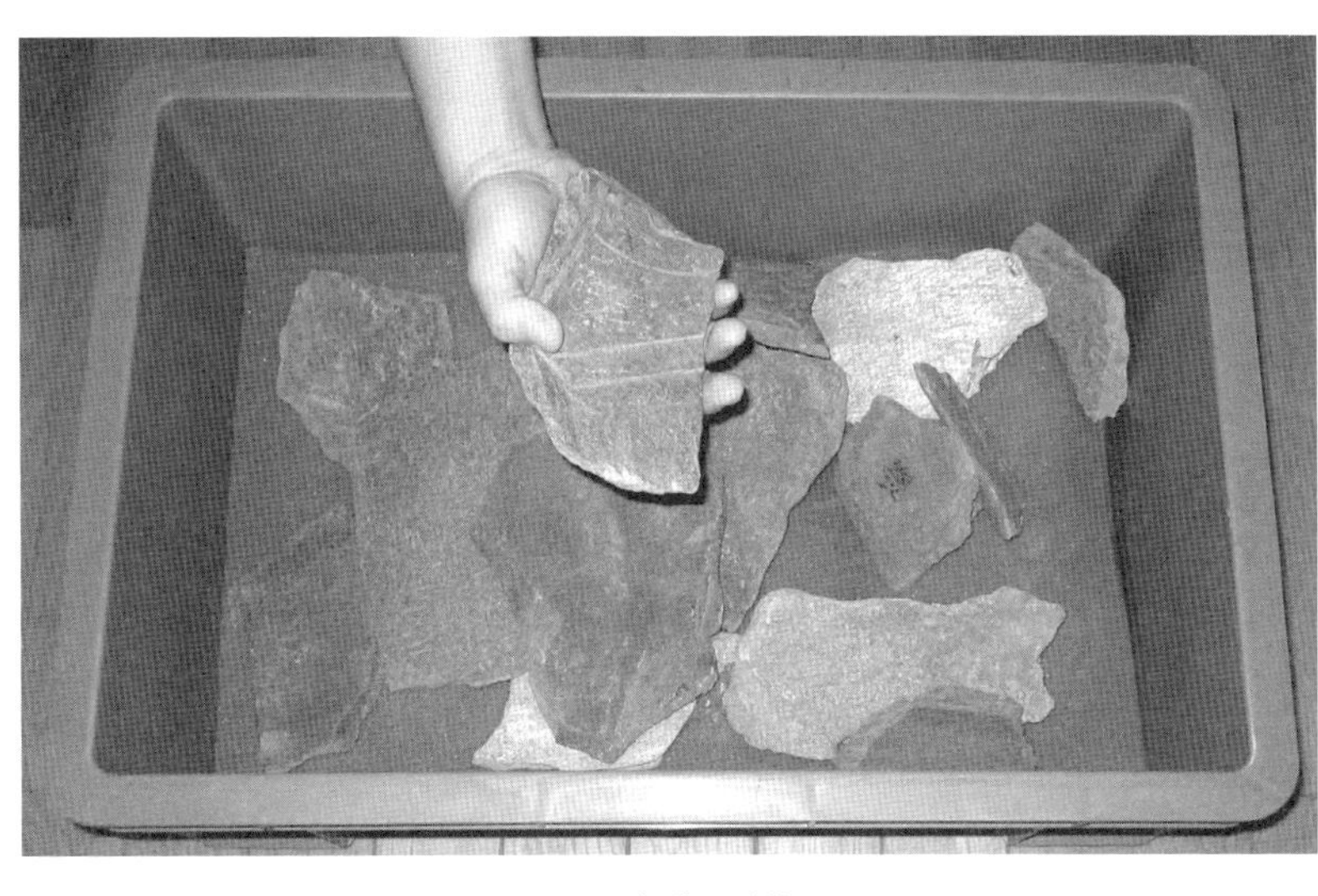

図7　板碑の破片
(筆者撮影)

に出土する事例がある。

　また、遺構内出土の板碑のうち土坑などから、頂部、主尊部、銘文のみが出土する事例があり、これらも故意に部位が選ばれている可能性がある。

石のない土地柄

　葛西城の所在する葛西地域は、東京低地の東部に位置し、石材資源も希薄で、表土層には基本的には礫の混入はみられない。つまり、日常的に石を目にする機会のない地域なのである。葛西地域に石が存在するというのは、自然の営力ではなく、それは人為的な所産ということになる。

　このような土地柄を踏まえた上で、石に関わる遺物の検討していくことが重要であろう。日常的に石が存在する地域と、そうでない地域とでは、石に対する想いが異なっている。

　例えば、④の完形の板碑が一点井戸内から置かれた状態で出土する事例や特徴的な部位が出土する場合についても、石のない土地柄として板碑は目立った存在であり、自然の営為と簡単に片付けられるものではない。そこには何らかの意図によっておこなわれた可能性が想定されるのである。

葛西地域は、石のない土地柄だけに、いざ戦となれば板碑の破片は③として示したように石礫という武器に姿を変えることもあったと思われる。戦国期に②の円盤状に加工したものも当然飛礫としても使えるが、板碑の破片そのままでも、もしくは持ちやすいように少し加工しただけでも、飛礫として使えるし、いざとなれば手に持って相手に打撃を与えることも可能である。板碑の破片は、戦国の世ならではの葛西城における白兵戦を想定させる武器といえよう。Ⅰ区G堀は本丸の前面の曲輪の堀、本丸をめぐるⅡ区E堀とⅣ区堀に板碑の破片が集中して出土していることは、本丸を中心として戦闘が展開していたことを示すものであろう。

石の多い地域では見過ごしてしまうかもしれないが、石のない地域では、発掘をしていると遺構の埋土に石が混じっているとすぐにわかる。まして緑泥片岩の板碑だったら破片となっても容易に認識できるのである。

五　康資の離反と綱景の憂い

「本田家文書」から永禄五年（一五六二）四月におこなわれた葛西城攻略とその後の経緯について考察を加え、とくに岩田明広氏との相違点を明確にした。それは批判ではなく、「本田家文書」研究の進展と深化を微力ながら願ってのことであり、「以忍乗取」の解釈については岩田氏の所論に賛意を示した。

また考古学的には、葛西城の戦を示す資料として板碑に注目し、出土板碑の分析から板碑片を武器として転用したことを紹介し、板碑の出土状況からは、北条氏時代の本丸を中心とした戦いがあったことを想定した。

「本田家文書」は、本田氏と同類衆だけでなく太田康資の動向も垣間見られて興味深い。永禄七年正月、北条氏と里見氏は第二次国府台合戦で雌雄を決することになるが、その発端は太田康資の北条氏からの離反である。

ちなみに「太田家記」によると、葛西城再奪取した論功行賞において、葛西三十三郷の知行宛行という康資の希望は北条氏康に容れられなかったこと、またこれに先だって、父万好斎（資高）の持っていた江戸城代の地位についても相続が認められなかったことが、のちに康資が里見氏へ寝返る伏線として位置づけている。文中でも記したが、北条氏と太田康資との微妙な関係は、「本田家文書」からもうかがうことができる。

反北条勢力に攻略された葛西城を北条氏が永禄五年四月二十四日に再奪取したことにより、天文七年二月二日の北条氏綱による葛西城が奪取された時と同じ状況となった。つまり、北条氏は葛西城再奪取により武蔵野台地と下総台地の間の関東諸河川が海へと注ぐ臨海部を支配下に置き、関東内陸部と海とを結ぶ交通を掌握した。逆に房総と関東内陸との船の交通がおさえられたことで、反北条勢力の岩付太田氏と里見氏の連絡が遮断されてしまう。永禄五年八月に上杉輝虎の肝煎りで古河城に御座していた足利藤氏も里見氏の元へ退去する事態となる。

葛西城再奪取は、北条氏にとって政虎が構築した北条氏康と足利義氏に対抗する政治体制を崩壊させ、後の国府台合戦を誘発する布石となる出来事であった。このようにしてみると、太田康資の北条氏からの離反は、康資側だけの事情ではなく、反北条勢力からしても離反を促すことは劣勢を立て直す好機ととらえたのではないだろうか。

第二次国府台合戦で江戸城将である遠山綱景・富永直勝が本隊の北条綱成隊よりも先陣を切って敵陣に突入したのは、康資の離反を察知できなかった責任を感じる余りともみられるが、そもそも綱景にとって康資は娘婿であり、永禄三年の長尾景虎の関東侵攻の際に葛西城と葛西地域を失った負い目もあったのかも知れない。

これ以上は本論の目的ではないので深掘りは避けるが、「本田家文書」と葛西城を軸に諸史資料にあたることでさらに関東戦国史の研究は興味深く展開するものと期待される。

〈参考文献〉

入本英太郎　一九八五『増補　葛飾区史』上巻　葛飾区

岩田明広　二〇二一「戦国の忍びを追う―葛西城乗取と羽生城忍び合戦―」（『埼玉県立史跡の博物館紀要』第一四号　埼玉県立さきたま史跡の博物館・埼玉県立嵐山史跡の博物館）

小野正敏　一九九七『戦国城下町と考古学』（講談社選書メチエ一〇八）講談社

加増啓二　一九九一a「後北条氏の葛西再攻略と江戸太田氏の動向」（『戦国史研究』第二一号　戦国史研究会〈二〇一三『戦国期東武蔵の戦乱と信仰』岩田書院に所収〉）

加増啓二　一九九一b「武蔵国侵攻過程における後北条氏の知行充行にていて―岩付領を中心として―」（『埼玉地方史』第二七号　埼玉県地方史研究会〈二〇一三『戦国期東武蔵の戦乱と信仰』岩田書院に改題所収〉）

加増啓二　一九九三「戦国期江戸および周辺地域の在地領主と寄子・同心の軍団編成について―本田家文書と永禄年間の葛西要害争奪戦をめぐって―」（『三郷市史研究』第五号　三郷市〈二〇一三『戦国期東武蔵の戦乱と信仰』岩田書院に改題所収〉）

亀井明徳　二〇〇七「コラム5　葛西城址出土の元青花器台について」（『関東戦乱―戦国を駆け抜けた葛西城』葛飾区郷土と天文の博物館）

桐山秀穂　二〇〇七「コラム3　蓮弁文様の茶臼」（『関東戦乱―戦国を駆け抜けた葛西城』葛飾区郷土と天文の博物館）

古泉弘編　一九八三『葛西城―葛西城址発掘調査報告』葛西城址調査会

古泉　弘　一九八四「葛西城址出土の青花器台」（『貿易陶磁研究』第七号　貿易陶磁研究会）

黒田基樹　二〇〇一「小田原北条氏と葛西城」（『葛西城とその周辺』たけしま出版〈二〇一二『古河公方と北条氏』岩田書院に改題所収〉）

黒田基樹　二〇〇七「足利義氏と小田原北条氏」（『関東戦乱―戦国を駆け抜けた葛西城』　葛飾区郷土と天文の博物館〈二〇一二『古河公方と北条氏』岩田書院に改題所収〉）

黒田基樹　二〇一一『戦国関東の覇権戦争―北条氏vs関東管領・上杉氏55年の戦い―』洋泉社

黒田基樹　二〇一三『戦国期山内上杉氏の研究』岩田書院

黒田基樹　二〇二〇『北条氏綱』ミネルヴァ書房

坂上和弘　二〇〇七「青戸葛西城址Ⅱ区E堀P-34M5層出土人骨に関する補足報告」（『関東戦乱—戦国を駆け抜けた葛西城』葛飾区郷土と天文の博物館）

佐藤博信　一九九八「下総葛西地域における上杉氏家臣の軌跡—特に奥津・菊地・会田氏の諸氏をめぐって—」（『埼玉県史研究』二十三号　埼玉県〈二〇〇〇『江戸湾をめぐる中世』思文閣出版に改題所収〉）

佐藤博信　二〇〇二「古河公方足利義氏論ノート」（『日本歴史』第六四六号　吉川弘文館〈二〇〇六『中世東国政治史論』に改題所収〉）

滝川恒昭　二〇一九「研究ノート　第一次国府台合戦再考」（『千葉史学』第七五号　千葉史学会）

谷口　榮　一九九三「葛西城から発掘された板碑—その出土状況の検討—」（『研究紀要』創刊号　葛飾区郷土と天文の博物館）

谷口　榮　二〇〇九『東京下町に眠る戦国の城　葛西城』新泉社

谷口　榮　二〇〇九「堀から出土した遺物（1）—斬首は何を物語るのか—」（『東京考古』二七号　東京考古談話会）

谷口　榮　二〇一〇a「小田原北条氏と葛西城」（『葛西城と古河公方足利義氏』雄山閣）

谷口　榮　二〇一〇b「出土板碑の一視点—造立の「場」と「時」を失った葛西城出土の板碑—」（『考古学ジャーナル』通巻六〇二号　ニューサイエンス社）

谷口　榮　二〇一二「廃棄された威信材—葛西城本丸跡出土遺物から—」（『関東足利氏と東国社会』岩田書院）

谷口　榮　二〇一八a『東京下町の開発と景観』古代編　雄山閣

谷口　榮　二〇一八b『東京下町の開発と景観』中世編　雄山閣

長塚　孝　一九八九「中世後期の葛西城・葛西地域をめぐる政治状況」（『葛西城ⅩⅢ』第三分冊　葛飾区遺跡調査会）

長塚　孝　二〇〇七「山内・扇谷上杉氏と葛西」（『関東戦乱—戦国を駆け抜けた葛西城』葛飾区郷土と天文の博物館）

長塚　孝　二〇一〇「葛西公方府の政治構想」（『葛西城と古河公方足利義氏』雄山閣）

長塚　孝　二〇二一「氏康と古河公方の政治関係」（『北条氏康とその時代』戎光祥出版）

萩原龍夫　一九七六「後北条氏の葛西支配について」（『関東戦国史の研究』名著出版）

森田真一　二〇二一「北条氏と山内・扇谷上杉氏」『北条氏康とその時代』戎光祥出版

森田洋平　一九八六「後北条氏の在地領主対策と第二次国府台合戦後の我孫子」（『我孫子市史研究』第十号　我孫子教育委員会）

第四章　上杉謙信の「夜わざ鍛錬之者」から探る羽生城の忍び

髙鳥邦仁

一　羽生城救援戦略と「夜わざ鍛錬之者」

天正二年（一五七四）春、羽生城（埼玉県羽生市）は危機に陥っていた。忍城（同県行田市）や岩付城（同県さいたま市）をはじめ、他の諸城は小田原北条氏に帰属しており、武蔵国において上杉謙信に属するのは羽生城と深谷城（同県深谷市）を残すのみとなっていた。羽生城を守るのは、木戸忠朝という国衆である。かつて、忠朝の兄広田直繁が羽生領を領していたが、元亀元年（一五七〇）に謙信より館林城（群馬県館林市）を与えられ、同城へ移っていた。そのとき新たに羽生城主の座に就いたのが忠朝だった。ところが、広田直繁は館林へ移って以降、忽然と歴史から姿を消す。これは、館林に残る記録や「木戸氏系図」などに鑑みて、前館林城主長尾顕長に謀殺された可能性が高い。館林領を失った顕長は、越相同盟が解消されたのを機に、直繁を亡き者にしたのであろう。

木戸忠朝にとって、直繁の喪失は半身を失ったのも同然だった。直繁が死去したとみられる元亀三年以降、羽生城は窮地に立たされる。忠朝のほか羽生城を守るのは、菅原為繁（直繁の嫡子）や木戸重朝（忠朝の嫡子）および同盟者の玉井豊前守たちである。上杉謙信は、天正元年比定十二月二十五日付で玉井豊前守へ宛てて、年明け早々に雪を割って関東へ出陣する旨を伝えている。そして、羽生城へ「黄金弐百両」を送った（『上越市史　別編1』一一八一。以下『上越』）。一方、木戸忠朝が正覚院（埼玉県羽生市南三丁目）へ城が固く守られるよう祈念を依頼したのは、天正二年正月のことであった（『新編埼玉県史　資料編6』七九一。以下『埼玉』）。

春日山城を出撃した上杉謙信は、天正二年二月には上野国の沼田に着陣する。以後、上野国の諸城を攻略し、羽生城へ向けて進軍するのだが、謙信のもとにはさまざまな情報が入っていた。その中に、利根川が増水しているとの知らせがあった。融雪によって水嵩が増しているという。少なくとも、四月一日時点でその情報を得ていた謙信は、北条氏政が水の力をもって出撃してくると睨み、「さかしい（こざかしい）」と羽生城へ書き送っている（『上越』一二〇二）。しかしながら、坂東太郎の異名を持つ利根川である。常設の橋がなかった当時において、川の増水は進軍を阻むものであり、さすがの謙信も懸念したのであろう。四月四日付で羽生城将へ宛てた書状に、「夜わざ鍛錬之者」を敵地へ差し向けてでも船を多く集めておくよう指示するのである（『上越』一二〇三）。その上杉勢が着陣したのは、大輪（群馬県明和町）だった（図2）。眼前の利根川を越えれば、羽生城とは指呼の間である。このとき大輪には三〇艘の船が集められていた。

謙信は羽生城救援に向けて動き出す。融雪のため浅瀬はすべて消えていた。渡河しようにも利根川がその行く手を阻む。そこで謙信は、佐藤筑前守に羽生城へ兵糧弾薬を運び込むよう命を下す。敵に妨げられる地形ではない、と謙信に述べた佐藤氏には自信があったらしい。そして、三〇艘の船で羽生城へ向かうのだが……。

図1　羽生城址碑
（筆者撮影）

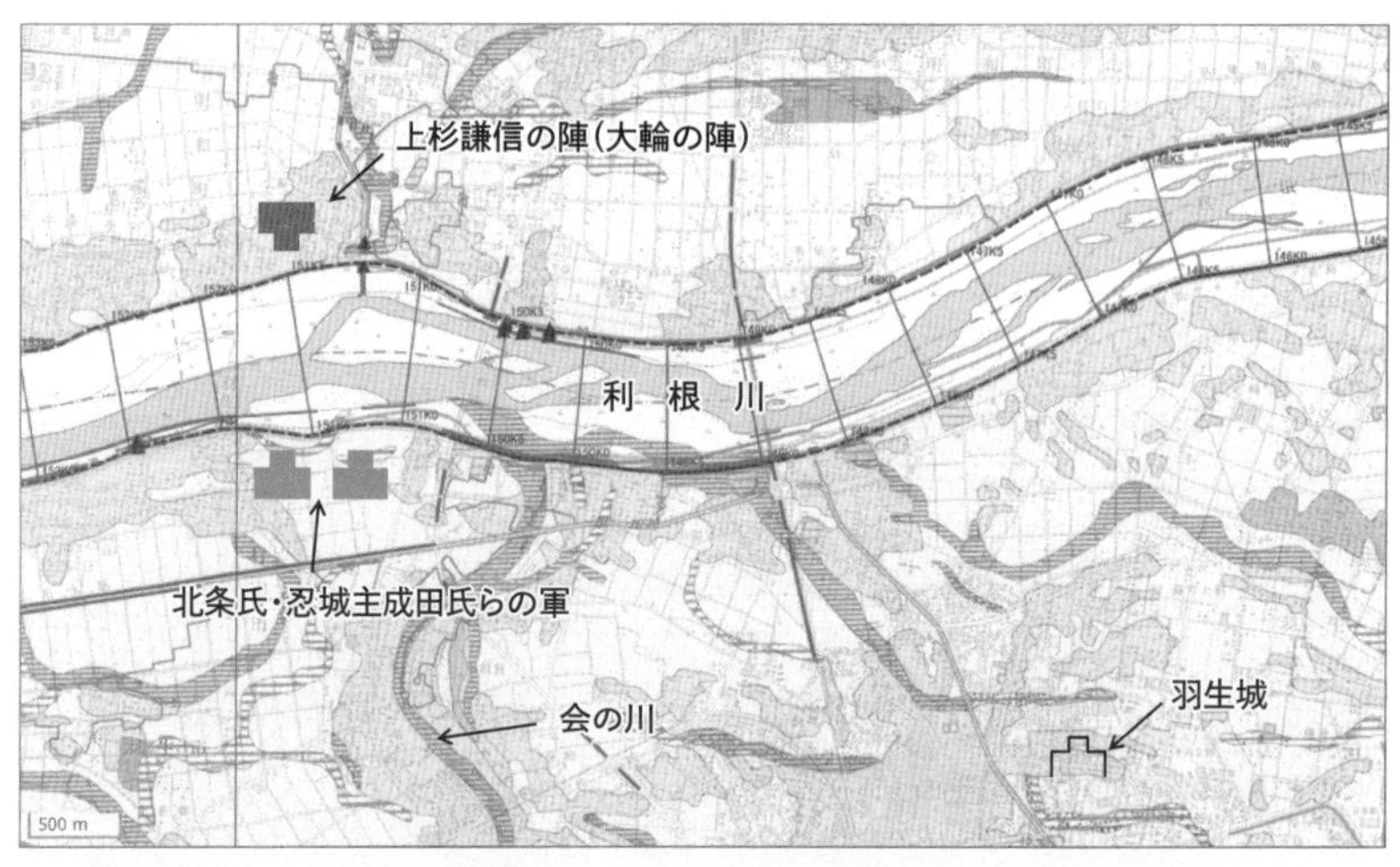

図2　大輪の陣と羽生城
天正2年（1574）の羽生城救援における上杉謙信の大輪着陣（国土地理院分水図に加筆）

二　広田直繁と木戸忠朝の故地

操船技術と「夜わざ」の謎

上杉謙信が羽生城に指示した敵地の船を奪うという任務は、決して容易なものではなかった。これを遂行するには操船技術は無論のこと、川に係る知識を持つ必要があった。昭和の時代になるが、手漕ぎで渡し舟を運航していた操船者の証言がある（『大利根町史　民俗編』）。すなわち、利根川は川底の状況によって流れ道があり、しかもそれは曲がっているため、川の地点ごとの流れを知らなければうまく渡れなかった。その川の流れを「ミオ」と呼び、水の色で判断した。また、川の深さによって流れが異なり、これは子どもの時分からの経験で覚えたが、深さに対する技術も必要だったという。川を渡るときは上流へ向かって約四五度の角度で漕ぎ出さなければならなかった。川上へ向かう角度は水の速さによって変わり、臨機応変に漕ぐのがコツだったと語る。なお、水量が安定している春と秋が漕ぎやすかったが、融雪による濁り水で水位が高い春先は棹の操作も難しかったという。操船初心者の多くは棹を流されたことから、渡河には川に対する知識と技術が不可欠だったことがうかがえる。

このことは、戦国期の利根川の渡河や操船を考える上でも参考になるだろう。川底の様子や深さ、また流れの速さや曲がり具合などを熟知し、それに対応する操船技術を持たなければ、正確に川を渡ることは困難であった。天正二年（一五七四）四月に謙信が羽生城へ出した指示は、融雪の増水時における敵地の船の奪取である。羽生領は四方を川で囲まれており、渡河は必須だった。しかも、夜陰に紛れての遂行ならば、平時よりも高度な操船技術が求められる。

そもそも、「夜わざ」とは何を意味する語なのだろうか。『日本国語大辞典』（小学館）には、「夜業」として「①夜の仕事。よなべ。やぎょう（中略）②夜盗など、闇にまぎれておこなう悪行（後略）」とある。そして、②の用例とし

図3　利根川越しに臨む大輪の陣
（筆者撮影）

て、弘治二年（一五五六）制定の分国法「結城氏新法度」二七条の「草夜わさ、かやうの義は、あくとう其外走たつもの一筋ある物にて候」をあげている。「草」とは、同辞典でいう「（前略）戦場で、山野に忍んで敵情をさぐること。また、その者。忍物（しのびもの）見（み）」にあたり、戦国期当時、「乱波」や「素破」とも呼ばれた忍びを指す語として読み取れる。「夜わざ」が忍びの持つ特殊技能に係る語とすれば、それ自体が乱波や素破を意味すると理解してよいであろう。

上杉謙信は敵地の船を奪取すべく、忍びの技能に特化した者を差し向けることを羽生城将に命じたことになる。ならば、羽生領内には「夜わざ鍛錬之者」が存在したのだろうか。この点について、岩田明広氏が第Ⅰ部第二章で興味深い指摘をしている。すなわち、直繁は広田姓、忠朝はかつて河田谷姓を使用していたことから、彼らは羽生領とは別に本領があったとする。そこは広田村（埼玉県鴻巣市）と川田谷村（同県桶川市）であり、その地で「特殊武装集団」を抱えていた可能性を述べている。とくに後者は、「夜わざ鍛錬之者」の故地として有力視されるという。この説は示唆に富んでいるが、「夜わざ鍛錬之者」の語のみえる羽生城関連史料がほかに確認できないことから、その是非については今後の史料の発見、もしくは既存史料の新たな解釈によって徐々に明らかになっていくであろう。

四つの姓と有力社寺

さて、広田氏は広田村を本貫地(ほんがんち)とする御家人(ごけにん)であった。広田直繁の後裔と伝わる旧家が所蔵する「正能氏系図」によると、菅原道真(すがわらのみちざね)を祖とし、七代目の為重(ためしげ)が忍氏を名乗り、八代目の為景(ためかげ)は「広田次郎」を称したという。系図という性格上、注意を要するものの、忍氏と広田氏は元来同族だった可能性が浮かび上がってくる。広田直繁の嫡子為繁が菅原姓を使用しているのはそのためであろう。なお、津戸氏も忍・広田両氏と同族であり、国衙(こくが)領の中に形成された「忍保」を、三氏が本拠地としていた可能性がある（『川里町史 通史編』）。そのような中、成田(なりた)氏が忍保へ進出したのを機に三氏は分散を余儀なくされた。このとき、羽生領へ移ったのが広田氏だったとみられる（湯山一九八四）。

史料希少のため詳細は不明だが、羽生城主および城将は広田・河田谷・木戸・菅原の四つの姓がみえることは確かである。ここに羽生城史のややこしさがあり、冨田勝治氏の研究を待つまで確たる定説を持たなかった。直繁と忠朝の初出資料は、天文五年（一五三六）に「小松之末社」へ奉納した三宝荒神御正体である。そこには二人の実名が陰刻されていることから、おそらく当時が彼らの元服期であり、同領内に居住していたと推察される。永禄三年（一五六〇）に上杉謙信との接点が生まれ、同四年の小田原城(おだわらじょう)攻め(ぜ)には忍城主成田氏の与力として参陣した。羽生領において新参者だった直繁と忠朝は、広田や河田谷の姓を使用することで、在地領主との縁戚関係を示し、在地的基盤の弱さを埋めようと企図したのであろう。

彼らが三宝荒神御正体(さんぼうこうじんみしょうたい)を奉納した「小松之末社」は、熊野白山合社(くまのはくさんごうしゃ)（現小松神社・埼玉県羽生市小松）の末社に比定される。江戸期成立の『新編武蔵風土記稿』（以下『風土記稿』）によると、熊野白山合社は羽生領七十二ヵ村の鎮守であり、隣接する別当小松寺（廃寺）には、二人の本山派修験者のほか五人の僧侶がいたことを伝えている。この五僧は熊野修験だったとみられ、広田直繁とその父正吉（範実）は本地仏の阿弥陀如来坐像を小松寺へ奉納している。熊野白山合社という有力社に働きかけることで、地域的領主としての立場を領民に認知させる狙いがあったと考えられる。このほか、大天白神社や正光寺（いずれも埼玉県羽生市）など木戸氏との関連を伝える社寺や、永禄六年に広田直繁が永明寺（同県羽生市下村君）を再興したのも、彼らの在地的基盤の弱さに起因するものと理解してよいであろう。

広田・川田谷両村とのつながりを直接語る史料は確認されないが、永禄三年十一月十二日付で謙信が市田氏へ出した条書に、「広田河田谷一跡事」（傍点筆者・『上越』二一七）とあり、羽生領における直繁と忠朝の国衆としての立場はまだ弱かったことが推察され、「夜わざ」を故地で鍛錬していたとしても、それは初期段階であったのかもしれない。直繁と忠朝が上杉方の国衆として独立を果たすのは、忍城主成田氏が北条氏に帰属して以降のことである。そして、成田氏や北条氏に抗いながら、その存在感を高めていくことになる。

三　利根川を渡河する僧

長楽寺住持と利根川

ところで、上野国長楽寺（群馬県太田市）の僧松陰が書き記した『松陰私語』という史料がある。永正六年（一五〇九）の成立とみられ、松陰の実体験にもとづいた回想録である。この史料で着目したいのは、「関東無双の大河」と認識された利根川を松陰が渡河している点である。たとえば、「（前略）公方陣と五十（子脱）陣とその間十里なり、但し利根河これを隔つ、関東無双の大河なり、河水満々にして底深く、白浪天に騰りて流れ漲る、人馬の往復輙からず、然る処愚老思（恩カ）命を黙し難くによりて、日夜渡りて水波の険難を忍び、五十（子脱）陣下より金山へ通用す、諸将に帷幄の籌を告知せしむ、これによりて城衆の動き、いよいよもって厳重なり（後略）」という記述がある。享徳の乱において、足利成氏は古河（茨城県古河市）を拠点とし、対する上杉氏は五十子（埼玉県本庄市）に陣所を構えて火花を散らしていた。右の文は成氏の着陣場所と五十子の間を流れる利根川は大河であり、人馬が往復することは容易ではなかったが、金山城を本拠とする岩松氏の陣僧松陰は、水波の険難を耐え、渡河したことを示している。利根川の様を描写していることから、渡河の技能を持つことへの自負が読み取れる。さらに、松陰は長尾景春の乱の最中に「利根河瀬之案内者」に命じられたのが「武州之玉井」だったことに対し、憤りを露わにしている。渡河の技能を有する自分こそが、案内者としてふさわしいという自負からくる感情だったのであろう。

松陰から時代が下って、長楽寺住持の賢甫義哲が書き記した『長楽寺永禄日記』がある。その中に、金山城と川のやりとりをしている記事も注目したい。たとえば、永禄八年（一五六五）三月五日付の条に「山へ泉子登ニ義陽・金筑へ一札コシツル、義陽へハ関宿之様躰無心元儀、又昨日瀬浅儀申遣処ニ、不審之由、自実城返答也、昨晩河ヲ越来者ニ尋候処ニ、泥障半分ヌレ浅ト申間、此儀ヲモ書コシツル」と記されている。前日に瀬が浅くなっているとの情報を得た義哲は、そのことを金山城へ申し伝えたところ、城主由良氏から不審の旨の返答があった。昨晩、長楽寺来訪者に川の様子を訊ねると、馬の泥障（泥よけの馬具）が半分濡れる浅さであることが判明し、義哲はこれを金山城へ伝えるのである。当時、北条氏が関宿城（千葉県野田市）攻略に向けて動いており、上杉方の金山城は緊張が高まっていた。そのため川の様子が懸念されたのであろう。なお、同史料の九月七日付の条では、北条勢の進攻を懸念した義哲は、大小の舟を用意し、河辺に小旗を立てるべきことを進言している。

広田直繁の永明寺再興

このように、松陰は渡河の技能を持ち、義哲は利根川に対する意識を高く持っていた。そして、その情報を城主に伝えることで軍事的寄与を果たしていた。両者が忍びだったと断言するつもりはないが、ともに軍事的理由から川との関わりがあったことから、その背景には領主との結びつきがあったとみてよい。このような視点で改めて羽生城に目を向けたとき、にわかに注目されるのは、永禄六年（一五六三）の永明寺再興と、同九年の正覚院に対する直繁と忠朝の判物（はんもつ）である。前者は広田直繁が関わっており、五月二十八日付で次の判物を発給している（『埼玉』三七六）。

右、太田庄北方村君の郷の内、養（永）命寺のこと、当庄五ヶ寺の内に候、前代赤岩光恩寺一旗の末寺に候、近年退転のさまに候、末代のために再興なされたるの由、佐貫の吉祥院、しきりと承り候ふの間、その貴義に任せ、かの法流小松寺へ相続の旨、去んぬる年、正覚院前住様、御取り持ちに候、この上養（永）命寺門徒の御尊老中ならびに衆僧へ相ととのへなされ、前々のごとく光恩寺の末寺となし、養（永）命寺御再興これあるべく候、寺領においては相違あるべからず候ふの条、件のごとし

広田式部太（大）輔
直　繁（花押影）

永禄六年癸亥五月廿八日
養（永）命寺　小松寺
御同宿中

永禄六年、光恩寺（こうおんじ）（群馬県千代田町）の末寺で荒廃した永明寺の再興に際し、佐貫の吉祥院（不明）や正覚院、小松寺が関わり合い、斡旋あるいは法流の相続がおこなわれた。その上、永明寺の老僧および衆徒と調整し、以前のように光恩寺の末寺として再興すること、また寺領を安堵する旨を、直繁は永明寺と小松寺同宿中へ宛てて判物を発給し

図4　永明寺（羽生）
（筆者撮影）

たのである。この判物が語るのは、直繁が寺院の再興を認めたということだが、単にそれだけが目的だったのだろうか。永禄六年は武田・北条両氏の進攻によって松山城（埼玉県吉見町）が陥落し、謙信の影響力が低下した年である。直繁の信心深さを割引いても、何らかの政治的意図があったと考えてよいであろう。

裏に潜む真意を探る

では、永明寺再興に潜む意図とは何だったのか。一つには、自身の政治的立場の確立を図ったことと、あと一つは利根川の渡河点を警戒し、境目を守る橋頭堡的な存在としての再興だったことが考えられる。同寺は利根川沿いに建ち、付近には渡河点があった（『利根川の水運』）。さらに、境内には大型前方後円墳（ぜんぽうこうえんふん）（永明寺古墳）があり、往時墳頂から利根川を望むことは容易だったはずである。天然の堀である利根川を越え、敵勢が進攻してくるのは渡河点に限定される。その一つが村君にあり、軍事的に重視される地域であったことから、永明寺はその渡河点を監視するとともに、時には陣所としての機能を発揮したことが推

図5　永明寺古墳の墳頂に建つ薬師堂（羽生）
（筆者撮影）

察されるのである。永明寺の北方には唐沢山城（栃木県佐野市）が位置し、水運で古河公方の御座所である古河城（茨城県古河市）へもつながっている。いわば境目の地であり、古くから人や物が行き交う交通の要衝地でもあった（屋敷裏遺跡）。そのため、永明寺の再興に際して同寺に配置されたのは、松陰のような渡河に係る技能を持つ者だったのかもしれない。操船技術に長けていたか、独自の川の道を知る者であるとともに、義哲のように利根川の状況を羽生城へ報告したことも考えられよう。

なお、永明寺古墳の墳頂には薬師堂が建ち（図5）、安置された薬師如来坐像は貞治六年（一三六七）修造の銘を持つことも着目したい。薬師如来は、熊野信仰において熊野三山の新宮に祀られた神の本地（本体）とされる。往古の永明寺の山号は「熊野山」と号し、境内には熊野社が鎮座しており、さらには熊野三山本宮の本地仏・阿弥陀如来も安置されていた。聖護院門跡の道興准后がかつて諸国を巡歴したとき、「むら君」を通って歌を詠んでいるが（『廻国雑記』）、永明寺の熊野修験を訪ねた可能性が高い。つまり、永明寺と小松寺は熊野信仰を通して結ばれており、その点に着目した広田直繁は、永禄六年という軍事的緊張時に再興したことが考えられるのである。とすれば、熊野修験が特殊技能を有していた可能性が浮上するが、それを判断するには材料が不足している。ただ、「夜わざ鍛錬之者」に準ずる存在として射程に入れてもよいであろう。

四　羽生城主発給文書の裏側

奇妙な移転

さて、先の広田直繁の史料にもみえる正覚院（埼玉県羽生市南三丁目）は、永禄九年（一五六六）において門徒の勝手還俗を禁ずる判物を直繁と木戸忠朝から発給されている（『埼玉』四五四、四五六）。紙数の都合上、前者のみを掲げる。

武州太田庄羽生正覚院御門徒中のこと、おのおの幼少または若輩より、御尊師の御指南をこうむり、御造作を形のごとく経論勤行・秘法伝授そうろふて、その上、自分の望みにより、破戒の俗形にならるのこと、まことにもって一代の盗賊・法敵、これにすぐべからず候、向後においては、必ず拙夫父子、そのほか同心家風の内に、御門徒の新発意等なりとも、指南召し使はるの義、これあるべからず候、もし違背の者候はば、その主人ならべて追放とぐべきの旨、件のごとし、

永禄九年丙寅　　　　　　　　　　　　　広田式部太（大）輔

正月廿六日　　　　　　　　　　　　　直繁（花押）

正覚院

御同宿中

正覚院門徒中に幼少または若輩の頃から「御尊師」から指導を受け、経論勤行や秘法を伝授されたのに、自分の望

図6　正　覚　院
（筆者撮影）

みで勝手に還俗するのは盗賊・法敵であり、今後直繁の親族や同心、家臣であったとしても、その者を再び召し抱えてはならない。これに背けば主人ともども追放に処す、と言い渡している。これとおおむね同じ内容の判物を忠朝も発給するのだが、注意されるのは、上杉謙信の小田城（茨城県つくば市）・臼井城（千葉県佐倉市）攻撃の時期と重なる点である。謙信は関東の国衆たちに軍役を定め、二月十六日には小田城を攻略することから、広田直繁が判物を発給した正月二十六日時点において、軍事的緊張が高まっていた時期であった。一方、忠朝が判物を発給した三月二十一日は、謙信が臼井城を包囲し、攻撃を加えていたときである。なぜ、そのような最中に勝手還俗を禁ずる判物を発給したのだろうか。

　可能性として浮かび上がってくるのは、特殊技能者の寝返りの防止である。正覚院は新義真言宗で無上山と号し、不動明王を本尊とする寺院である（図6）。「正覚院縁記」（一八六八年成立）によると、もともとは下総国猿島郡木立村の興福寺の末寺だったが、至徳年間（一三八四〜八七）の洪水で退転したため、阿宥上人が正覚院に入寺し、再興したと伝わる。先に触れた永明寺の再興の際、正覚院前住職がその法流を小松寺へ相続するよう取り持っていることから、正覚院・小松寺・永明寺の三寺は戦国期からつながりがあったことがわかる。この正覚院は戦国期に妙な動きをしている。それは、戦火を逃れるため他所へ移転したというものである。移転先は上岩瀬村（埼玉県羽生市上岩瀬）であり、例えば『風土記稿』には「元羽生城辺にありて、数々兵火に罹りし故、其災の避んがため、一旦上岩瀬村に移りしが、文禄三年今の地に復せり」と記され、「上羽生村旧記」（一八六九年写、一八七五年追記）には、「（前略）町場東谷ニ正覚院有、木戸伊豆守ゟ百石之御朱印被下、其後軍之節上岩瀬村江引越（後略）」とある。さらに「正覚院縁記」には、「其節者正覚院境地羽生城下ニ在之候ニ付、為兵火度々及焼失候故、同郡上岩瀬村江移仕致（後略）」とある。これらの記述は慶長七年（一六〇二）成立の「正覚院縁起」（一部欠落）を基礎史料としたと思われるが、共通しているのは正覚院が移転したという点である。上岩瀬は会の川に面し、羽生領と忍領の境目にあたる地域であることから、忍城に対する最前線に数えられる。戦火を回避するための移転ならば、そのような場所を選ぶだろうか。少なくとも、忍領と隣接する地域は避けるだろう。では、避難ではなかった場合、何が考えられるか。それは、会の川の渡河点の警戒を強化するためだったのではないだろうか。

境目と渡河点

岩瀬は古くから渡し場の比定地として知られる。渡河点の「いはせの渡」は古歌に詠まれ（『夫木和歌抄』）、さらに時代を遡ると、承和二年（八三五）六月二十九日に律令制を敷く政府が、新たに舟を追加する太政官符を発給している（『類聚三代格』）。渡し場には舟が少なく橋も不備であり、中央政府へ送る「官物」を渡すことができなかったため、各所へ渡舟を加増したのである。その官符の中に記された「武蔵国石瀬河三艘、元一艘加二艘」（傍点筆者）が、羽生

図7　医　王　寺
（筆者撮影）

の岩瀬に比定される。つまり、「いはせの渡し」は官道の一部であり、税を中央政府へ送る重要な渡船場だったととらえられる。水陸両方の交通の要衝だった「いはせの渡し」は軍事的にも重視され、忍城と敵対関係となったとき、羽生城がまず警戒したのは会の川の渡河点であろう。実際、忍城勢と干戈を交えたという伝説が羽生市桑崎に残っており、『武蔵国郡村誌』はその戦場を「岩瀬河原」としている。そのような地域だからこそ、羽生城主は渡河点の監視および橋頭堡として正覚院を上岩瀬へ移転させたのではないだろうか。すなわち、諜報機関および陣所としての役割を担わせての移転である。実は、これ以前にも同寺が岩瀬に所在していた節があるのだが（『千葉縣史料　中世篇　諸家文書』一三二）、戦国期に改めて移転したとすれば、同地の医王寺（いおうじ）が着目される（図7）。

　医王寺は新義真言宗の寺院で、創建年代は定かでなく、本尊を不動明王とし、自証院と号する（『風土記稿』）。会の川との距離は近く、同寺の北西には御霊の渡しと言われる場所がある。また、同寺の南西にも「あがっと」と呼ばれる船着場の存在が伝わり、往古は川の一角が入り江のようにえぐれていたという。ここでは忍領方面から注ぐ保井落悪水路が会の川に合流している。保井落悪水路の上流を望むと荒木村（埼玉県行田市）があり、北条氏に仕えた荒木四郎長善が同村に城を築いたと伝わる（『増補忍名所図会』）。先に岩瀬河原の戦場について触れたが、医王寺の南西に位置する大物忌神社（羽生市下新田）では、忍城勢と戦って敗死した者を祀ったという伝説が残り、これが史実の一端を語るものとすれば、荒木の城は羽生領進攻の橋頭堡的存在に位置づけられ、会の川沿いの地域は軍事的緊張を強いられていたことがうかがえる。

図8　上岩瀬の医王寺周辺の図
医王寺（羽生市上岩瀬）と会の川渡河点（国土地理院の地図に加筆）

以上のように、上岩瀬は境目の地域であり、中でも医王寺は二つの渡河点が射程に入る距離に位置していた（図8）。同寺が会の川の渡河点を監視する役割を担っていた場合、そこに配置された者こそ川に係る特殊技能者だったのではないだろうか。さらにいえば、その特殊技能を有していた者は、羽生領内の熊野修験が照射される。医王寺も小松寺と同様に正覚院を本寺としており、両寺ともに熊野修験と関連の深い薬師如来を境内に持つ点は見逃せない。正覚院の木造薬師如来立像は室町時代初期の造立と推定され（『羽生市史 上巻』）、医王寺においては古河公方足利晴氏が深く帰依していたとの伝承がある。正覚院もまた足利晴氏の祈禱寺だったことを考えると、両寺の結びつきを示唆するものとしてとらえられよう。すなわち、先に触れた永明寺を含め、小松寺・正覚院・医王寺の四寺は、熊野修験を通して線で結ばれるのであり、彼ら熊野修験が特殊技能を持っていたとすれば、その場所から鑑みて、川に係る技術だったことが推察できるのである。たとえ彼らが「乱波」や「素破」でなくとも、それに準ずる者を使役していたことも十分にあり得るだろう。

これらのことから、正覚院は橋頭堡的役割を担っての移転だったと理解したい。そのような正覚院に直繁と忠朝が発給したのが、僧の勝手還俗を禁ずる判物である。正覚院の門徒中に特殊技能者がいたとすると、上杉方の転換期となる合戦の最中に、特殊技能者の寝返りを抑止するために発給したことが推測される。この時期、直繁と忠朝にとっても上杉氏の影響力を挽回する重要な節目であった。そのため、たとえ正覚院側からの判物発給の依頼だったとしても、彼らは門徒中の特殊技能者が敵方に内通することを警戒し、抑止を図ったのだろう。羽生城の軍事に係る内部情報を「経論勤行・秘法伝授」の語にあて、それを敵方に漏らすことを「盗賊」と換言した場合、「追放」とは成敗の意味を含んでいたのかもしれない。また、正覚院には幼少や若い時分から「御尊師」の教えを蒙っていたが、共に特殊技能を指南され、成長した暁には同寺関係社寺、とくに軍事上重視される場所へ送り込まれたとすると、彼らこそが「夜わざ鍛錬之者」だったのではないだろうか。彼らは情報収集および特殊任務を遂行し、時には敵地へ赴き妨害した。関宿城や忍城の例を引くまでもなく、内通者が当たり前のように存在し、忍びの働きが警戒された時代だからこそ、文書の文言の裏側には、書き手の思惑や仕掛けが施されているとみてもよいであろう。

五　羽生城の自落と会の川の締切

上杉謙信の蹉跌

天正二年（一五七四）春、羽生城救援に向かった上杉謙信だったが、融雪で増水した利根川に阻まれたことは前に述べたとおりである。佐藤筑前守は兵糧弾薬を羽生城へ送り込むため、船を一線にしてこれを遂行しようとする。ところが、この作戦は敵の妨害にあい失敗に終わってしまう。義将と言われた謙信である。羽生城が危機に瀕していただけに、その失敗に対し「佐藤ばかものニ候」と感情を露わにする（『埼玉』八〇五）。結局、謙信は大輪の陣を引き払い、武蔵国に入れないまま今村（群馬県伊勢崎市）の地を取り立てる。このとき羽生城が陥落してもおかしくなかったが、謙信退陣後も存続し、上杉方の姿勢を貫き続けた。

謙信は同年八月に越山する。関東各地へ進攻し、同年十一月には忍、騎西、館林、古河などの城下に火を放った。そして、謙信が最後に向かったのが羽生城だった。

百里の内に味方がなく、これ以上の維持が難しいと判断した謙信は、羽生城の破却を命じるのである（『上越』一二三八）。城兵ら千余人は謙信に引き取られることになったが、その後の史料に木戸忠朝の名が確認できないことから、同年の内に死去したものとみられる（髙鳥二〇二二）。

自落後の羽生城は、忍城主成田氏に接収された。城代として善照寺向用斎が入り、忍城の支城として機能することになる（「成田系図」）。天正十八年の小田原の役の際には、羽生城兵は忍城に入り、石田三成らの豊臣勢を迎え討った。

水攻めにあっても落城せず、小田原城が開城になっても戦い続けたことは周知のとおりである。北条氏が没落し、徳川家康が関東に入府すると、羽生城主に就任したのは大久保忠隣であった。しかし、忠隣自身が羽生を訪れることはなく、城代たちが羽生領経営にあたった。それは、忠隣が突然の改易となる慶長十九年（一六一四）まで続いた。

かつて、上杉謙信の書状にみえた「夜わざ鍛錬之者」がその後どのような運命を辿ったのか、それを知る史料は確認されない。おそらくは戦国時代が遠くなるにつれ、渡河点の監視および特殊技能を使う機会は失われ、帰農していったのであろう。

行屋・西福寺

ところで、徳川家康が関東に入府して間もない文禄三年（一五九四）において、羽生で二俣に分かれていた利根川の一流路である会の川が締め切られることになった（図10）。このとき、忍城主松平忠吉の家臣小笠原吉次より褒美を貰った者がいる。その者は、「行屋」と記された西福寺（天台宗・現廃寺）の行者であった。会の川の堤を見廻ったことにより、屋敷地および新開地を与えられたのである（『行田市史 資料編 近世1』六）。この行者は川に係る知識を有し、利根川が二俣に分かれる特殊な場所でその技能を発揮したことにより恩賞を受けた、と解釈できるかもしれない。なぜなら、近世に西福寺の近接地で渡河を監視する機関として設置されたのは新郷川俣関所だからである。

なお、上岩瀬に移った正覚院が羽生町場へ戻るのも、文禄三年と伝わる。会の川が締め切られ、渡河点に対する警戒や橋頭堡としての役割を終えたとすれば、それはこの地域における戦国時代の終わりを告げるものであったのかもしれない。

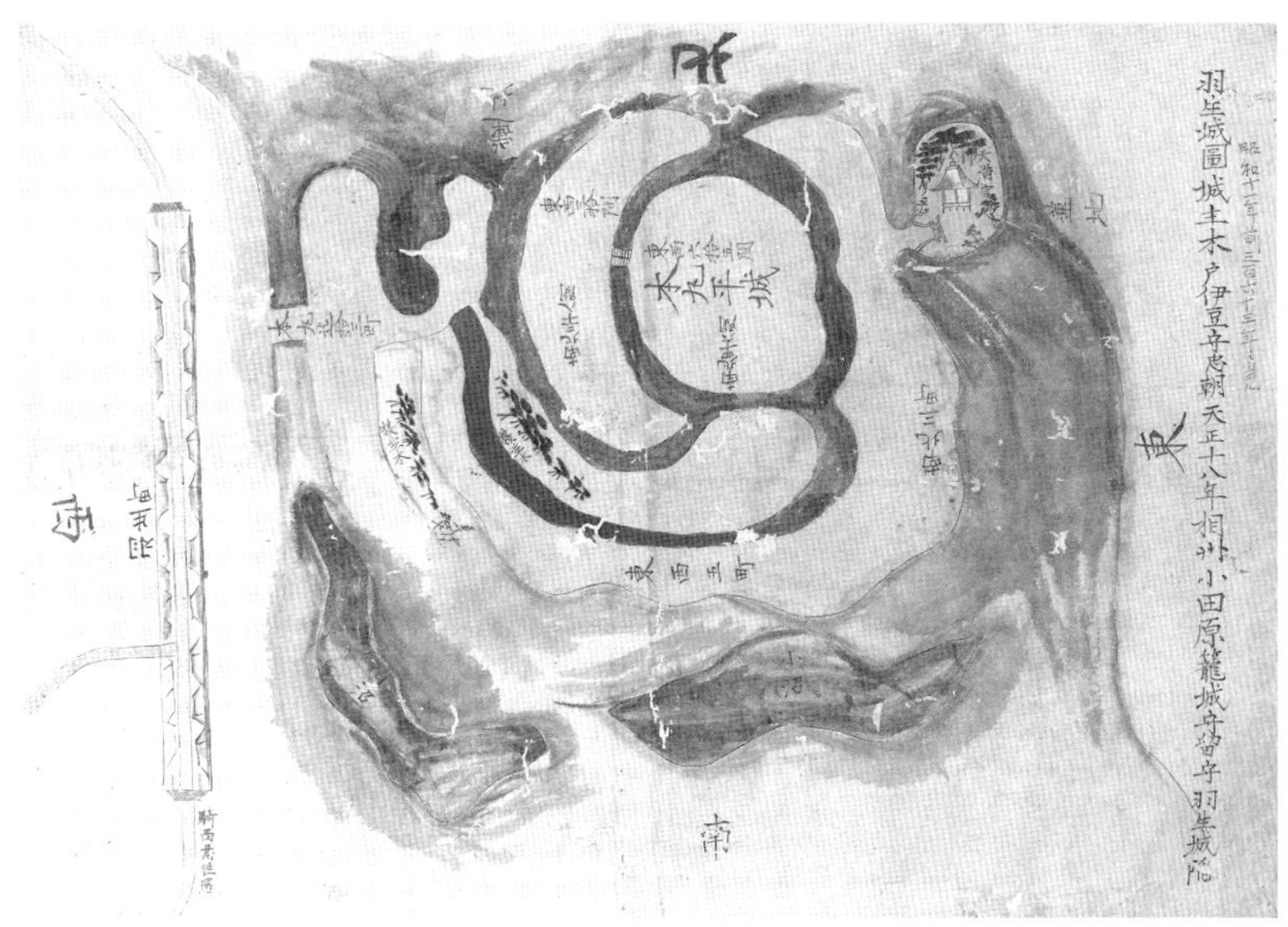

図９　武陽羽生古城之図写（羽生城絵図）
（個人蔵、羽生市立郷土資料館提供）

図10　川俣締切址碑
（筆者撮影）

〈参考文献〉

新井浩文　二〇一一『関東の戦国期領主と流通―岩付・幸手・関宿―』岩田書院
岩田明広　二〇二一「戦国の忍びを追う―葛西城乗取と羽生城忍び合戦―」（『埼玉県立史跡の博物館紀要』第一四号　埼玉県立さきたま史跡の博物館・埼玉県立嵐山史跡の博物館）
埼玉県教育委員会・埼玉県立さきたま資料館編　一九八九『歴史の道調査報告書第十集　利根川の水運』埼玉県県政情報資料館
齋藤慎一　二〇一〇『中世東国の道と城館』東京大学出版会
髙鳥邦仁　二〇二三「羽生城主木戸氏の最期に関する一考察」（『埼玉史談』第六六巻第三号　埼玉県郷土文化会）
冨田勝治　二〇一〇『羽生城と木戸氏』戎光祥出版
峰岸純夫校訂　二〇〇三『長楽寺永禄日記（史料纂集　古記録編）』続群書類従完成会
峰岸純夫・川島千鶴校訂　二〇一一『松陰私語（史料纂集　古記録編）』八木書店
盛本昌広　二〇二一『境界争いと戦国諜報戦』吉川弘文館
簗瀬大輔　二〇一五『関東平野の中世』高志書店
簗瀬大輔　二〇二二『小田原北条氏と越後上杉氏』吉川弘文館
湯山　学　二〇一〇「武蔵菅原氏試考―「正能氏系図」をめぐって―」（『武蔵武士の研究　湯山学　中世史論集3』岩田書院〈初出一九八四『埼玉地方史』一七号〉）

第Ⅱ部　籠城戦と特殊武器

――城をめぐる戦の実態と戦国の忍器を考える

第一章　戦国の忍器と天正十八年の小田原攻め
――岩槻城跡・八王子城跡の特殊武器――

岩田明広

一　忍び独自の道具「忍器」の開発・改良・伝達のしくみ

忍びと「忍器」

誰もが抱く忍びのイメージに、手裏剣（しゆりけん）や撒菱（まきびし）、水蜘蛛（みずぐも）などの忍び道具がある。忍び独自の道具を、最大の忍術伝書といわれる『万川集海（まんせんしゆうかい）』では「忍器」と呼んでいる。本書では、これに従い「忍器」の呼称を用いている。

各地の天守や展示館でみかける錆びた手裏剣や苦無（くない）などの忍器は、普通、「忍者の道具・武器」として紹介されている。しかし、それらの中に、江戸時代以前の忍びが実際に使用したと証明されているものがほとんどないことは、意外にも知られていない。戦国の忍器に至っては、これまで事例は皆無であった（阿刀二〇一二）。こうしたことに加え、手裏剣が歴史的に武士の剣術の一種で、棒状のものを投げる技術であったことから、「忍者」は手裏剣を投げなかったとさえいわれることがある。

忍びの実態把握には、代名詞ともいえる「忍器」の解明は欠かせない。

企画展「実相　忍びの者」に先立つ調査では、考古資料を中心に忍器の探索を実施した。その結果、複数の特殊遺物を確認し、忍器として認定するに至った。以下に、その過程を紹介する。

忍びの技術伝承と忍器の開発・改良・伝達

忍器について最も詳しい史料は、先ほどもあげた『万川集海』だ。この忍術伝書は、延宝四年（一六七六）に伊賀郷士(いがごうし)藤林保武(ふじばやしやすたけ)が著し、江戸幕府にも献上されたもので、忍器の生産システムに関わる記述もみられる。巻第一「万川集海凡例」には「一　忍器ハ陰忍ノ階梯也ト云共、器物制作ノ伝授ニテ忍之理ハナキ故、第六ニ記ス忍器ハ、自ラ為覚ヘテ其可否ヲ可試、若シ不試シテ行フ叓ナカレ」とある。忍器は、忍びが自ら発案・試作して、使用に耐えるか否かを試しておくべきものだというのだ。また、藤堂藩(とうどうはん)の伊賀者だった木津家に伝わる正徳六年（一七一六）五月三日付「敬白天罰霊社起請文前書」第三条には、「一　此れ迄持ち来り候忍器、火器の外、万川集海の外、珍しき方便、忍器、火器考出し候はば、御知を申すべく候」とある。これまで伝来してきた忍器・火器のほか、また『万川集海』掲載の忍器のほかに、すばらしい手段、忍器・火器などを考案したときは、師匠に知らせるように、との意だ。忍術の伝授を前に、師弟間で交わされた起請文(きしょうもん)で、十八世紀初頭頃の伊賀に、師弟間での忍器の開発・改良・伝達システムが成立していたことがわかる。

戦国期の忍びの母体となった特殊武装集団が、夜間の軍事行動のための「夜わざ」を鍛錬していたことは第Ⅰ部第二章に記したとおりだ。言い換えれば、彼らは、独自の武術・技術の習得・伝達の仕組みにもとづいて鍛錬し、その技術を外部に漏らさず伝承していたということができる。近世の忍術伝書や史料にある、忍器の開発・改良・伝達の仕組みはこの一部をなすもので、戦国期から維持されていたものとみられる。

忍器は、忍び独自の開発・改良・伝達の仕組みの中で作られたため、他の武士が使わない特殊な道具や武器として発見できる可能性があるということだ。

二　戦国の特殊武器と忍器――手裏剣のルーツ有角型石製平つぶて

岩槻城跡とその支城跡で出土した六角形の板状の石器

戦国の忍器に、伝世品がないことはわかっている。では、どこを探せばよいか。

第Ⅰ部第一・二章に示したとおり、戦国期の「忍び」は、城の争奪戦に用いられた戦術であった。忍器が残されているとすれば、戦国城郭の地下に埋もれている可能性が高い。戦闘記録や伝承のある城郭を中心に、発掘調査報告書を縦覧してみると、意外な状況が明らかになった。どの城も武器・武具等の戦闘遺物の出土が、非常に少ないのだ。多くの城では、生活用具を除くと銃砲弾か鏃(やじり)程度しか出土遺物がない。城郭での戦闘では、戦後に金属が回収されたといわれるが、実は遠隔射撃や攻囲、せいぜい放火が中心で、力攻め(ちからぜ)による白兵戦は少なく、遺棄された武器はもともと多くないのが実情なのだ。現在の発掘調査の精度は高く、刃こぼれした刀の破片等でも存在すれば、おおよそ見落とすことはない。つまり力攻めの痕跡自体が稀なのだ。

一方で、激戦があったことが知られている少数の城跡では、銃砲弾のほか、鑓・刀・薙鎌、兜、鎧の小札、刀装具、戦闘関連で死亡した者の遺骨さえも出土することがある。伝承ではなく、実際に白兵戦があった城郭では、やはり武器・武具が出土する。

確実な力攻めの文献記録にもとづき、最初に特殊武器を確認したのは、埼玉県さいたま市にある岩槻城跡（中世には「岩付城」とされたが、埋蔵文化財包蔵地名〈遺跡名〉は「岩槻城跡」であるため、本章では区別して表記する）竹沢曲輪の発掘調査報告書だった。六角形の平板な石製品が掲載されており、「つぶて」の呼称が付されていた（図1、さいたま市遺跡調査会二〇〇五）。単純だが同じものは目にした記憶がない。

埼玉県長瀞町や小川町の三波川帯で産出する緑泥石片岩を打ち割って成形したもので、縦四・八㌢、横四・五㌢、厚さ一・〇㌢ほどの大きさだった。十六世紀後半の陶磁器とともにみつかり、戦国後期のものとされていた。

確実な近世忍器群「川越歴史博物館所蔵資料」（岩田二〇二二）の中の「鉄つぶて」に酷似しており、同種のものだ

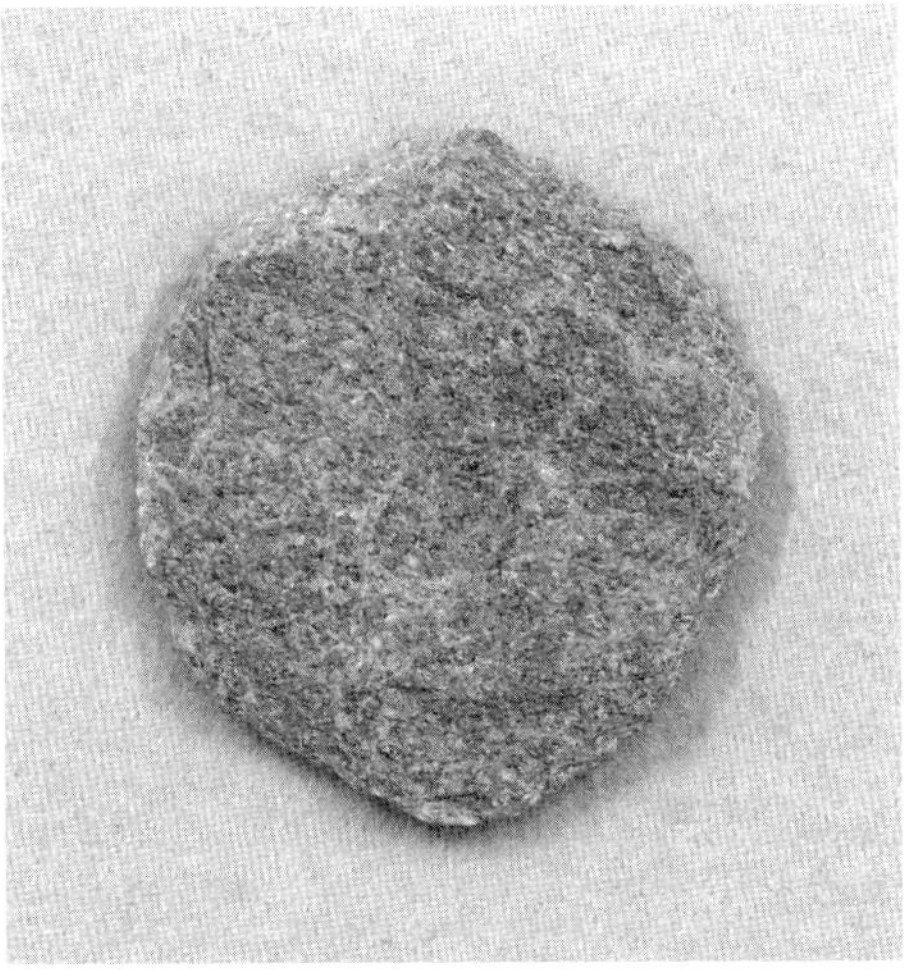

図1　岩槻城跡で出土した特殊武器「有角型石製平つぶて」
ほぼ正六角形に造られている。（さいたま市教育委員会蔵）

図2　近世の忍器「鉄つぶて」
文久期以前に川越藩の忍足軽が訓練に用いていたとみられる。有角型石製平つぶてに酷似している。（川越歴史博物館蔵）

図3　伊達城跡・岩槻城跡で出土した「有角型石製平つぶて」
2〜6が伊達城跡出土品で、1に比較のため図2の岩槻城跡出土品を掲載した。（さいたま市教育委員会蔵）

と認識できる（図2）。

きっと類似の遺物が他にもあるはずだ。その思いに駆られ、さいたま市の文化財担当者に御教示を願ったところ、岩槻城跡近隣の「大和田陣屋跡（伊達城跡、次項参照）」で多く出土しているとの情報をいただいた。報告書を開くと、一九九三年の調査で一七点が出土しており、素材状態のものや未成品も確認できた（図3、渡部丈夫ほか一九九五）。

特殊武器を出土した岩槻城跡と伊達城跡

岩槻城跡と「大和田陣屋跡」は、関東平野中南部、東京湾に近い荒川低地と中川低地に挟まれた大宮台地に立地する。周辺は、中小河川の浸食で樹枝状に形成された深い谷地形が特徴の起伏ある地勢をなす（図4）。

「岩付城」は、十五世紀後半に鎌倉公方足利氏と山内・扇谷上杉氏が争った「享徳の乱」の際に築かれたといわれ、岩付太田氏が在城した。永禄七年（一五六四）、第二次国府台合戦のとき北条方の城となり、永禄十年以後は、北条氏が直接支配した。天正十年（一五八二）、北条氏房が入り、天正十八年の豊臣秀吉による小田原攻めでは、城主太田（北条）氏房が小田原城に籠城したため、家老の伊達

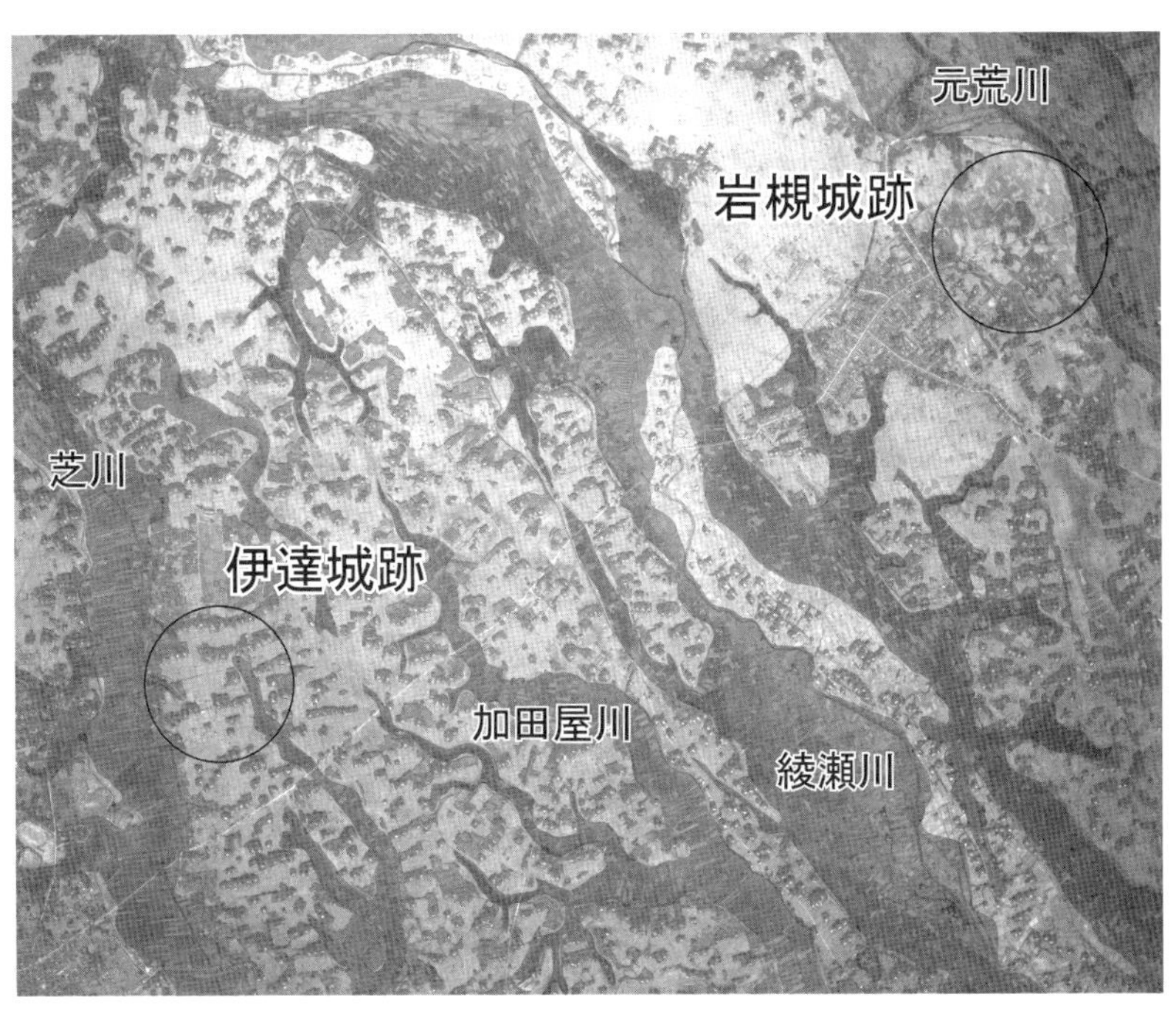

図4　岩槻城跡と伊達城跡の位置と周辺の地形（岩田2022より一部改編して転載）
多くの小支谷が発達した岩槻城跡・伊達城跡周辺の地形。背景は1947年米軍撮影。

与兵衛房実（ふさざね）が守備にあたった。小田原城を小さくしたような、総構えを有する難攻の城だ。

「大和田陣屋跡」は、岩槻城跡から低地を隔てて西に六キロほどの位置にある。岩槻城跡との間にある低地は、近世に干拓事業がおこなわれた見沼田圃（みぬまたんぼ）としても知られる。周辺は、戦国期、伊達房実の所領だったと伝わる旧大和田村にあたる。遺跡内には、かつて高い土塁や深い堀跡が残っていた。のちに伊達氏が徳川家に仕えて陣屋を営んだことから、行政上の埋蔵文化財包蔵地の名称として「大和田陣屋跡」の名が付されている。

発掘調査では、近世の遺構・遺物はほとんどなく、戦国後期の遺構・遺物が多く検出された。現在では、近世の陣屋跡は南にずれた位置にあると考えられている（さいたま市二〇一六）。調査箇所北側には「伊達城」の小字名が残されているという。本章では、これに従い、当該遺跡を近世陣屋跡と区別して「伊達城跡」と呼ぶことにする。

伊達城に居した伊達房実は、『寛政重修諸家譜』によれば、天正十年、主家北条氏房の岩付城入りにともなって臣従してきたという。岩付法華寺への寺領寄進の氏房印判状発給者に、その名が残る。房実が、岩付城家老とみなされるのはこのためだ。その房実が支城として築いたのが、伊達城だった（伊達城の性格については、第Ⅱ部第二章に新井浩文氏による論及がある。参照願いたい）。

伊達城跡の「つぶて」は、五号井戸跡・二号溝跡とその周辺で出土している。五号井戸跡では、「つぶて」五点、同未成品一点、陶片製円盤（後述）二点、不整な球状の石つぶて一点が発見された。井戸跡の埋没状況と、伴出した陶磁器から、「つぶて」は十六世紀後半の廃城にともなって井戸跡に投棄されたものと報告されている。二号溝跡では、「つぶて」四点、陶片製円盤一点、打割礫（もっとも一般的に城館跡で出土する礫：「つぶて」にあたるもの）一点が検出された。この他、五号井戸跡・二号溝跡と東側の建物跡との間から、板碑（いたび）を割った緑泥石片岩の破片が多数出土した。報告書では、この周辺を「つぶて」の製作場所と推定している（図5）。本城の岩槻城跡で検出された「つぶて」は、ここで製作され持ち込まれた可能性が高い。

「つぶて」の用途を考える

さて、忍器の鉄つぶてに似ているといっても、材質は異なり、形状も六角形と八角形で少し違う。「鉄つぶて」と同種であるとするには、検証が必要だ。考古資料そのものに、使用方法は書かれていない。当然ながら、根拠なく見た目で判断することは戒めなければならない。モノ自身に語ってもらわねばならないのだ。以下、製作方法や用途・機能を考察し、忍器との関係を追求してみたい。まずは用途からだ。

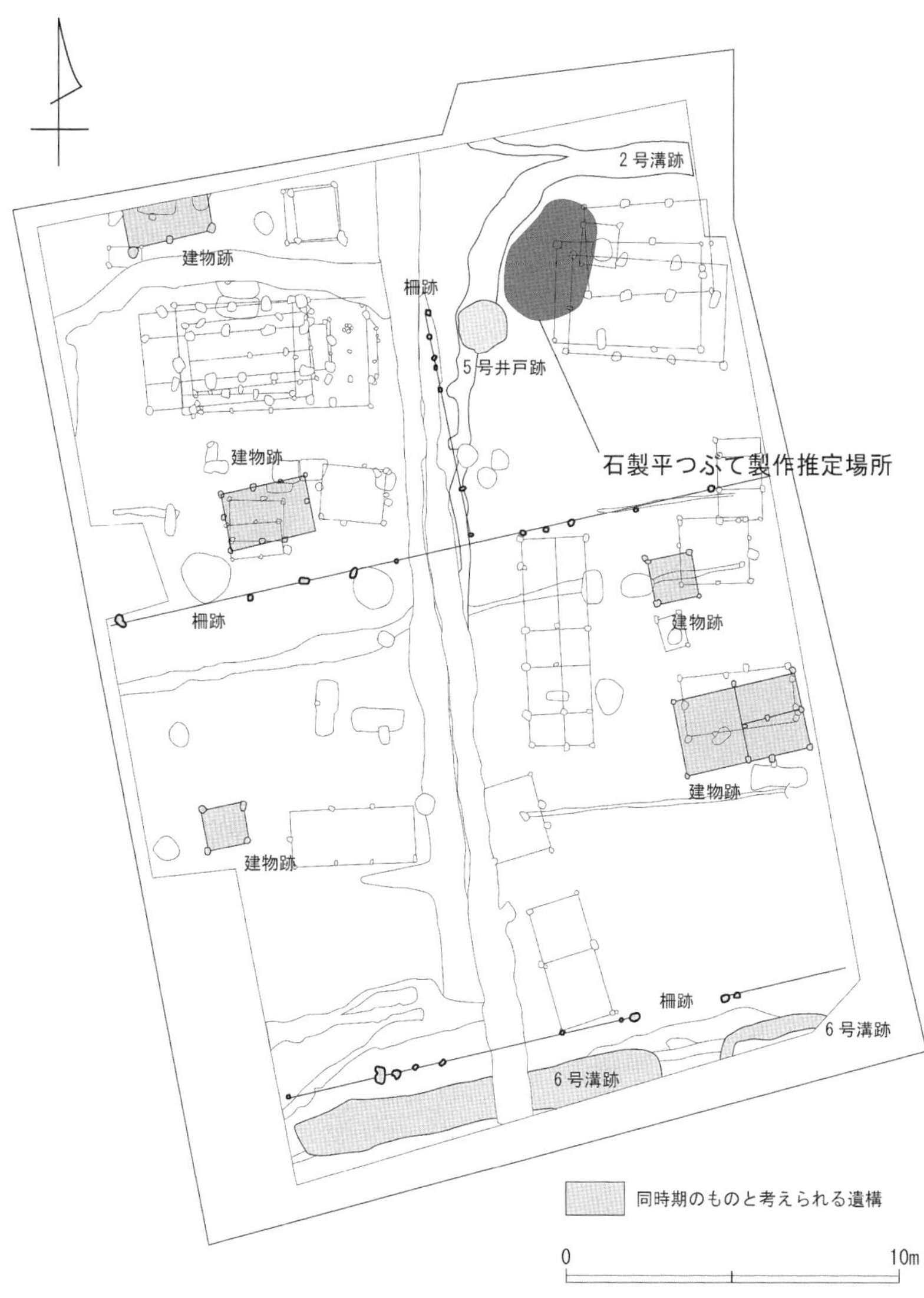

図5　伊達城跡（大和田陣屋跡）での発掘調査の状況
（岩田 2022 より転載）

図6　伊達城跡出土の石製平つぶて未成品に刻まれた種子「キリーク（阿弥陀如来）」（岩田2022より転載）。鎌倉時代から戦国時代の関東では、生者への逆修供養や死者への追善供養のために緑泥石片岩で造った供養塔「板碑」を建立することが盛行した。板碑の中央には、仏の像や仏を表す梵字「種子」が彫られた。（さいたま市教育委員会蔵）

「つぶて」は、岩槻城跡・伊達城跡出土品とも、緑泥石片岩を打ち割った打製石器にあたるもので、周囲に六つの角を作り出すことに特徴がある。しかし、縄文時代の黒曜石の石器のような、切るための刃を造り出した形跡はない。

直線的な割り方からみて、製作には、現在の「コヤスケ」という石工道具のような鉄製工具が使用されたものと思われる。破片や未成品には、板碑に彫られる仏を表す梵字「種子」がみられるものがある。板碑を建立場所から引き抜き、素材に転用したことは間違いない（図6）。

発掘調査報告書に書かれた所見では、先述のとおり、「つぶて」は五号井戸跡・二号溝跡周辺で生産され、廃城にともない井戸跡に投棄されたものだとある。戦国末期に特定の目的で製作・使用され、短期間のうちに生産を中止、廃棄されたと考察している。伊達城跡では、武器・武具を除くと、陶磁器等の生活用具しか出土していない。これは岩槻城跡竹沢曲輪でも同じ傾向だ。「つぶて」に、擦痕等の生活用具としての使用痕はなく、武器に含まれる可能性がきわめて高い。

報告書では、さらに戦国後期の岩付城・伊達城の状況を整理して、「つぶて」の用途を検討している。岩付城は、天正十八年の豊臣秀吉による小田原攻めの際、浅野長吉（あさのながよし）軍等の侵攻に遭っている。北条氏は、各地の武将を小田原城に集めて籠城させた。武将の小田原集中は、各地の支城での武将と武器・武具の不足をもたらした。この穴埋めのため、臨時の武器として「つぶて」を製作したが、岩付城落城により不要になり、廃棄された、という筋書きだ。

「つぶて」は、当時信仰の対象であった阿弥陀如来（あみだにょらい）の梵字を刻んだ板碑を割って製作しながらも、短時日で遺棄されている。戦国末、板碑建立は、すでに下火になっていた。しかし、まだ建立は続けられており、板碑の功徳を城兵たちは信じていたはずだ。それを破壊し転用する理由は、浅野勢の大軍による攻撃が迫る緊迫した情勢以外に考えにくい。先述のとおり、出土品は武器・武具か生活用具しかなく、生活用具に緊急性があるものは思いつかない。出土していない遊具とする理由もない。なけなしの素材を板碑に求め、臨時に製造した武器だと考えるのは至極合理的だ。「つぶて」は武器とみて間違いなかろう。

「つぶて」の「機能」と特殊性

「つぶて」が武器であっても、忍器とみるには、もう少しそれ自身に語ってもらう必要がある。続いて、機能を検証してみたい。手がかりは大きさ・形状と、同時代の石製武器として他の城郭でも多く出土する通常の「礫（つぶて）」の様相だ。

「つぶて」は、縦横七～一一センチ程度、厚さ〇・八～一・三センチ、重量五〇～一五一グラムのものと、縦横三～五センチ程度、厚さ〇・七～〇・八センチ、重量二〇グラム程度のものに分けられる。これに対して、土塁・石垣上や城内建物の石落としから転が

図７　伊達城跡出土「礫：つぶて（打割礫）」
礫は、土塁や石垣の上、城内建物の石落とし等から転がして敵に打撃を与えたとされている。（さいたま市教育委員会蔵）

して敵兵を殺傷する「礫」は、伊達城跡出土品（報告書では打割礫と呼称している。）で、縦横八～一二センチ、厚さ八～九センチ、重量二二三～一二三一グラムだ。明らかに質量が勝る。また、不定形な打ち割りにも特徴があり、「つぶて」との機能の相違がうかがえる（図７）。

「つぶて」を武器とみなすと、手に保持して敵を打つには小さく薄すぎ、刃もつけられていないため、刺斬が機能だとはみなせない。また軽すぎるため、転がして敵を打撃するという機能も適当とは思えない。

「つぶて」の形状としての特徴は、周囲に均等に六つの角を作り出していることだ。角は、敵に当てることができれば、単純な円礫に比べ、力が尖端に集約されて強く敵を打突することが可能だ。また、均等に作り出された角は、各々が同じ確率で敵を打突できることを意味し、特定の角や部位を敵に向けて使用するものでなかったことがわかる。すべての角が同じ確率で機能を果たすのが、「つぶて」の構造だ。つまり、どの角が敵に到達するかを区別しない状態で使用し、敵に到達したとき、いずれかの角が打撃を与えるのが、「つぶて」の機能であると考えられる。

これを満たす使用法は、回転させて投擲するほかない。「つぶて」は、回転系投擲武器である。

投石という戦闘行為を考えると、伝統的な石打ちとの区別が問われる。戦闘行為と同じ進行形式でおこなわれたことで知られる『年中行事絵巻』巻十三にある石合戦「印地打ち」では、不整形のおそらく自然礫を用いており、「つぶて」とは明らかに異なる。六角形の形状からみて、投げ方は、人差し指を角にかけて親指と中指で挟み持ち、小口方向に押し出して、逆回転をかけて投げたのであろう。角を尖らせすぎないのは、投げる際の指への負荷軽減や、コントロールのしやすさを求めたためとみられる。当時の主力武器であった銃砲・弓、鑓等に比して殺傷力は著しく小さい。敵の殺傷より、接近した敵に投げて逃れる時間を稼ぐ護身用の武器だったと考えるべきだ。

威力のない武器だが、利点もある。回転投擲により飛距離と正確な方向性を得やすく、命中した際には、複数の角のいずれかが必ず当たり、小さい力で効率よく敵に強めの打突を与えることが可能だ。また、平板であるため重ねてコンパクトに携帯でき、携帯時も安全だ。さらに、一回性の武器として本体の価値が低く、投げ捨てやすかったと考えられる。

ところで、岩槻城跡や伊達城跡は、石を産出しない地域にある。その上で「つぶて」の製作者たちは、板碑を用い、適切な道具で適切に加工し、再現性をもって製作している。つまり、彼らは、六角形の回転系投擲武器としての特性を熟知し、薄い板状の石材を直線的に割り取り、六ヵ所の角を作り出す石材加工の技を鍛錬し身につけていたと考えられる。あるいは、回転系投擲武器の知識ある者が、石工等の技能集団に製作方法を伝達、製作委託した可能性もある。

「つぶて」の確認後、筆者は、他の城郭遺跡や戦国期の遺跡で同様の遺物を探したが、近隣の北条方の騎西城で、石打ちの流れを汲むとみられる円形のものを確認した他に、みつけることができなかった（岩田二〇二一）。「つぶて」は北条方武蔵東部の伊達城跡・岩槻城跡オリジナルの遺物なのだ。つまり、「つぶて」は、伊達城周辺の岩付領で活動した製作集団が、他に情報を漏らすことなく、鍛錬の下に製作したもので、その情報は当該製作集団内だけで管理され伝承されていたことになる。この製作システムは、忍び独自の忍器開発・改良・伝達システムと同様だ。「つぶて」は、忍器と同様のシステムで製作されたものだといえる。

忍器としての可能性が高まってきた。以下、本章では、均等な位置に角をつけた平たい六角形の石製「つぶて」を、「有角型石製平つぶて」と呼称して検討を続けたい（第Ⅱ部コラム1には、現在の石工職人による復元製作実験を紹介した。重要な指摘がなされているので、参照願いたい）。

忍びとのつながり

有角型石製平つぶてが、忍器と同様のシステムで製作されたことはわかったが、類似の師弟間の関係は、ものづくりでは一般的だともいえる。本書の主題からしても、忍びとの関係の追求は必要だ。

有角型石製平つぶてと同じ回転系投擲武器を資史料の中に探そうとすると、江戸初期の新陰流伝書『玉成集（ぎょくせいしゅう）』中の「りゅうしゆけん」のイラスト（図8）と、幕末の忍器の鉄製つぶて、鉄製の平型手裏剣（とくに四方手裏剣等の板状の手裏剣や幅広い刃をもつ十字手裏剣等）の三つに行き着く。

『玉成集』の回転系投擲武器「りゅうしゆけん」については、形状や構造の系譜を追える確実な資史料が他になく、その後の新陰流伝書にも登場しない。また、『玉成集』には「手利剣」の項が別にあり、脇差や小柄など長いものを投

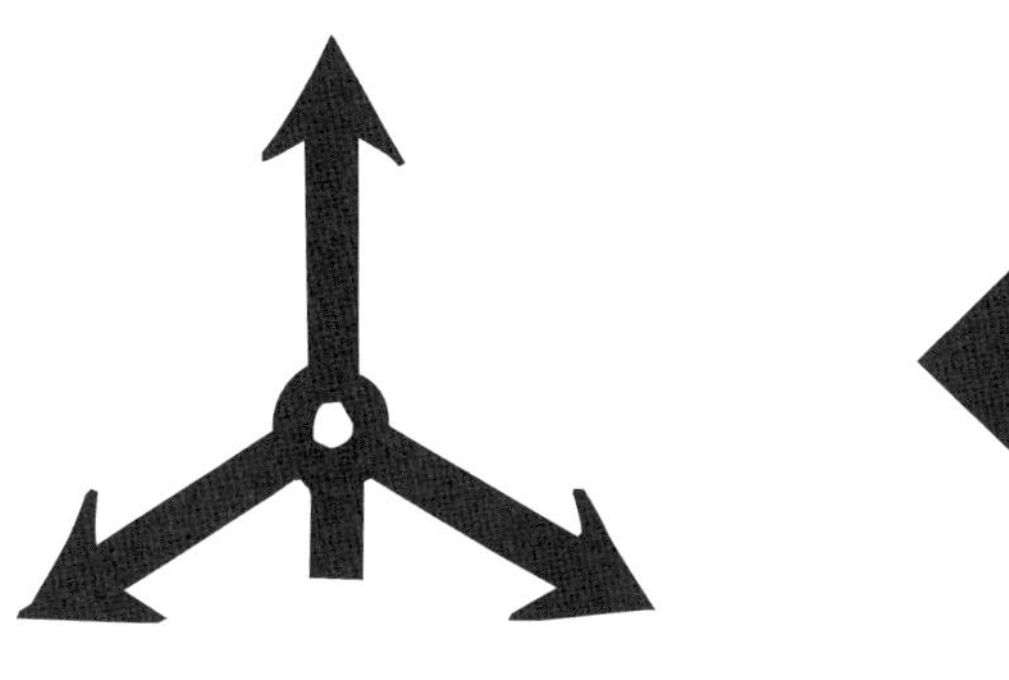

図8　『玉成集』に掲載された「りゆうしゆけん」（平型手裏剣）の模式図
右がりゆうしゆけん。近世末期の平型手裏剣と完全に同じ構造をなし、回転系投擲武器だと思われる。左は三光と書かれており、茎に柄をつけて、手で保持して打つこともできる。

げる技術だとされている。一回性の掲載であることを考えると、偶発的に知った他流や他武術の知識を盛り込んだ可能性も考慮すべきだ。現時点では、有角型石製平つぶてとの関係を追求できる状況にない。

他の二つ、「鉄つぶて」と「平型手裏剣」は、ともに忍器として現存する。幕末の川越藩で忍足軽の鍛錬に使用していたことがほぼ確実な資料群にみることができる（図2・9・10、川越歴史博物館所蔵資料群、岩田二〇二二）。近世以前の回転系投擲武器は、これらの忍器以外になく、現状では、忍びにのみ知識が伝えられ、忍びが使用していたものと考えざるを得ない。回転系投擲武器としての有角型石製平つぶては、忍器とみてよく、少なくとも鉄つぶてや平型手裏剣のルーツの一つだと認められる。

なお、東京都葛飾区の葛西城でも板碑の転用がみられるが、回転系投擲武器とは異なり、通常の礫（つぶて）や石打ちの礫としての用法のようにみえる。利根川水系下流域に、板碑を転用し武器として用いる知識が広まっていたことは確かで、有角型石製平つぶては、その改良品として製作されたものであろう（葛西城跡での板碑転用については、第Ⅰ部第三章に詳しい報告があるので、参照願いたい）。

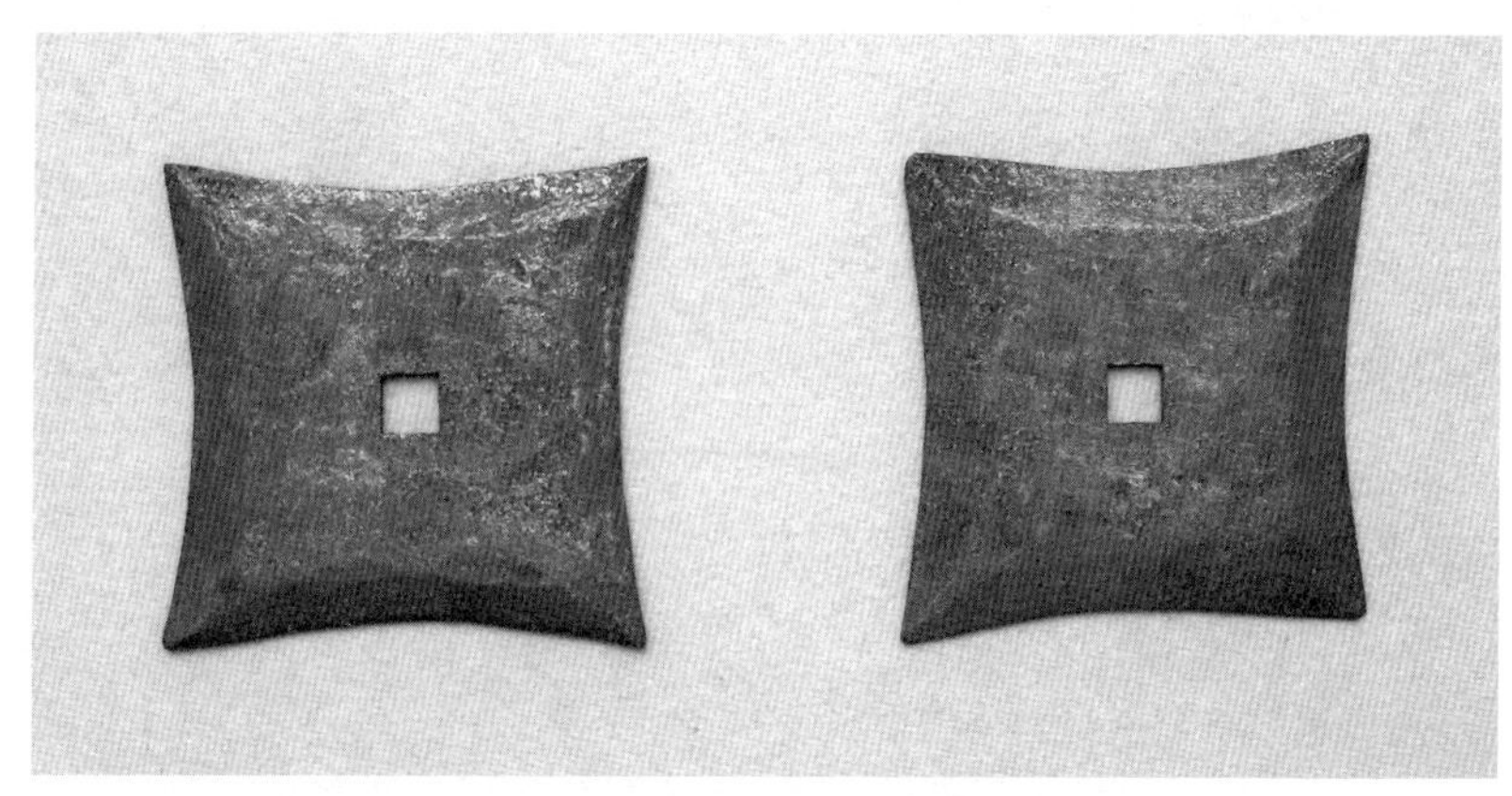

図 9　幕末川越藩の忍器「平型手裏剣」

いわゆる四方手裏剣。角を尖端とし、周囲に刃部を造るが、有角型石製平つぶてに近い構造をもつ平型手裏剣。(川越歴史博物館蔵)

図 10　幕末川越藩の忍器「平型手裏剣」

尖端と刃部をもつ。いわゆる十字手裏剣、万字手裏剣の類。(川越歴史博物館蔵)

ところで、伊達城跡では、有角型石製平つぶての他に、陶磁器を四角形や六角形に近い形に加工した「つぶて」とみられる遺物（報告書では、陶片製円盤と呼称）も出土している。出土状況が有角型石製平つぶてと同じで、これらも回転系投擲武器の一種だと思われる。ただし、陶製の平つぶては全国的に分布しており、製作工程に雑さがみられる。伝統的な石打ちの「つぶて」に近い概念の臨時的な武器で、特殊性は高くなかったと思われる。

ここまでの検討をまとめると、有角型石製平つぶてや陶製の平つぶてが製作され使用された状況を想像できる。伊達城の忍びあるいは類似の特殊武装集団は、浅野軍が迫る緊張状態の中、不足する武器を補うため、鍛錬した技術で、あるいは石工の協力を得て、信仰の対象だった板碑を集め壊して有角型石製平つぶてを作り、城内の陶磁器を利用して陶製の平つぶてを作った。彼らは、それを懐に、危機に直面する本城岩付城に向かい、主家の伊達房実以下、城内の人々を守ろうとしたのであろう。

三　戦国の特殊武器と忍器――土製撒菱

突起のある特殊な土玉

企画展「実相　忍びの者」に先立つ調査では、別の特殊武器も確認した。東京都八王子市の八王子城跡で、昭和三十年代に採集された土製品がそれだ（図11）。八王子城跡では、多くの生活用具が発掘されているが、郷土史家らの手により、鉄製砲弾や砲弾鋳型等、多くの重要な武器・武具が採集されてもいる。特殊な土製品は、それら採集品の中で、昭和三十年代以来、代用銃砲弾とみられてきた土玉（どだま）群の中にあった（小松一九八四）。

八王子城は、武田信玄による小田原攻めと滝山城（東京都八王子市）への攻撃などを背景に、天正十年（一五八二）

図11　八王子城跡で採集された「土製撒菱」(岩田2022より転載)
1・3：棘状突起をもつタイプ。2：貼り付けた粘土をつまみ出して突起を作るタイプ。(八王子市教育委員会蔵)

頃に築城された山城で、関東平野西縁の北条氏最有力の支城とされる。麓には城主北条氏照(うじてる)の居館(御主殿(ごしゅでん))跡が確認されている。険しい山容を広く利用した名城だ。八王子城での戦闘は、豊臣秀吉の小田原攻めに際してのことで、天正十八年六月二十三日の上杉景勝(うえすぎかげかつ)軍・前田利家(まえだとしいえ)軍による力攻めであった。

氏照と主な家臣は、小田原城への籠城を求められた。このため、八王子城には、城代横地吉信(よこちよしのぶ)以下、限られた城兵と多くの領民が籠城したといわれる。合戦では、死者が一〇〇〇人を超え、一日で落城したと伝承にいう(八王子城の戦いについては、第Ⅱ部第四章で詳しく紹介されているので、参照願いたい)。

問題の土製品は、御主殿跡前の虎口(こぐち)を中心に、多数の土玉とともに発見されたものだ(詳細については、第Ⅱ部第三章で論じられているので、参照願いたい)。御主殿跡周辺では、焼け落ちた建物とともに熱を受けた生活用具が多く出土しており、遺物のほとんどが籠城した北条方のものとされている。

令和元年(二〇一九)春、展示に先立つ調査で八王子市郷土資料館にうかがい、土玉群を観察させていただいた際、特殊な土玉が含まれているのに気づいた。径二・二センチ程度の土玉に四つの突起がついている（二本は欠損している）。突起は、先端を結ぶ線が正四面体（アルキメデスの正三角錐という方が作り手の意識に近い）をなす位置に、均等に貼り付けられていた。突起を含めた大きさは、正四面体の一辺が二・九センチであった。置いても投げ転がしても、必ず一端が垂直に上を向く構造だ（図12）。この構造と形状は、踏みつけた相手の足に痛撃を与える、撒菱そのものだ。

特殊な土玉には、突起の付け方が違う二種類があった。一つは棘状の突起を貼り付けたもの（図11の1）、もう一つは玉に貼り付けた素地土をつまみ出して突起を作ったものである（図11の2）。成形・乾燥は丁寧、砂粒が多いが精製された素地土でヒビもなく、弱還元炎（じゃくかんげんえん）で焼かれていた。

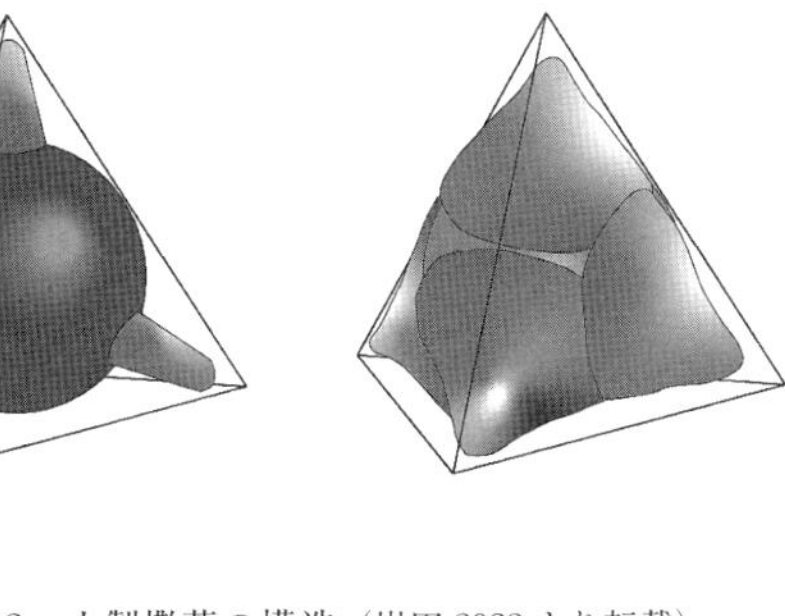

図12　土製撒菱の構造（岩田2022より転載）
突起先端を結ぶ線が正四面体となり、投げても転がしても必ず一端が上を向く。

最初の調査では、さらに玉部分の径が一・三センチの小型品（図11の3）を確認したが、後日、玉部分の径が一・七センチの一例を追加確認した（図15の前から四列目左端の資料）。後の二例は、八王子市教育委員会・八王子市郷土資料館の方々による確認だ。また、八王子市教育委員会の村山修氏が八王子城跡発掘調査出土遺物を観察したところ、出土遺物中にも確認できたという（詳細は、第Ⅱ部第三章の記載を参照願いたい）。

撒菱とみられる特殊な土玉の確認以後、広く情報を集めてきたが、戦国期のどの遺跡でも同様の遺物はみられなかった。八王子城跡オリジナルの特殊遺物とみなしてよい。永く銃砲弾として扱われてきたこともあり、初見の日には撒菱とみる我が目に対する疑いもあった。たまたま変わった形になっているだけで、本来はもう少し別の形の遺物ではないか。しかし、つぎつぎに確認数が増え、再現性・定型化が確実であることから、現在では、この構造・形状の存在を疑う余地はなくなった。

とはいえ、昭和三十年代の採集当時、発見者によってこの特殊な形状が把握されており、その上で銃弾と認識し、「土弾(どだん)」と命名された経緯がある。構造・形状から撒菱と結論づけるのはまだ早い。

土製撒菱に認定

実は、戦国期の銃砲弾には、変わった形のものがあることが知られている（宇田川二〇〇二）。慶長年間（一五九六―一六一五）には小堀政一(こぼりまさかず)が国友の鉄炮鍛冶に発注した「切玉(きりだま)」があり、天正期の砲術伝書『玉こしらへの事』等には、三角形・四角形の弾や針金を前方や後方に突出させた弾が描かれている。八王子城跡の土製品に似ているような気もする。しかし、それらの銃砲弾は、砲身の内径に合わせ、和紙で包む等の工夫がなされており、砲身内面に対する突出部はなく、発射薬の燃焼圧を逃がさない適正な形状に加工されている。

八王子城跡の土製品は、銃砲に詰めた場合、突起のみが砲身と接する構造で、発出時の爆発に突起の接合強度が耐えられず簡単に壊れてしまう。棘状の突起を貼り付ける意味がなく、射出は現実的ではない。和紙で巻いたり一回り大きな銃砲弾と組み合わせたりする方法はあるが、そうした処理の痕跡は特殊な土玉にみられない。

幕末の仙台藩で木砲(もくほう)（木製の大砲）の砲弾に、陶器の弾を使用した例があるので、焼き物を弾にした可能性を全否定することはできない。しかし、陶製砲弾は正球で規格化された大きさに作られ、釉薬をかけて、砲身との摩擦を十分減らせる造りになっている。一方、八王子城跡の特殊な土玉は、同時に採集された球形の土玉も含め、単なる素焼きで陶器より脆い。大きさの統一性もない。発射薬の燃焼圧力の銃砲弾への伝達や、砲身との摩擦が考慮された様子もない。射出しても、弾に十分な威力は与えられないだろう。

焼き物は、粘土を捏ねて作る。乾燥・焼成によって変形し収縮するのは避けられない。サイズからみて、特殊な土玉の製作に、変形・収縮をコントロールしようとした意図はまったく感じられない。

これらの確認で、銃砲弾の可能性はなくなったとみてよい。土製品は、四方に均等に突起をつけていることから、どの方向を向いても同じ機能を発揮できるという構造上の特徴をもつ。生活用具やその部品にこの機能をもつものは考えられない。やはり、初見通り、踏みつける敵の足に、刺突による損傷を与える武器「撒菱」であったとみる以外に、用途・機能・構造の特徴を満足する事物はない。以上のことから、筆者は、先端を結ぶ線が正四面体になるような位置に、四つの突起を貼りつけた土玉を撒菱と認め、「土製撒菱」と呼称している（岩田二〇二二）。

忍器としての撒菱

撒菱は、忍器として手裏剣に次いで著名なものだが、海外では通常の武器として広く使用されていたことが知られている。三世紀代の中国では、四本の針を先端が正四面体の各頂点にくるように配置する、定型化した青銅製撒菱を用いていた。陝西省漢中市勉県定軍山の出土品（勉県博物館所蔵）が日本でも展示されたため、記憶している方も多いだろう。海外の状況から、日本には伝来したものと考えられるが、その歴史はほとんどわかっていない。

日本での撒菱の記録は、近世の軍記にみることができる。十七世紀中頃に書かれた『播州佐用軍記　上』には、天正五年（一五七七）、播磨国赤松氏の軍と豊臣秀吉軍が対峙した際、豊臣軍の騎馬の足を止めるため、上月城代の高嶋七郎兵衛尉が自軍の退路に鉄製撒菱と竹製撒菱を撒いたとある。辞典類にも、一六〇三年出版の『日葡辞書』に、地面に刺して敵の通行を困難にするものと紹介されている。

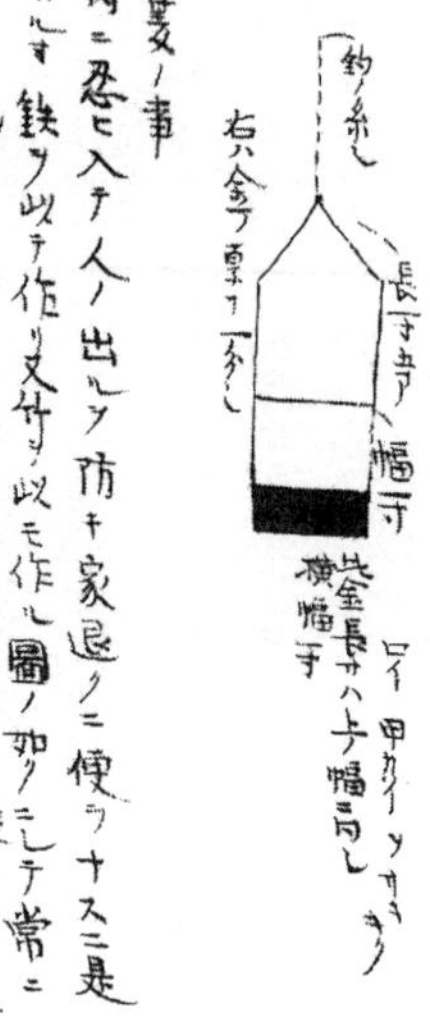

図13　『忍秘伝』巻二道具に描かれた撒菱の図
（伊賀流忍者博物館蔵・写真提供）

いずれも構造や製法の詳細な記述はなく、形か使用例の紹介記事だ（文献史料上の撒菱の用例については、第Ⅱ部第四章でも触れられているので、参照願いたい）。しかし、忍術伝書には、撒菱の構造、形、材料等が細かく記されている。

服部家に関わる忍術伝書『忍秘伝』「蒔菱之事」には「家内ニ忍入テ人ヲ出ルヲ防キ、我退クニ便ヲ成スニ是ヲ用ルトキ、鉄ヲ以テモ作リ、又竹ヲ以テモ作ル」とある。両端を尖らせた二本の針金を弧状にまげて中央で接合する、鉄製撒菱の絵も描かれ、図下には「爪長一寸五分、是ハ鉄ニテ作形ナリ、又竹ヲ用ルニハ長二寸程ニ切テ、十文字を貫先ヲキリヲキニシテ用ユル也」と製法も書かれている（図13）。

尾張の忍術伝書『用間加條伝目口義』（蓬左文庫）「菱結配様之事」には、「ヒシハ鉄ニ制シ、皮袋ヘイレテ持行テ、帰リニ若追カケラレント思トキニ蒔捨テカエル也」とあり、さらに「急ナルハ竹ノ跡先キリソキニ同竹釘ヲ十文字ニ打テ用ルナリ、口占、釘ハ少シ炒ルナリ、又、丸キ板ニ鉄釘ヲ三本ツ、前後打チカヘテモ用ルナリ、此釘ハ一ヘン赤ミソ付テ焼テミカキタテ、用ユ、口占」と書かれている。逃亡時、敵の足止めに使用するもので、臨時の場合には、竹や鉄釘を用いて便宜的な構造のものを作れとある。

さらに、『万川集海』が基とする書で、最近甲賀で発見された忍術伝書『軍法間林清陽　巻中』「菱并横村之事」

図14　幕末川越藩の忍器「鉄製撒菱」
四本の針の頂点を結ぶと正四面体になる構造をとる。（川越歴史博物館蔵）

にも、古竹を細割にし、三角や四角に結び、どのように投げても一角が上を向くようにした竹製撒菱の製法と使用法が掲載されている。

近世末期の忍器群として確実な川越歴史博物館所蔵資料には、鉄板に切り込みを入れて、繋がった状態の四本の和釘様の針を造り、先に逆えりを付してから、針の頂点を結ぶ線が正四面体をなすように曲げ整えた鉄製撒菱が存在する（図14）。撒菱は一般の武士たちにも知られていたが、構造・製法の詳細は、忍びの間に伝わっていたと判断できる。

八王子城跡オリジナルの土製撒菱は、豊臣軍が迫りくる八王子城内に籠城した者たちのうち、撒菱の使用法・構造・製法に関する知識をもち、素焼きの焼き物の製法をも熟知し鍛錬した集団によって作られたものと考えられる。あるいは焼き物職人に製作委託したり、協力を依頼したりしたかも知れない。他の城跡や遺跡に出土例はなく、他集団にその知識は伝わっていなかった。忍びの忍器製作システムに共通する在り方だ。しかも、撒菱の使用法・構造・製法が、忍びにのみ伝えられてきたものだとすると、土製撒菱は戦国の忍器だと

図15　土製撒菱とともに採集された土玉群（岩田2022より転載）
これらも「土製撒玉」「土製投げ玉」として、土製撒菱とともに用いられたものとみられる。（八王子市教育委員会蔵）

認定できることになる。

上杉勢・前田勢の侵攻を前に、八王子城内・城下では備えを進めた。主な武将の小田原籠城の影響で、八王子城では武器・武具が不足していた。忍び戦術に通じた特殊武装集団が、土製撒菱を作り、その補充にあてたのだ。頼りない武器かも知れないが、彼らは城内の人々を命がけで守ろうとしたのであろう。

土製撒玉・土製投げ玉

ところで、土製撒菱とともに採集された多くの土玉群（図15）は何だったのか。城郭の発掘調査では、紐通し孔のある飾り物としての土玉が出土することがある。しかし土製撒菱とともに採集された土玉群は、素地土（きじつち）を球形にまとめ、表面を整えて焼成した単純な構造だ。直径三・九センチのものを筆頭に、表面が黒色の燻（いぶ）し焼で焼成されている大型品と、直径二・六センチ以下、〇・八センチまでさまざまな大きさで規格性をもたない小型品とが存在する。

素地土は精製され、成形・焼成とも丁寧だ。製作状況、焼成した窯の構造ともに土製撒菱と同じだと思われ、焼き物の製造工程の性格上、土製撒菱と同時かつ多量に製作されたものと考えられる。ただし、燻し焼の大型品は分けて焼かれたはずだ。

八王子城跡の遺物の様相や落城時の状況を考えると、生活遺物とはみなせない。用途は同所で採集された土製撒菱と同じく、敵前に撒いて敵兵の足を止めることにあったとみるのが素直であろう。甲冑に身を包み、鑓や刀・銃などの武器や旗指物をもち、草鞋や馬上靴を履いた敵兵は、固い球で足を掬えば、転倒させ、捻挫や骨折に追い込むことも可能だったのではないか。土製撒菱と併用すれば、足裏に負傷させることも可能で、さらに有利だ。夜間や建物内の暗がりであれば、効果は絶大であっただろう。先述の忍術伝書『軍法　間林清陽　巻中』の撒菱の同節に、「横村」として、材木・茨・石などを敵の通り道に置いて通行を妨げることが書かれている。土玉の利用法を想定させる。こうしたことから、本章では、土玉を撒菱の補助的な武器とみて、「土製撒玉（まきだま）」と呼称する。

とくに大型品については、石敷きで凸凹した八王子城の虎口では有効だった可能性もある。燻し焼による黒色処理により、八王子城の土壌と同化し、敵兵にその存在を見えにくくする意図があったのかも知れない。そう考えると、小型品の弱還元焼成による淡い橙色も、城郭建物内の白木の床での見えにくさを意図したものと想像できる。

製作方法を総体的にみると、土製撒玉も土製撒菱同様に、完成された形状で安定して作られている。用途・構造・製法を理解し、鍛錬した者たちが製作し、使用したものだといってよい。土製撒菱と併用されたとすれば、忍びにつながる特殊武装集団による製作だったと推定される（土製撒菱・土製撒玉の使用実験や実際の籠城戦での使用方法については、第Ⅱ部第三章とコラム2でより進んだ解明がなされているので、参照願いたい）。

ところで、土製撒玉の大型品には、一定の強い力を受けて割れたものが多く存在する。土製撒菱とは異なるあり方

図16　八王子城跡で採集された「孔のある土玉」(岩田2022より転載)
断面長方形の孔がある。鉄製の刃物を指し込んで使用したとみられる。(八王子市教育委員会蔵)

だ。土玉は人が乗った程度の力で割れることはない。銃砲による射出の痕跡がない以上、人力での投擲により、石垣等に当たって破断した可能性が高いと思われる。そうした意味では、大型品は投げ玉であった可能性も指摘できる。

八王子城跡では、ほかに、玉の中央に刃物の茎(なかご)を差し込んだとみられる、断面長方形の孔をもつ土玉も複数発見されている(図16)。直径二〜三チセン程度の、やはり素焼きの土製品だ。土製撒菱・土製撒玉等と同様に採集されていることから、敵の足止めに用いた可能性を考えると、両端に刃部がある刃物を差し込み、一方を地面に突き刺し他方を上に向けた撒菱としての用途が考えられる。『日葡辞書』にある地面に刺して使う撒菱の一種だったのかも知れない。

投げ玉や孔のある土玉も、土製撒菱と同時使用の可能性があり、同一集団によるものだとすると、忍器として使用されたものかも知れない。ただし、土製撒玉もしくは投げ玉とみられる事例は、ほかの城郭にも出土例がある。単独での存在では、必ずしも忍びにかかわるような特殊武器だとみることはできない。

四　特殊武器と忍び

今回、最も有名な忍器である手裏剣と撒菱の手がかりを得られたことは、幸運だった。忍びの技は、夜間の敵城等への潜入・乗っ取り・放火をおこなう戦術に用いた技術だ。忍びたちは、籠城戦においてもその技を発揮し、手裏剣のようなものを投げ、撒菱を撒いて敵を足止めするなど、現在の忍びのイメージに近い行動をとっていた可能性がある。彼らは、全国各地で独自の道具や武器を開発、改良し、後世に伝達していたとみられる。

ところで、近世の忍術伝書には、忍びの任務は生きて情報を持ち帰ることだと書かれている。このためか、忍びは武士道や忠誠心と距離を置く存在と思われがちだ。しかし、忍器のあり方をみていると、彼らは攻め寄せる敵軍の中、城に籠る人々を救うため、鍛錬した技で応戦していたように思われる。忍びも忠誠心や武士の心を持ち合わせていたのだ。

〈参考文献〉

阿刀弘史　二〇一一「「忍者」研究の現状と課題」（『紀要　設立四〇周年記念号』財団法人滋賀県文化財保護協会）
岩田明広　二〇二二「戦国の忍器を追う―忍器認定過程と忍器からみた忍びの正体―」（『埼玉県立史跡の博物館紀要』第一五号　埼玉県立さきたま史跡の博物館・埼玉県立嵐山史跡の博物館）
宇田川武久　二〇〇二『鉄砲と戦国合戦』（歴史文化ライブラリー一四六）　吉川弘文館
さいたま市遺跡調査会　二〇〇五『岩槻城竹沢曲輪跡（第一地点）・岩槻城二の丸跡（第五地点）』さいたま市遺跡調査会報告書第四三集
さいたま市遺跡調査会　二〇一六『大和田陣屋跡（第５・６次）』さいたま市遺跡調査会報告書第一七三集
小松敏盛　一九八四「八王子城の土弾」（『八王子城山』創刊号）
渡部丈夫ほか　一九九五『大和田陣屋跡・今羽丸山遺跡』大宮市遺跡調査会報告第五二集

第二章　岩付城をめぐる上杉・北条の攻防と忍び

新井浩文

一　戦国時代の岩付城

大河ドラマをはじめとして、世はまさに「戦国ブーム」である。なかでも武蔵国における戦国時代については映画「のぼうの城」の大ヒットもあって、それまで一般にあまり知られていなかった忍城主成田氏が一躍有名になったことは周知のごとくである。

この忍城と同様に武蔵国で戦国時代に要の城として位置していたのが「岩付城」である。岩付城は荒川（元荒川）を背にして城内に沼と堀を巧みに取り込み構築されていた。「浮城」の異名を持つ点は先の忍城と同様である。また、武蔵国の城郭が、利根川と荒川流域を中心に展開していたことからもわかるように（巻頭掲載図参照）、大半の城は河川と関係を持つ城郭が多かった。

一方で「岩付城」は戦国末期には城下を土塁ですっぽりと囲んだ城塞都市として機能していた城であり、これは小田原城と構造を同じくしていた（図3参照）。岩付城は時の権力者小田原北条氏にとって要の城であったことが知られる。岩付城をめぐっては、上杉氏と北条氏との攻防が絶えず繰り広げられており、そうした動きの中で、「忍び」に通じると思われる事項が散見される。ここでは、そうした事例をとりあげつつ岩付城とその支配領域となる岩付領における動きの中で「忍び」の実態の一部を紹介していきたい。

二　河越夜戦をめぐる攻防と上原氏の動向

天文十五年（一五四六）の四月に起こった「河越夜戦」は、北条氏康軍と上杉憲政・上杉朝定・足利晴氏の三者連合軍が武蔵国の河越城（埼玉県川越市）の付近で戦闘し、北条軍が勝利を収めた戦いである。『甲陽軍鑑』や『北条記』によれば、北条軍一万の兵力に対して、八万の連合軍が取り囲んだが、氏康の奇襲によって連合軍は破れ、関東における権力交代の潮目になった戦いとして知られている。しかし、一次史料が乏しく実際に夜戦がおこなわれたかどうかについても確かではないのが近年の評価となっている。

なお、この河越夜戦における勝敗を左右した一因に岩付城主太田全鑑の裏切りがあったことは意外に知られていない。太田全鑑は、父太田資頼の死去にともない岩付城主となり、河越合戦の時には、扇谷上杉朝定軍の一員として河越城を攻囲していたが、北条方に内通したことから、河越城を守る北条綱成らの河越勢かによる攻撃の突破口ができ、そこへ氏康軍が背後から連合軍を攻撃、挟み撃ちしたというのが真相のようである。

この全鑑を北条氏へと手引きしたのが、岩付太田氏家臣の上原出羽守であり、この前後の動きに関する「上原文書」が残されている。その一つを紹介してみよう。

【史料一】（天文十五年）三月七日　北条氏康書状（「上原文書」）

左京亮(全鑑)殿、逐日入魂の段、簡要に候、特にその方、馳走の由に候、なおもって、おかせぎ本意たるべく候、恐々謹言

三月七日　氏康(北条)（花押）

上原出羽守殿

この文書は、「氏康が上原出羽守に対して、左京亮全鑑が近日入魂（味方）になったこと、とくに上原氏がその際に画策してくれた、これからも働いてほしいことを望んでいます」といった内容である。太田氏の一家臣に対して、本文末語の書止め文言が「恐々謹言」でかつ宛所の位置が日付の下でなく並列であることからもかなり上原氏が厚遇されていることがわかる。北条氏にとって上原氏の計略が河越夜戦の勝敗の鍵となっていたことがこの文書からもうかがえよう。

なお、上原氏の素性は「松隣夜話」にある扇谷上杉氏家臣上原兵庫の一族かと思われるが詳細は不詳である。ただ、その後、上原出羽守に対しては、全鑑寝返り工作の褒賞として本領の市郷のほか、後に戸部郷（いずれも神奈川県横浜市）を氏康から安堵されていることが知られる（「上原文書」）。

その後、上原出羽守は、全鑑の死去にともない、兄と異なり反北条氏の立場をとる太田資正が新たに岩付城主になると、家臣を引き連れ岩付を離城する。これに対し、氏康は、上原氏とその家臣たちの本領だけでなく、彼らに新たな所領を与えるなど厚遇を持って受け入れ、引き続き北条氏のために走り廻るよう命じている。（天文十七年正月二十一日付　北条氏康書状「上原文書」）。北条氏に属した上原氏は、江戸城代遠山氏の家臣として江戸衆に組み込まれたことが『小田原衆所領役帳』にみえる。なお、この時に上原氏とともに岩付から離れた太田氏家臣に細谷三河守資道がいたことも『同書』から知られる。太田氏家臣の離反は、上原氏だけに止まらなかったのである。

この一連の動きから考えるに、上原氏の行動は岩付城内における情報探索と最終的に全鑑を北条氏に内通させるこ

とが小田原から命じられていたと想像される。その理由として上原氏は、岩付周辺地に本領地を持つ、岩付太田氏譜代家臣ではなく、本領地が岩付と離れた「市郷」（神奈川県横浜市青葉区）にあったことから、すでに同地を支配していた北条氏への家臣化が水面下で進んでいたものと考えられよう。このように、岩付太田氏の家臣の中には、本領を相模国とその周辺に持つ扇谷上杉氏旧臣も少なくない。また、その後の岩付離城のことをみる限り、密かに岩付城内で北条方に与する者たちをまとめ、家臣間の分断をはかっていた節もみられる。まさに上原氏は情報戦を実行していた人物といえるだろう。

三　永禄五〜六年の上杉・北条の攻防

「忍び」による葛西城乗っ取りを指揮した本田氏

次に、永禄三年（一五六〇）の長尾景虎（以降、上杉謙信とする）の関東越山にはじまる上杉対北条の合戦の中における「忍び」に関する動きについてみていきたい。

まず、葛西城乗っ取りについて「忍び」が利用されたことが「本田家文書」に登場する本田氏の動きである。同城における乗っ取りの実際については本書の別章に譲るとして、ここでは先の上原氏同様、本田氏の動きを中心にみていくことにしよう。

葛西城はもともと扇谷上杉氏家臣大石氏の拠点であったが、天文七年（一五三八）の第一次国府台合戦の際に北条氏綱によって攻略された。その後、永禄四年になると、上杉謙信に与した太田資正が奪還する。資正の姉が大石石見守へ嫁いでいることや、永禄元年、資正の二男梶原政景が葛西城において後の古河公方で「葛西様」と称される足利義氏とともに元服していることから、岩付城と葛西城の関係は以前より深かった。また、葛西城は位置的にも、武蔵と下総両国の境目に位置しており、太田・里見両氏による反北条軍事同盟ラインを繋ぐ城として最重要拠点であった。

永禄五年、その葛西城に異変が起こる。当時、太田氏の一族で太田道灌の実子系統である江戸太田氏の太田康資が葛西城の大石氏を攻める際に、本田氏が「忍び」をもって攻略したというものである（「本田家文書」）。本田氏についてては、すでに先行研究で指摘されているように傭兵であることから通常の家臣とは異なり、軍事成果の対価として土地や報奨金が支払われる形がとられていた。その褒賞をめぐってのやり取りが「本田家文書」に残されているので紹介しよう。

【史料二】　北条家朱印状（「本田家文書」）

足立郡において知行の義下さるべき由、御約諾これあるといえども、越谷・舎人下さるとは御書留にこれなく候、しかれば両郷大郷候といえども、重ねて一忠信これいたすについてはすみやかにくださるべく候、涯分身命を惜しまず、走り廻るべきものなり、よってくだんのごとし、

戊（永禄五年）
　八月二十六日　　遠山左衛門　奉
　　本田とのへ

この朱印状は北条氏が本田氏に対して足立郡内の土地については褒賞として与えたが、越谷と舎人の両郷については与える約束はしていない。しかし、（望むならば）これからの働き次第で速やかに与えるとしたものである。これは北条氏から本田氏の活躍に対する褒賞が過小評価されていたことに対して本田氏が追加として「舎人・越谷」を要求したのであろう。「両郷大郷」とあることから、この要求に対して北条氏は、今回の活躍に対する褒賞地としては過分の

地と評価したが、今後の活躍次第で与えるとしているところに北条氏の彼らに対する期待もうかがえる。その引き換えに「身命を惜しまず」働くことが要求されていたのである。

このように、本田氏はある意味特定の武将に従属するのではなく、傭兵としてフリーランスな一面を持っており、褒賞もその都度このような形で交渉することが常であったことが知られる。

松山城の攻防

天文十五年（一五四六）、太田資正は河越合戦の後、同年八月二十八日夜に松山城に忍び入り、北条氏から城を乗っ取ったとされる（「太田資武状」）。前述の葛西城乗っ取りと同様に、資正も夜半の忍び行為によって乗っ取りに成功したのである。資正はその後、上田案独斎朝直を松山城主として入れるが、朝直が北条方へ寝返ったことにより再び北条配下の城となった。この松山城をめぐる太田資正と上田朝直の争いは、その後もたびたび続き、永禄十二年の上杉謙信と北条氏康との和睦「越相一和」の際にも、和議の条件として松山城帰属問題がとりあげられるなど両者にとって重要な案件となっていた。永禄四年十一月、謙信の越山によって再び松山城は太田資正が支配するところとなり、資正は城主に扇谷上杉氏の後裔である上杉憲勝を入れ、これを守らせた。

翌永禄五年十月、北条氏康・武田信玄連合軍が松山城を攻囲した。この松山城攻囲の報せを岩付城に伝えたのが松山と岩付両城にて飼いならされ、双方の城を非常時に行き来できた軍用犬（伝書犬）であったという（「太田資武状」）。

軍用犬の使用とその起源については定かではないが、『太平記』巻二二「畑六郎左衛門が事」の中に、新田義貞の四天王であった武蔵国秩父出身の畑時能が「犬獅子」と呼ばれた軍用犬の案内によって夜討ちを敢行し、城を攻略した記事がみえる。埼玉県立歴史と民俗の博物館所蔵「太平記絵巻」巻七には、犬獅子に案内された畑時能が、矢・弓の

図１　『太平記絵巻』巻第七「畑六郎左衛門が事」（部分）
（埼玉県立歴史と民俗の博物館所蔵）

ほか、まさかりや鳶口などの七つ道具を背負い、怪力の持ち主である家臣の「悪八郎」らを従えて敵の城に忍び入る様子が描かれている（図１）。『太平記』には畑時能による夜討ちにより、多くの城が落とされたことから、敵方の城主によっては畑時能に酒食を送り、「夜討ち」の回避を懇願したことが伝えられている。

この記事から、畑時能が合戦において忍び夜討ちを得意としたこと、またその戦法は、軍用犬と怪力者の三者（二者＋一匹）がチームとなって行動していたことがわかる。戦国時代には集団戦がとかく強調されるが、この『太平記』の記事から少なからず夜討ち戦法が合戦において重要な役割を果たしてきたことがうかがえよう。

四　永禄七年の第二次国府台合戦と永禄八年の第一次関宿合戦

永禄七年の第二次国府台合戦と岩付城乗っ取り

永禄七年（一五六四）の暮れ、北条氏康の配下であった江戸城の太田康資は、北条氏の自分への処遇に対する不満から同族の太田資正を通じて上杉謙信への寝返りを図った。しかし、この情報が北条方に漏出したことから、岩付城の資正のもとへ逃れる。謙信から資正と康資の支援を依頼された里見義弘は、上総国府台（千葉県市川市）にて北条氏との合戦に及ぶ。この戦いは、北条方の勝利に終わり、合戦に参加した資正も危うく討死するところを家臣に救出され、九死に一生を得ている。這うほうの体で岩付城に逃げ帰った資正であったが、ここで北条氏康の娘長林院の婿である長子氏資の謀反により、資正は城から放逐され、二男梶原政景は岩付城に押し込められた。資正はその後、宇都宮城に滞在するが、その宇都宮城に梶原政景も「不思議之子細」をもって岩付城から脱出し、合流したという（「上杉家文書」）。政景の岩付脱出劇について『異本小田原記』には、河名邊与助という人物が岩付城に忍び入り、牢より政景を救出したことが記されている。またこの人物か定かではないが、やはり小田原城へ押し込められていた政景の母（大石石見守妻）を小田原城から救出したのも政景の家臣であったと記されている。このように、敵城に侵入して牢から人質を救出することを得意とした家臣が岩付太田氏に存在していたことは興味深い。

翌永禄八年五月、太田資正は岩付城奪還作戦を夜討ちで敢行する。岩付城内に内通者がおり、手引きするはずであったが内通者に異変が起きたことから直前に失敗してしまう（『長楽寺永禄日記』）。城の乗っ取りに際しては、このように実行以前に手引きをする内通者が敵方の城にいることが前提となっていたようである。今回の乗っ取り失敗は、この内通者が城内で敵方に通じていることが発覚したことによろう。こののち、太田資正父子は忍城に撤退し、その後、常陸の佐竹義重から客将として迎えられた。資正は片野城（茨城県石岡市）、政景は柿岡城（同）に入り、佐竹氏と敵対する小田氏の抑えとして活躍する。

この岩付城をめぐる乗っ取り工作失敗からみえるのは、前述した上原氏の動向と同様に、岩付城内にいたであろう北条方家臣の存在である。彼らは、おそらく氏資と長林院の婚儀が成立した段階で小田原から迎え入れられた家臣であろう。岩付城内では、このように北条方家臣によってクーデターや乗っ取りが実行される一方で、これを未然に防ぐ下地も彼らによってできていたことが想像できる。

永禄八年の第一次関宿合戦における野伏の活躍

永禄七年のクーデターによって、父資正の粛清に成功した氏資は、すぐさま岩付城主交代をアピールすべく岩付領内の支配を開始する。翌八年には、第一次関宿合戦に北条方として出陣するが、簗田氏による野伏の攻撃に遭い敗退している。関宿城の簗田氏は野伏集団を徴用する戦いを展開していた。この野伏についても、詳細は不明なものの特定の武将に属さない傭兵集団であった可能性がある。彼らの実態については、のちに天正年間（一五七三—九二）になって「木間ケ瀬(きまがせ)足軽」として史料に登場するのがそれである。その内容は、足利義氏亡きあと氏姫を支えた足利家奉行人から北条氏照に対して出された天正十一年七月三日付の書状（「喜連川家文書案」二）の中に、木間ケ瀬（千葉県野田市）の足軽が取物を返さないため困っていることが述べられている。ことの背景は、関宿在番衆から命じられた「木間ケ瀬足軽」が足利家奉行人の人馬を取り押さえ、これを返さなかったことが事件に発展したというものである。木間ケ瀬は、関宿城攻撃に際しての氏資進軍ルートにあたっていることから、永禄八年に氏資軍を敗退に追いこんだ野伏こそ、後の「木間ケ瀬足軽」であったと考えられないだろうか。「木間ケ瀬足軽」が簗田軍の中でどのような位置づけにあったか不明な部分も多いが、少なくとも「木間ケ瀬」に足軽集団が存在していたことは注目に値する。

五　天正二年の関宿城・羽生城の攻防と忍び

北条氏の忍び集団風間氏と第三次関宿合戦

反北条の立場をとる簗田氏の関宿城は、先の永禄八年（一五六五）の第一次関宿合戦に続き、永禄十一年の第二次関宿合戦において、隣接する栗橋城（茨城県五霞町）を北条方に奪われたことから落城寸前まで追い込まれた。しかし、北条・上杉両者による軍事同盟「越相一和」の成立により、落城が回避された。ところが、天正二年（一五七四）の第三次関宿合戦においては、「越相一和」以降、佐竹氏を中心に和睦に反対する北関東の諸将が上杉謙信から離反したこともあり、窮地に陥っていた。簗田晴助は上杉謙信に救援を依頼し、謙信は武蔵羽生城まで出陣したが、利根川の増水などで渡河できず撤退する。その渦中、関宿城内では横田孫七郎ら内通者を成敗するなど混迷を極めていた。（天正元年八月十日「簗田持助書状」小田部好伸氏所蔵文書）ここでは、そのような第三次関宿合戦下における忍びの事例をみていこう。

【史料三】　北条家朱印状写（『武州文書』「鴻巣宿百姓三太夫所蔵文書」）

風間在所仰せつけらるる間、すな原にはこれあるまじくおぼしめさるるところ、いまに在宿致し候や、百姓迷惑の段、申すところ余儀なく候間、向後、風間置くこと無用候旨、仰せいださるるものなり、よってくだんのごとし

元亀四年癸酉　十二月十日　評定衆

勘解由左衛門尉

すな原百姓中

康保（石巻）（花押）

この文書は、北条氏の忍者集団である「風間」衆が「すな原」に在宿しており、百姓が迷惑しているとの訴えを聞いた北条氏が評定衆の石巻康保を介して風間の撤退を申付けたものである。宛所の「すな原」の場所は不祥であるが、本文書が鴻巣宿（埼玉県鴻巣市）の開発者である小池氏が所蔵していたことから鴻巣（埼玉県鴻巣市）周辺に比定する説と、風間の在宿を命じた北条家からの文書の宛先が岩付奉行衆宛てであり、関宿合戦に関する動員なので岩付城に近い近世村の「砂原村」（埼玉県越谷市砂原）に比定する説がある。小池氏はもともと岩付城下市宿の住人であった（『新編武蔵風土記稿』岩付）が、天文二十年（一五五一）に近世鴻巣宿の前身である市宿新田の開発を北条氏より命じられ移住している（前掲【史料三】）。なお「すな原」は、永禄四年に内田兵部丞が開発した土地で、太田資正から兵部丞が代官に命じられていることが確認される（「屋代典憲氏所蔵文書之写」）。内田氏は兵部丞の子供と考えられる孫四郎が天正元年十二月に北条氏直より関宿合戦における感状をもらっており、関宿合戦に参加していることがわかるほか、翌天正二年には、「すな原」の所有をめぐって争いがあった際に、結果として先の太田資正からの書状を根拠として内田氏の開発地であることが当時岩付城代であった北条氏繁から認められている。

この文書が出された前年の元亀三年五月七日北条家朱印状写（『新編武蔵風土記稿』多摩郡二十三）には、北条家が岩付衆である岩井・中村・足立・濱野・立川の五名に対して風間を領内の六ヵ村に置くので、彼らに在宿手配と在村における人馬の世話を命じていることがみえる。また風間が「すな原」に在宿していた元亀四年（天正元年）十二月当時は、翌月から北条氏による関宿城攻撃（第三次関宿合戦）が開始されることから、この合戦に動員される風間が当地に派遣されていたと考えられるが、彼らの在宿地が本来は「すな原」とは別の場所であったことが文面から読み取れる。

なお前年の北条家朱印状写には、風間が在宿地で乱暴狼藉を働いた時には当事者である風間に断ること、それでも乱暴狼藉が続く時には書面をもって小田原城の役人へ訴えるべきことが書かれている。よって、当該文書は、百姓が風間に訴えたにもかかわらず乱暴狼藉行為をやめなかったことから、小田原へ直訴し、その裁許がなされたのであろう。風間のアウトローとしての横暴ぶりがうかがえる。いずれにせよ、第三次関宿合戦に忍び集団の風間衆が動員されていたことは間違いない。

その関宿城を攻める北条氏は、利根川を渡河する際の法度を発令している（天正二年五月十七日北条氏朱印状「二見文書」）。注目されるのは、陣中に入るものは町人・百姓であってもノーチェックだが、陣中から出るものは、北条氏が発給する手形を所持していなければ出られないという条項である。これは陣中から離脱する者を抑制することと、陣中に紛れていた諜報者が陣外へ出ることを規制したのであろう。一方で陣中に入る者に対して規制がゆるい点は、商人や百姓に紛れて敵の諜報者が入りやすかったことも示唆している。忍びはこうした盲点をついた行動であったともいえるだろう。

なお、渡河点には船橋が掛けられていた。この関宿における船橋架橋については、その材料となる竹は先の上原氏の所領であった「市郷」から供出されている（「上原文書」）。上原氏は船橋役を勤めていた江戸城代遠山氏の家臣であることから、船橋架橋に際しての実務を担当していたと考えられ、天正二年の第三次関宿合戦における船橋架橋材料も、ここから供出された竹が江戸城まで運ばれていた。

上杉方忍びの活躍

さて、この年の十一月二十七日付上杉謙信書状（「上杉家文書」）には「昨晩関宿より、忍候て越候飛脚」の文言が確認される。これは、関宿救援に向かっていた謙信の陣中に、昨晩関宿から忍びによって飛脚が届いたというものである。先の法度にみるような厳しい関宿城包囲網をかいくぐって届いた飛脚の内容は、弾薬も尽きてもはや落城寸前の関宿城内の窮状であった。なお、前述したように、「忍び」は夜に活動することを常とした。周知のように、上杉謙信の陣中には、「夜わざ鍛錬之者」がおり、関宿城と同じくこの時北条氏の攻撃にさらされていた羽生城の救援策として、彼らが敵船を乗っ取り、兵糧を運ぶための船橋設置工作をおこなったことが伝えられている（「上杉家文書」）。結果は、現地の案内人である「佐藤筑前守」の見込みが甘く失敗に終わり、謙信から佐藤は「ばかもの」と叱責されている。彼らは夜間行動に熟練しているだけでなく、船橋を工作する技術も有していた。このように、特殊工作を得意とする職能集団の存在が合戦において重要な役割を果たしていたのである。

多種多様な職能集団の存在

ここで、もう一つ北条領国における職能集団の事例を紹介しておこう。井草郷（いぐさごう）（埼玉県川島町）は荒川の氾濫原にある地域で、江戸時代には「大囲堤（おおがこいづつみ）」が築堤されるが、それ以前の戦国時代にも、水害に悩まされてきた地域である。その井草郷の領主である道祖土（さいど）家には「道祖土家文書」が残されており、その中には井草郷の百姓が築堤工事や城普請にしばしば駆り出されている文書が散見される。この井草郷の天正六年（一五七八）の検地書出には「堤免」として堤の管理に関する減免分が明記されていることからも当地が水損地域であったことが知られる。堤普請と同様な工法は、城の土塁普請にも共通する土木技術であるので、彼らは堤工事だけでなく岩付や関宿、時には小田原まで城普請に徴用されている（「道祖土家文書」）。

第三次関宿合戦は、最終的に上杉謙信から関宿城を任された佐竹義重が北条氏政と和睦、佐竹軍が撤退したことから天正二年閏十一月十九日に城主簗田晴助・持助父子が開城し、水海城に入った。また、羽生城も謙信の判断によって破却され、ここに謙信の関東侵攻から始まった北条・上杉の攻防は第三次関宿合戦の上杉方の敗北をもって終結をみる。以後、謙信の関東越山は見られなくなり、北関東まで伸長した北条氏の勢力は、その後の織豊政権との対峙を迎えるまで揺るぎないものとなった。

六　商人の活躍

ここでは、岩付城をめぐる上杉・北条の攻防の中でみられた商人の独自な動きについて紹介しておきたい。忍びの中には商人を装い、戦国大名の命令により各地を自由に往来して情報収集するなどしていた忍びの事例が知られている（平山二〇二〇）。岩付城に関するそうした商人の史料について紹介しておこう。

【史料四】　小山田信茂書状写（「御感状之写幷書翰」）

上意より召し上げさすべきかの商人、関東へこれを指し遣わされ候、岩付の柏崎（かしわざき）か鈴木雅楽助（すずきうたのすけ）か、そのほか誰なりとも模様しかるべき者のところへその方所よりねんごろに書中あいしたため、これを差し添え早々に指し越すべく候、少しも疎略あるべからず候、恐々謹言、

八月六日　　（小山田）信茂（花押影）

天原左右衛門尉殿

この書状を出したのは、武田信玄家臣の小山田信茂で、宛所の天原氏は不祥である。内容は上意（信玄）から命じ

られ関東へ派遣すべき商人が関東の誰を窓口に訪ねればよいかを尋ねたものである。その際にまず名前があがったのが、岩付の柏崎と鈴木雅楽助で「模様しかるべき者」とあることからこの案件に精通している者に天原氏が連絡を取るよう命じられている。二人は共に岩付城主北条氏房の家臣で、柏崎は、天正十八年に北条氏房から着到の披見を求められている四郎左衛門と六郎がみえる（『武州文書』「岩槻城下市宿町又二郎所蔵文書」）。また、鈴木雅楽助は百間（もんま）の（埼玉県宮代町）領主で元亀三年（一五七二）正月に騎馬一騎と足軽一人の軍役を北条氏から命じられている（『武州文書』「百間東村百姓治右衛門所蔵文書」）。このように、戦国大名から各地へ派遣される商人は、派遣先の窓口となる関係商人が不可欠であり、彼らのネットワークが形成されていた。

また、戦国大名が抱える御用商人の存在も確認できる。彼らは時によってその身分を確認されることもあったようである。これは岩付領の事例ではないが、長谷部源三郎は永禄八年（一五六五）五月に五疋五駄の荷物を運ぶにあたり、忍城主成田氏長から彼が忍領の甘糟（美里町）の足軽であることの証明書を持たされていた（「町田文書」）。また、源三郎には天正八年（一五八〇）十二月に鉢形城主北条氏邦から鉢形領内の塩荷の荷留めに関する詳細を命じた印判状が発せられている（「長谷部家文書」）。内容から、領内の利根川両岸と神流川東岸は塩荷を押さえるものの、深谷領の一部と成田領との境についてはその必要がないことが命じられている。当時、北条氏は武田勝頼（たけだかつより）と上野国新田表で合戦に及んでいたことから、その最前線となる利根川・神流（かんな）川周辺における武田側の兵糧輸送を押さえる必要があったのだろう。その際に、この地域の商人であった長谷部氏に塩荷留めの印判状が発給されたこと自体は至極当然のことである。注目したいのは北条氏と同盟関係にある深谷上杉領の一部や成田氏の忍領との境目地域においては、塩荷の通行が許可されていることである。その背景には、彼ら領主と北条氏との政治的関係もさることながら、長谷部氏が足軽身分でありながら、塩荷を扱う商人であり、鉢形領に隣接する深谷領や忍領双方を自由に往来できる立場にあったことを意味している。先にみたように、長谷部氏は氏邦だけでなく成田氏や深谷上杉氏の御用商人として活動していた可能性も否定できない。

なお、成田氏は長谷部氏のほかに長野氏という御用商人を抱えていた。長野氏はその出自が伊勢商人であり、熊谷宿において木綿や高麗物の店を開く一方で、伊勢連歌師とも交流を持ち、しばしば成田氏の依頼で伊勢に下向していたことが確認される（「長野家文書」）。長野氏もまた、商人ネットワークに拠るさまざまな情報収集を各地でおこなっていたのだろう。

七　天正十八年の岩付城の攻防

大構と城内の状況

岩付城は、太田氏資死去後、北条氏政の直轄支配時代を経て、天正十年（一五八二）以降、氏政の二男である源五郎が一時、岩付太田氏の名跡を継ぐが、早世した。その後、弟の氏房が兄に代わって城主となり、天正十三年前後から直接支配を開始する（図2「北条氏略系図」）。

天正十四年、豊臣秀吉によるたびたびの上洛命令を無視してきた北条氏政・氏直父子だが、徳川家康の仲介もあり、この年に氏規（うじのり）が上洛し情勢が落ち着いていた。しかし、豊臣勢と直接対決することを想定した軍備が進められ、岩付城ではこの頃から城下まですっぽりと土塁で囲む「大構」を構築し、小田原城と同様の総構えの構造をもって対豊臣戦に臨んでいた（図3）。さらに、氏房は大構の完成後、家臣に対して毎年のように兵糧を大構内に納入させるとともに、家族の大構内への移住を命じている（「道祖土家文書」）。城塞都市の完成である。家臣や家臣の家族までをも守る

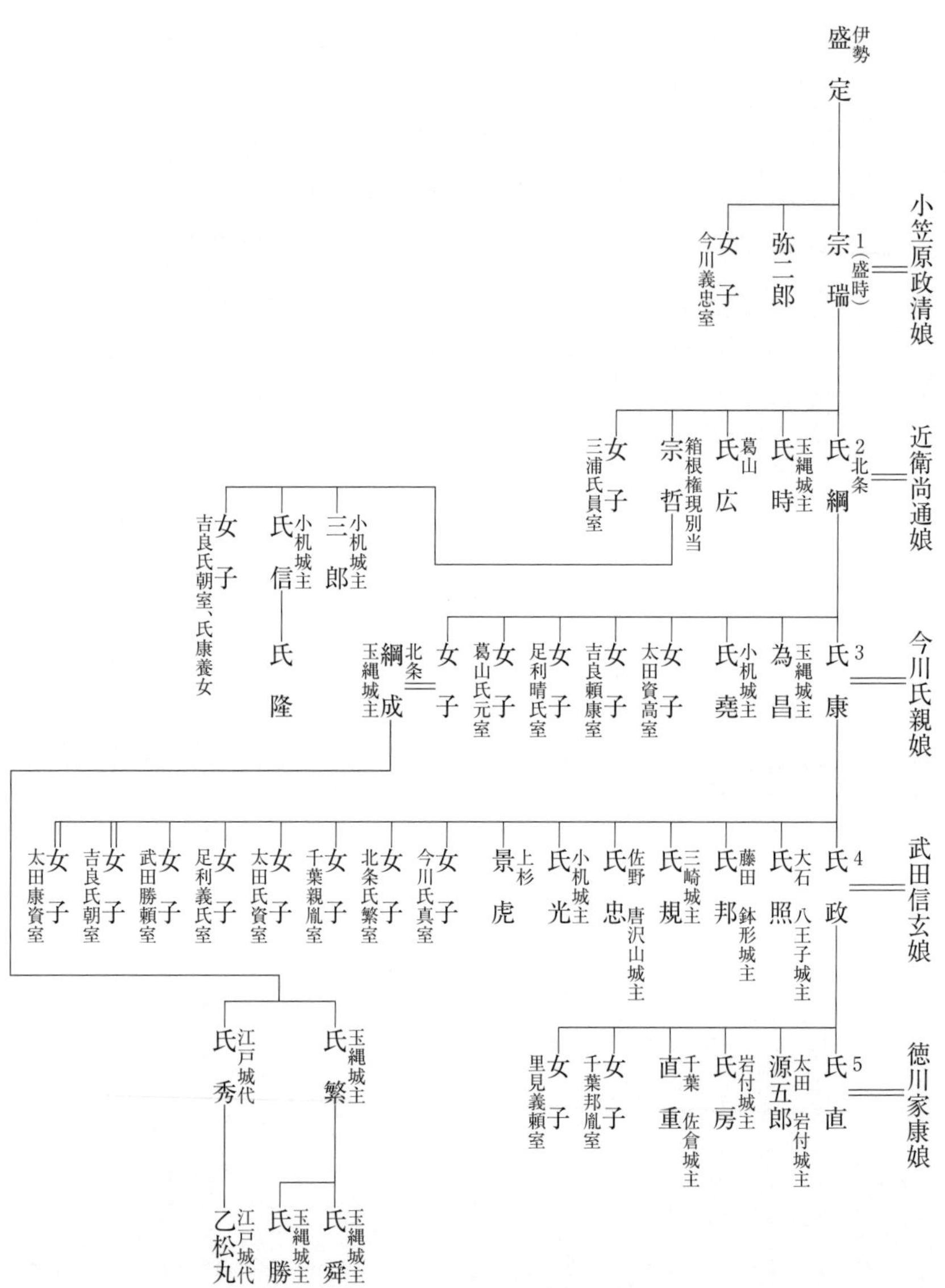

図2　北条氏略系図
（黒田 2013 より作成）

図3　岩付城の大構（トレース図）と大構上に建つ愛宕神社
（『岩槻城と城下町』〈2005、岩槻市教育委員会〉より作成）

戦国大名としての面目躍如だが、「大構」が敵に破られた際には市街戦となり、多くの犠牲者が出る結果にもつながった。

実際、天正十八年五月二十日に浅野長吉軍らによる岩付城総攻撃が始まり、同二十二日に開城した際には、城内の兵は大半が討死し、残っているのは町人・百姓・城主や家臣らの妻子だけだった（「諸将感状下知并諸士状写」）。

伊達城と岩付城代伊達房実

豊臣軍による岩付城攻撃の際、小田原在城の北条氏房に代わって岩付城の陣頭指揮を執っていたのは城代の岩付奉行伊達房実であった。房実は落城の前年天正十七年三月に天台宗の古刹慈恩寺に南蛮鉄燈籠を「万民豊楽」の願いをこめて寄進している。しかし、その願いはかなわず翌年に岩付城は落城した。

なお、大構の外側には岩付城の出城ともいえる城が点在している。その中の一つ「伊達城」（大和田陣屋・さいたま市見沼区）からは、加工された石礫が出土している。この城の位置づけは難しいが、鉄砲の玉薬や他の武器以外に非戦闘員である百姓でも扱える石礫が出土していることから、藤木久志氏がかつて提唱した「村の城」である可能性も考えられる（藤木一九九七）。そうした点からみても、岩付城の攻防は領民たちをも巻き込む「総力戦」であったことが想像できよう。

八　忍びの多様性

以上、岩付城をめぐる上杉・北条の戦いを中心に、この間の双方の忍びの動きに関わるような史料を中心に紹介を試みた。忍びの存在形態は実に多様であり、風間のように集団で行動する者たちもいれば、上原氏や本田氏のように特定の家臣が忍び行為を実行することがたびたびみられた。戦場における諜報や攪乱行為は、これまでも忍びの常套手段として紹介されてきたところだが、河越合戦のような雌雄を決する一戦においては、こと重要な役割を果たしていたことがわかる。また、関係史料を確認していく中で、忍びが「足軽」や「商人」身分として徴用されていたことが多くの史料にみることができた。こと商人の場合、複数の主人に仕えることもあったようである。

このほか、注目しておきたいのは北条配下の風間衆のような忍者集団に属さない、村の職能集団の存在である。合戦にあたり、船橋を架橋したり、城の普請を実施するために、特定の技能集団の存在が必要とされていた。北条氏や上杉氏はそうした特定のスキルを持った百姓たちを現地へ派遣することで、効率的な戦いを進めていったのである。

なお、今回とりあげなかったが戦場や家臣間で語られる「流言」や「諌言（かんげん）」も諜報戦において多くの役割を果たしてきたといえる。内部から上下の信頼関係を崩し戦意を喪失させる行為こそ、忍びに通じる最も初歩的な行為だったのではあるまいか。そのたびに、戦国大名は粛清を繰り返したのである。

「忍び」は文字通り表に出ず、裏で隠密行動を取ることにより城の「乗っ取り」行為をおこなうことや、その者たちを指す言葉としてとらえられてきたが、これは近世以降の平和な時代に美化されてきた側面もあるだろう。いずれにせよ、歴史の表舞台に登場しない多くの人たちによって歴史が造られてきたことを考えれば、彼らもまたその一つのパーツに過ぎなかったのである。

〈参考文献〉

足立区立郷土博物館　二〇一九『戦国足立の三国志　宮城氏・舎人氏・武蔵千葉氏』展図録

新井浩文　二〇一一『関東の戦国期領主と流通—岩付・幸手・関宿』岩田書院

新井浩文　二〇一九「織豊政権と太田三楽斎父子—発給・受給文書の検討を中心に—」（橋詰茂編『戦国・近世前期　西と東の地域社会』岩田書院）

黒田基樹編　二〇一三『北条氏年表　宗瑞・氏綱・氏康・氏政・氏直』高志書院

平山　優　二〇二〇『戦国の忍び』角川新書

平山　優　二〇二一「氏康の軍事政策」（黒田基樹編『北条氏康とその時代』戎光祥出版）

藤木久志　一九九七『戦国の村を行く』朝日選書

山田雄司　二〇一六『忍者の歴史』角川選書

横浜市歴史博物館　二〇一九『道灌以後の戦国争乱』展図録

コラム 1

岩付城の忍器「石製平つぶて」の復元

木村　希

◆メールから始まった青石との対峙

突然届いた一通のメール。「ＮＨＫ歴史探偵」と書かれたそのメールは「石製平つぶて」の復元製作を依頼するものだった。自分の仕事は石材加工であり、墓石や記念碑等の製作や施工を主とする。「石製平つぶて」の製作は人生初の挑戦だった。

今回復元製作することになった岩槻城跡などから出土した「石製平つぶて」は、通称「秩父青石」と呼ばれる石を加工して作られた板碑を転用して作られている。この「秩父青石」（緑泥石片岩）は火成岩に比べると耐久性が弱く、今の石工が石材として扱う事は少ないため、加工方法に不安があった。さらに現在は採取不可であるため、石材をどうするのかという問題があった。

◆石材調達と伝統的な加工方法への回帰

そこで材質のよく似ている「阿波青石」を使うことにした。緑泥石片岩である徳島県産「阿波青石」（徳島県阿波市・名西郡石井町で産出。関東山地から四国山地に続く広域変成帯の三波川変成帯に属するため、秩父

産緑泥石片岩に非常に近い性質を持つ）は造園用飛石等としての利用が多い石材である。出土した「石製平つぶて」は五〜六チセンの正六角形で厚みが一チセン程度との事だったので、石を薄くしてから六角形に成形していこうと考えた。

はじめに図１のように横方向に筋が見えるが、この石目に細平ノミを入れて薄く剥がしてみることにした。現在の石工の手加工道具の刃先には、タングステン合金のタンガロイと呼ばれる超硬チップが付いていて、鋭く石が削れるようになっている。この道具を使ったところ、緑泥石片岩は花崗岩に比べると柔らかく非常に脆い性質を持っているため、鋭さ故に石に食い込みすぎて、細かく砕けていってしまった。そこで道具も当時のものに合わせようと考えた。石工の世界では昭和三十年代にこの超硬チップが出るまで鉄製の鑿（のみ）を使っていた。板碑が作られた時代にも鉄製の道具を使用していたと思われる。そこで、鉄製の細ノミでやってみると、超硬チップに比べ切れ味が悪い分だけ、逆にしっかりと石目に食い込んで入っていき大きく割ることに成功した。

◆復元製作の実際

次に正六角形への成形である。型紙を大小作り、石の大きさに合わせて型紙を変えて墨出しをする。五〜六チセン程度の大きさであるため、左手で鑿を持ちつつ石を押さえながら成形していった。鑿での製作では一個作るの

図１　徳島県産「阿波青石」

に一〇分～一五分を要した。敵に攻め込まれるかもしれないという時に、この成形方法を使っていてはどう考えても間に合うはずもない。緊急に一定数が必要だった戦時下の生産体制は再現できない。その時に戦国の忍びと忍器を調査している岩田明広氏から提案されたのが、鉄平石を加工する時の加工方法だった。

鉄平石は現在では少なくなったが、日本建築で住宅の幅木や床仕上げ等によく使われた石材である。実はこの板碑に使われた秩父青石も以前は「秩父鉄平」と呼ばれ造園資材等でも使われていた。この鉄平石の加工には墨出し後、石の下に「受け」と呼ばれる小さな石頭を入れ、鉄平トンカチ（目切り）で払い落として成形する方法をとる。この方法なら作業場にある道具でできるはずだと古い道具箱などを探した。「石製平つぶて」の大きさから考えて、石の下に入れる受けには鋼材を使い、左手でしっかり持って

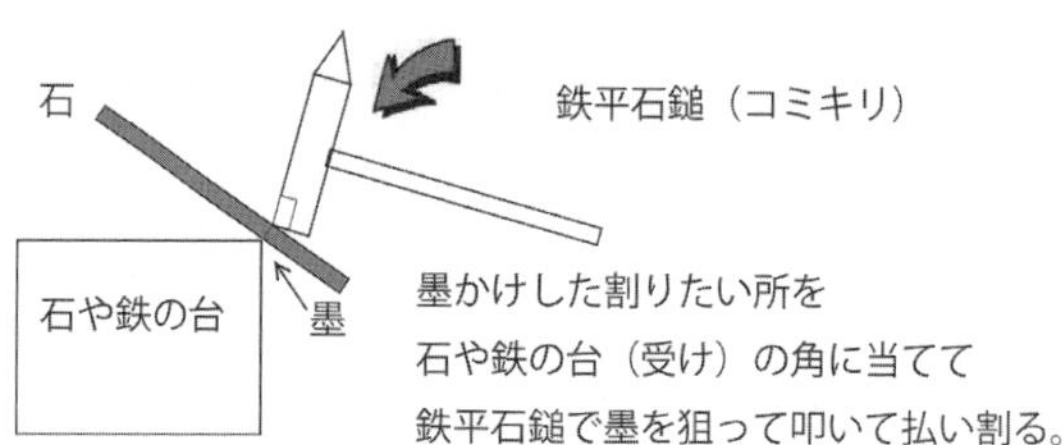

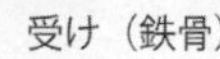
受け（鉄骨）

鉄平石鎚

図2　石割方法

押さえることにした。墨出しした部分を鉄平トンカチで払い落とす方法をとった（図2参照）。これが正解だった。「歴史探偵」ロケ本番の時には鏨の方法よりもはるかに早く三〇秒弱で完成することができた。変成の目がキツイ場合は、払い落とす時に真ん中から割れてしまう物もあったが、かなり容易にハイペースで作ることが可能だった。

◆戦時対応としての生産体制を思う

「石製平つぶて」の復元製作方法は再現することができたが、戦時下という緊急時に限られた時間で一定数を生産するための人材確保という問題がある。つまり必要な量を短時間で大量生産できるだけの石工がいたのかという問題である。

後日入手した秩父青石でも復元製作をおこなったところ、今回復元に使用した徳島県産の阿波青石に比べると、秩父青石の方が変成のクセが少なく製作しやすいように感じた。変成が強くなければ薄く、六角形に成形するにももっと容易なはずなので、石材加工に詳しくない大工にもできたのではないかと考える。釘を打ったりする金槌と今回使用した鉄平トンカチは重量、大きさはほぼ変わらないし、石工と大工は結構共通する部分の多い職種でもある。石工は板碑を投げやすい薄さに割るという作業に徹して、六角形の成形は大工に任せれば、量産も可能だったのではないだろうか。

◆石製平つぶての用途を思う

鉄製の手裏剣のように殺傷能力はないと思うが、あくまでも石である。薄く六角形にしたものに指をか

け、縦方向に回転をかけて相手に投げたのであれば、一瞬でも相手の戦意を削ぐぐらいのことはできたと考える。当り方によってはそれなりの戦果を上げることもできたのではないか。

今回は石工として貴重な体験をさせていただき、感謝している。

図３　作業風景

第三章　八王子城跡の発掘調査と天正十八年小田原攻めでの忍びの痕跡

村山　修

一　北条氏照と二つの城

北条氏照の滝山城と八王子城

土玉が出土した八王子城は、東京都西部に位置する八王子市の西側、関東山地から派生する標高四六〇メートルの深沢山とその一帯に築かれた山城である。城主は小田原城を拠点とした小田原北条氏三代目、北条氏康の三男北条氏照である。氏照は、北条氏の多摩地域と埼玉県南西部（入間市・所沢市など）の進出にあたり、この地域を支配していた大石氏の養子となった。永禄二年（一五五九）に領内の神社の禰宜職を安堵した印判状が、氏照の発給文書の初見とされ、このころから多摩地域の支配を開始したといわれている。氏照の拠点とした最初の場所は諸説あり、同市北東部に位置する滝山城を拠点とするまでの、数年間はわかってはいない。永禄十年九月に宮寺郷（埼玉県入間市）で検地がおこなわれ、新規に打ち出された年貢を滝山の蔵に納入することを代官に指示した文書が残されており、この頃までに滝山城を拠点としていたことは確実である。

永禄十一年、織田信長により、桶狭間で今川義元が討ち取られ、急激に弱体化した今川氏に対し、相模の北条、甲州の武田、駿河の今川の三者同盟を結んでいたが、武田氏は同盟を破棄し駿河に侵攻した。北条氏は今川氏を助けるため、兵を駿河に送り、武田氏と敵対関係となった。翌永禄十二年、武田信玄は敵対関係となった北条氏を攻撃するため、碓氷峠を越えて北条氏の拠点を攻撃しながら、小田原城まで侵攻した。この途中、氏照の居城の滝山城にも攻撃をおこなった。武田氏は、本隊とは別に、小山田信茂の別働隊が甲斐から「こぼとけ峠」（小仏峠）を越えて侵攻させた。小山田隊が本隊との合流を防ぐために、氏照家臣の布施や横地などを甲斐との国境近く「廿里」（八王子市廿里町）に出陣させたが、小山田隊に敗北し、本隊との合流を許してしまった。この当時、甲斐から武蔵国多摩方面に通じる経路は主に二つあり、上野原（山梨県上野原市）から和田峠を通り、恩方（八王子市上恩方町）に入るルート、塩山（山梨県甲州市）から小河内（東京都奥多摩町）、檜原村（東京都檜原村）を通るルートであった。当時の経路から考えると、小仏峠を越えてきた小山田隊は予想外のルートから侵攻したため、氏照はうまく対応ができなかったのであろう。武田氏は滝山城攻撃を短期で切り上げ、すぐに相模方面に軍を進め、小田原城への侵攻を開始した。この攻撃は、敵地を占領することを目的とするよりも、北条氏に武田氏の力を示すために起こした行動と考えられている。

武田氏の攻撃によって判明したことは、滝山城が甲斐との国境からやや離れており、甲斐から侵攻してきた敵に対する対応が遅れてしまうことであった。また、丘陵尾根上に築かれた滝山城は、高低差が少なく、曲輪同士が弓矢の攻撃を防ぐための距離しかない構造となっている。曲輪同士が近いと、弓矢より射程距離が長い火縄銃の攻撃に弱いということが判明した。これらのことが、滝山城から新しい拠点となる八王子城に、移転したといわれている。

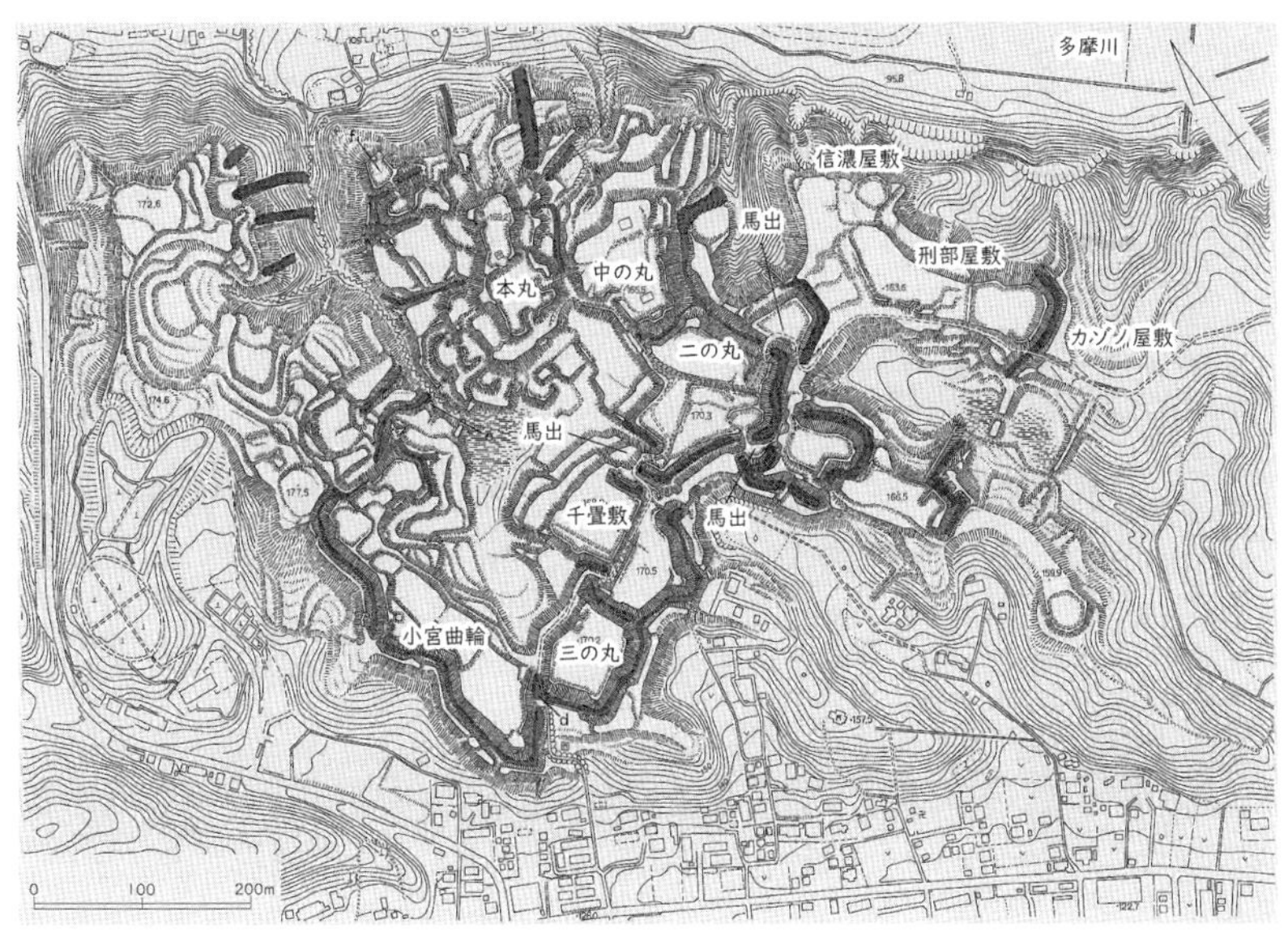

図1　滝山城跡縄張図
（『東京都の中世城館』2006より転載）

滝山城とは

滝山城は、北側を多摩川、南側を多摩川支流である谷地川にはさまれた加住北丘陵を利用した平山城で、大永元年（一五二一）に大石定重によって築城されたといわれている（図1）。築城から氏照が使用するまでの間のことは、史料が残されておらず、わかってはいない。滝山城の大きな特徴として、東西方向から大きな谷戸が丘陵に入み、多摩川によって浸食された北側の崖を防御の一端として利用するとともに、大小の曲輪と堀をたくみに配置し、防御を高めている。主要な曲輪の入口には、虎口や馬出、堀、土橋などを配し、侵入者が簡単に曲輪内に入れないような構造となっている。現在も堀や土塁、土橋の跡などが残されており、当時の姿をしのぶことができる。

滝山城の曲輪の名称は、慶安元年（一六四八）に描かれた縄張図がもととなっており、標高一六九メートルの丘陵尾根上に本丸が配置され、その東側に堀をはさんで中の丸（縄張図では千畳敷（せんじょうじき））、中の丸の東側に二の丸と信濃屋敷、刑部（ぎょうぶ）屋敷、カゾノ屋敷と呼ばれる伝家臣団曲輪、二の丸の南側に千畳敷、三の丸、小宮曲輪が配されている。これらの曲輪の外側には堀があり、曲輪に近づけないようになっている。城に入り込む谷の底は、土塁を築いて谷に流れ込む水を溜め、敵の侵入を阻む構造となっている。

永禄十二年の武田軍との戦いについて、この時、同盟を結んでいた越後上杉輝虎（うえすぎてるとら）の家臣山吉豊守（やまよしとよもり）と河田重親（かわだしげちか）に、氏照は武田氏との戦いの状況を報告している。この中で、武田軍は弱敵なので、城下の「宿三口」から兵を出し迎撃しており、この「宿三口」は滝山城の入口にあたると考えられる。滝山城南側に「横山」「八日市」「八幡」という地名があり、これらが「宿」の地名であると考えられている。この地名のうち、「八日市」は三斎市に関わる地名と関係が深いことから、滝山城下に「市」が立つ町場が形成されていたと考えられている。この三つの地名は、八王子城東部にもあり、滝山城から八王子城に移転する際に、そこに住む人々も移されマチが作られたと考えられている。八王子城落城後、徳川家康（とくがわいえやす）が関東に入り、大久保長安によって八王子の新しい町造りをおこなった際にも、これらの地名は使われている。

滝山城跡の発掘調査

これまでに滝山城の発掘調査は、本丸虎口、本丸近くの曲輪、中の丸、千畳敷などでおこなわれている。これらは、施設改修のための事前調査が多く、大規模な調査はおこなわれていないものの、平成八年（一九九六）度におこなわれた本丸虎口の調査では、石畳通路と通路脇の側溝、門の一部と思われる柱穴などがみつかった（図2）。石畳通路は、滝山城北側に流れている多摩川の河原で採れる二〇から四〇センチ大の角が取れた砂岩を敷いている。通路は階段状となっており、一段の段差は一〇から二〇センチで石の長辺を使って石を立てるように段差を作りだしている。側溝も石を

図２　滝山城跡本丸虎口発掘調査風景
（八王子市教育委員会提供）

使って作られているが、通路の石より小型の一〇から二〇センチ大の石を使用している。通路は側溝に向かって緩やかに傾斜しており、通路上に水がたまらないようになっている。通路を囲うように土塁が築かれているが、土塁の表面に、石がみつかっていないことから、この虎口には、石積みや石垣などは用いられていない。戦国時代の遺物は、常滑（とこなめ）系の甕（かめ）と思われる破片などがわずかに出土している。この他、石畳通路途中で通路をふさぐような状態で、二〇〇〇個という大小の石が投げ込まれた状態で出土している。

本丸虎口以外では、中の丸で土間状の遺構や平坦地を作り出すために黒土と粘土に近いロームを交互に突き固めた版築状の盛土などが確認されている。遺物は、調査面積が少ないこともありわずかで、瀬戸・美濃系の碗や常滑系の甕、在地の土師質土器（はじしつどき）の皿などが出土している。焼き物類の他には、鉛製の火縄銃の弾、土玉が各一点出土している（図3）。土玉は、直径二三ミリで、良好に焼かれ、表面は明褐色で一部黒くなっているところがみられ

図3　滝山城跡出土土玉
（八王子市教育委員会提供）

る。この土玉には突起を付けた跡がみられない。

滝山城は八王子城へ移転していることから、その後も利用できるものは、八王子城に持っていった可能性がある。このため発掘調査をおこなっても、遺物の出土は少ない。滝山城で出土した土玉は、何らかの事情により、残ったものと考えられる。

二　八王子城跡の発掘調査

八王子城跡とは

八王子城築城の時期については、明確にはわかっていない。天正十年（一五八二）二月に氏照家臣の大石筑前守、横地与三郎、間宮若狭守に対し、城普請の督励をした文書が残されている。この普請の城の名前が文書には記されていないので、はっきりといえないが、これが八王子城の普請ではないかといわれている。それから五年後の天正十五年三月十三日、氏照に属した常陸国の国衆、岡見宗治は、下総国下妻城主多賀谷重経から侵攻を受けた。この際、氏照に救援を求めたが、八王子城にいる氏照家臣の狩野宗円（一庵）は自分で判断することができないので、小田原にいる氏照に伝えるという文書が残されている。このことから、この年の三月までには、氏照の居城が滝山城から移転していたことがいえる。

八王子城は深沢山頂上部に本丸が築かれ、それを中心とした大小の曲輪群が「要害地区」、要害地区の東側、山裾に築かれた城主の御主殿があった曲輪とその周辺の曲輪群が「居館地区」、居館地区東側、家臣屋敷があったといわれる

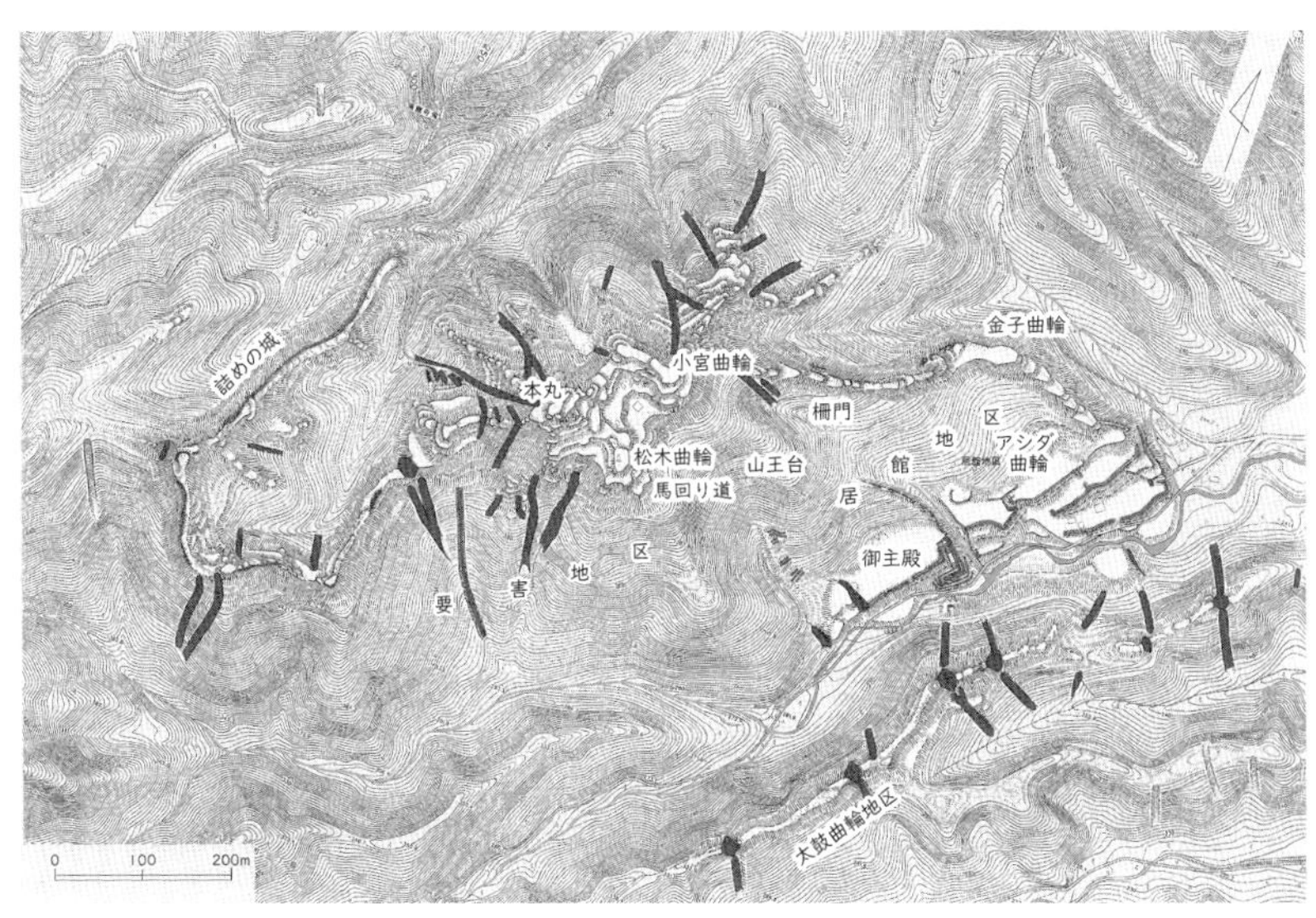

図4　八王子城縄張図
（『東京都の中世城館』2006より転載）

地区が「根小屋（ねごや）地区」、居館地区、根小屋地区の南側にある丘陵尾根上に設けられた曲輪や堀切などがある地区が「太鼓曲輪地区」、太鼓曲輪がある丘陵の東端裾部に設けられた曲輪群が「御霊谷地区」に大別される（図4）。さらに御霊谷地区の東側に、滝山城から移転したマチと考えられる「八日市」「横山」「八幡」の地名が残される。このマチと考えられる場所で、道路拡幅や宅地造成などの目的で、発掘調査がおこなわれており、建物跡、道路跡、溝状遺構、土坑などが検出され、中国から輸入された青花皿、青磁碗、瀬戸・美濃系の皿、碗、常滑系の甕、在地の土師質土器の皿、火鉢、銭貨、小札などが出土した。これら遺物の出土は、マチがあったことの裏づけになる。

八王子城主要部は、山頂にある本丸を中心とした要害地区と、山裾部に政務や外交使節の饗応の場となった御主殿がある居館地区に分かれていることが、大きな特徴といえる。そして、地区ごとの拠点となる曲輪には、関東では珍しい石垣が用いられている。この石垣は、八王子城がある山で産出する砂岩で造られている。石の積み方は、野面積みで、約八〇度という急傾斜で石を積み上げている。急傾斜で積み上げているため、江戸時代の石垣のように高く積み上げることはされておらず、二から三メートルの高さで石を積んだら、五〇から一〇〇センチ後に下がって再び石垣を積むという方法を取っている。この方法で積んだ石垣は、近くでみると階段状になっているが、遠くからみると、目の錯覚を利用し、一段の石垣のようにみえるような構造となっている。

滝山城は曲輪や堀、土橋、馬出など、丘陵に堆積している関東ローム層を削ったり、その土を利用して盛ったりして造られている。まさに、土の「城」である。とくに関東ローム層は固く、粘土質で水分を含むと滑りやすい土で、堀や曲輪の斜面では敵が滑って登りにくい素材である。八王子城では、曲輪を囲う滝山城のような堀はみられず、山の高低差を利用した曲輪配置の城造りに変化している。また、関東では数少ない石垣を取り入れて、城主氏照の立場を示すような存在となっている。

八王子城の戦い

小田原北条氏と戦いになった豊臣秀吉(とよとみひでよし)は、天正十八年（一五九〇）三月一日京都をたち、関東に進軍を開始した。加賀の前田利家(まえだとしいえ)・越後の上杉景勝(うえすぎかげかつ)は別働隊として、北条氏が支配している北部から攻撃をおこない、小田原を目指す形で軍を進めた。前田・上杉などの別働隊は、上野や武蔵の城を開城し、五月なかばには、岩付(いわつき)（埼玉県さいたま市）、鉢形(はちがた)（同寄居町）、八王子、忍(おし)（同行田市）、津久井(つくい)（神奈川県相模原市）の五城を残すのみとなった。岩付城は豊臣軍の浅野長吉(あさのながよし)の攻撃により、五月二十二日に開城、氏照の弟北条氏邦が守る鉢形城は六月十四日に開城した。この段階で、残る城は八王子、忍、津久井となった。鉢形城を落とした前田・上杉軍は八王子に軍を進め、六月二十三日、八王子城の攻撃が開始された。前田利家や上杉景勝は鉢形城攻略に時間をかけすぎたこと、北条氏の守る城が少なくなってきたことから、秀吉は八王子城に対し、守備する兵を助けない力攻めを命じていた。この命令を受けた前田・上杉軍の攻撃は激しく、前田軍は一日で三千余の首を討ち取ったと記録されている。しかし、その代償は大きく、前田利家の息子利長（としなが）の配下は半分近くが負傷、戦死した。前田軍の目付（めつけ）として戦いに参加した滝川忠征（たきがわただゆき）も、塀を乗り越えようとしているところを、城の守備兵に指物（さしもの）を取られそうになり、これを防いで傷を負っている。この他、江戸時代に前田家の家臣たちによって書かれた戦功覚書にも、戦いによる負傷の記録や戦いの様相が鮮明に残されている。同史料によると、戦いは大手口の正面から攻める者もいたが、塀に取りつき、乗り越える者が多くいた。ところが、障害物を越えることは、鉄砲や鑓の攻撃などを受けるというリスクを負うものでもあった。もし秀吉が力攻めを命じていなければ、時間をかけて包囲し、兵の負傷を回避した戦いを、おこなっていたものと考えられる。

前田・上杉軍の被害を恐れない猛攻は、守る側も耐え切れず、一日で落城することとなった。落城の知らせは小田原城で籠城している北条氏に伝わり、かなりの動揺があったことと思われる。七月五日、北条氏直（うじなお）は降伏を申し出て、翌日には、豊臣軍の小田原城の接収がおこなわれた。この戦いの責任者として、北条氏政（うじまさ）・氏照・大道寺政繁（だいどうじまさしげ）・松田（まつだ）憲秀（のりひで）の四人が秀吉から切腹を命じられ、氏政・氏照は七月十一日に小田原城下の医者田村安栖軒（たむらあんせいけん）の屋敷で切腹した。

八王子城跡御主殿の発掘調査

八王子城跡に初めて発掘調査の手が入るのは、昭和三十三年（一九五八）のことである。要害地区の本丸北側の小宮曲輪と本丸東側の松木（まつき）曲輪にはさまれた腰曲輪で、後藤守一・奥田直栄両氏によっておこなわれた。この時、約四〇平方メートルの面積を調査し、遺構は検出されなかったが、約六〇〇点余の遺物が出土した。この内、四分の三は戦国時代には日本で生産されていなかった青花皿、青花碗、白磁皿など舶載磁器であった。注目される遺物として、明（中国）

時代、景徳鎮で焼かれた魚（海獣）が口を開けた注ぎ口に、魚の尻尾が描かれた取手をもつ水注がある。船載磁器の水注は、力や富を表す威信財の一つでもあるので、北条氏内部における氏照の権力の大きさを示す発見となった。

昭和五十二年から六十一年の十年間で、八王子市教育委員会による根小屋地区と御霊谷地区を対象にした、遺構の確認調査がおこなわれた。この調査で根小屋地区からは、柱を地面に埋めた構造の掘立柱建物跡、地面に古代の住居跡のように掘りくぼめた竪穴状遺構、井戸跡、集石状遺構、道路状遺構などが検出された。道路状遺構では、硬化面と道路の両脇に土留状の石およびその脇に石積遺構がみつかった。遺物は、明（中国）から輸入された青花皿、青磁皿、白磁坏、瀬戸・美濃系の陶器皿、碗、擂鉢、瓶子、常滑系の甕、在地の土師質土器の皿、釘、銭貨、銅製の鉄砲弾、分銅、懸仏、石臼などで要害地区とは異なり、多種多様な遺物が出土している。根小屋地区では、この他、鍛冶関係の遺物として坩堝、陶器を転用している取鍋、羽口、鉄滓などが出土し、根小屋地区で鍛冶をおこなっていたことが確認された。

昭和六十一年からは、御主殿内部への調査が開始した（図5）。まずは、御主殿の入口部と考えられる東側から手をつけられることとなった。調査前は樹木が生い茂り、スロープ状になっており、入口部とは思えないような状況であった。調査により、石敷きの階段、階段の両脇に排水用の水路と石垣などがみつかり、ここが御主殿の虎口であることが確認された。虎口は、下から階段六段、下の踊場、階段十三段、上の踊場、階段七段という構造で、階段の幅は四・七から五メートル、奥行一メートル、一段の高さは三〇センチとしっかりとした造りの階段である。この階段は復元され、現在通行することができる（図6）。現代の我々が登ってもかなり苦労する階段で、甲冑を着用した武将が階段を駆け抜けることは、容易ではなかったであろうことが想像できる。また、階段の段差が高いため、太股が地面とほぼ水平になるくらい、脚が高くあがり、脚を守る草摺がはだけ、太股が露出し、脚を攻撃しやすくなっている。下の踊場は幅五メートル、奥行

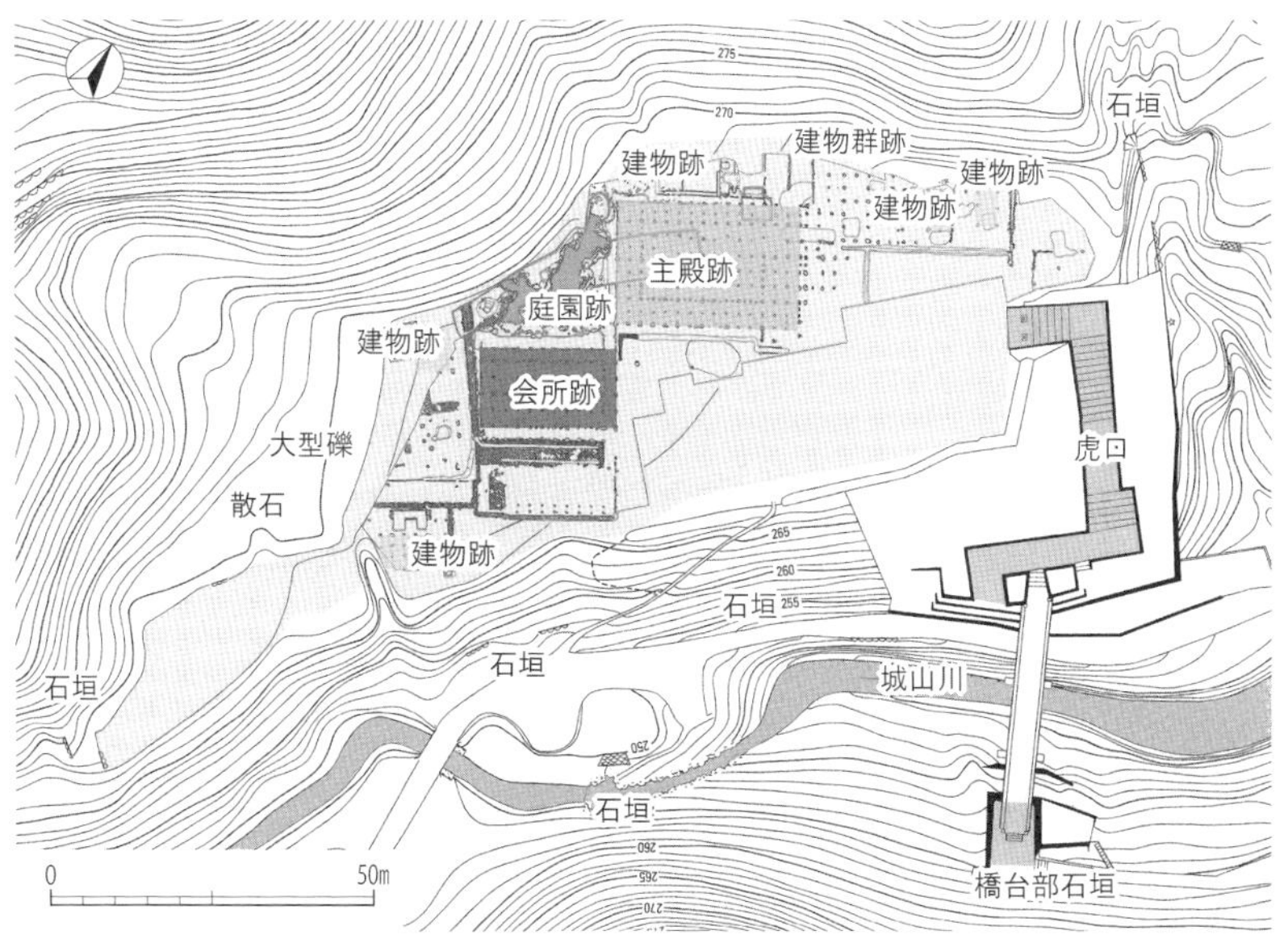

図５　八王子城跡御主殿遺構配置図

（八王子市教育委員会提供）

図６　八王子城跡御主殿虎口

（八王子市教育委員会提供）

一一メートルの規模で、壁沿いに四ヵ所の礎石があり、門と思われる構造物があったことがわかっている。

遺物は舶載磁器、常滑系の甕、石臼、土玉、鋳型などが出土した。土玉は、根小屋地区では出土しておらず、御主殿虎口でみつかる「稀有な遺物」として、用途がわからないまま報告された。

平成四（一九九二）・五、二十五年度に、御主殿内部の調査がおこなわれ、二棟の礎石を有した大型建物跡、建物跡の周りには、屋根から落ちる雨水を受けるための石敷の水路、池泉とその周囲に鑑賞用の石などを配置した庭園跡などの遺構が確認された。二棟の大型建物跡は、建物の配置、規模、御主殿という場所から、政務をおこなった主殿、外交使節を饗応する会所であったと考えられ、御主殿と呼ばれるにふさわしい遺構であることが確認された。また、遺物も大半が破片となっていたが、約七万点という数の陶磁器片や金属製品、石製品、土製品などが出土し、当時の暮らしぶりや戦いなどがわかる資料となった。とりわけ、会所があった建物跡内で破片が出土したベネチア産レースガラス器は、戦国時代の城では八王子城跡しか出土しておらず、北条氏および氏照の文化に対する造詣や氏照の北条氏内の立場を考える上での、貴重な発見となった。しかし、このレースガラス器が、どのような経緯で、八王子城に持ち込まれたかはわかっていない。

三　忍びの痕跡

土玉の発見と土玉とは

土玉とは、粘土を丸めて焼いたものの呼称である。しかし、後で述べるように、単純に丸めて、焼いて作られてはいない。土玉が発見されてから今日まで、用途や呼び名など曖昧なままであった。ここでもう一度、土玉が確認され

図7　複数式の鋳型
（八王子市教育委員会提供）

た経緯とともに土玉の呼称について述べておこう。

土玉は、昭和三十三年（一九五八）、要害地区を調査した奥田直栄氏が、郷土史家である小松茂盛氏が御主殿で採集した「土製の球」として紹介している（奥田一九五八）。奥田はこの球を土球、土弾、土製の鉄砲弾と複数の名称で呼んでいる。奥田氏は、土製の球を、長久手古戦場から出土する瀬戸の窯で焼かれた「陶丸」と似ていることから、鉄砲弾として使われたとしつつ、別の可能性として、弾弓の弾であることも指摘している。その後、昭和四十年、元八王子中学校や郷土史家の小松敏盛氏が採集した遺物を、多摩考古学研究会が「土弾」として紹介している（多摩考古学研究会一九六五）。他に土玉と大きさが合う土製の型があり、土玉を制作する時の型として扱われている（図7）。この型は、金属を流し込む口や型の内側部分が熱によって変色していることから、現在は大筒の弾を作る鋳型であることが確認されている。昭和五十九年、小松敏盛氏により、「外に機雷の如き三本の突起のある物」、「菱形の物」を採集したと報告している（小松一九八四）。三本の突起とあるが報告されている写真には二本の突起しかない。

この時もやはり土玉は、鉄砲弾の代用とされ、土玉の大きさにばらつきがあるのは、弾を撃った際のゴミが銃身に溜まるので、ゴミを掃除できない間は、弾の大きさを撃つ際に徐々に小さくして撃つことから、さまざまな大きさがあると説明している。この時「菱形の物」や「機雷状の物」については、使用方法については、とくに触れていない。

昭和六十一年度から始まった調査は、御主殿虎口の発見、御主殿内部の大型建物跡、大量の遺物や日本では初めて戦国時代の城から出土したレースガラス器など、これまでにない八王子城跡の発見となり、用途がはっきりとしない「稀有な遺物」の土玉は、注目されずにいた。

このように土玉の用途は、鉄砲弾の代用品、または弾弓の弾というように、敵を攻撃する武器として考えられていた。名称も鉄砲弾の代用品という考えから、「土弾」「土製弾」「土製の鉄砲弾」、土製の丸い玉という見た目から「土球」「土玉」「焼玉」など、さまざまな名称で呼ばれていた。

埼玉県立嵐山史跡の博物館でおこなわれた展示「実相忍びの者」の関連事業として、博物館セミナー「戦国時代の忍びを考える―武蔵国での戦いをめぐって―」で土玉に関する講演をおこなった際、たくさんの名称があり、不便であることから、形と材質、用途などを考慮して「土玉」（つちだま）と呼ぶこととした。

土玉の種類や出土状況

昭和六十一年からおこなった御主殿と虎口の調査で、土玉は一六三個体、平成二十五年（二〇〇三）度の調査で二個体、合計一六五個体の土玉が出土した。それ以降おこなった御主殿西側部の発掘調査では、出土していない。

土玉は大きさで分類すると、九から二二ミリの小型、二五から三三ミリの中型、三四から四六ミリの大型と三区分に分けることができる。出土品を三区分でみると、小型が九点、中型が一四七点、大型が九点と圧倒的に中型の土玉が多い。

図8　さまざまな大きさの土玉
（八王子市教育委員会提供）

出土場所でみてみると、虎口で六九点、虎口周辺部で二六点、合計九五点と虎口とその周辺でまとまって出土している。次に多いのが、主殿で一六個体、虎口近くの溝状遺構で一〇個体と、やはり、虎口とその周辺に近い遺構からの出土が認められる。調査によって出土した土玉は、丸形のものと、中型の丸形の中央部に二×五ミリの長方形の穴が貫通している土玉が一点という、基本は丸形の形状である。後に突起状の土玉を一点確認した。経緯は後述。

令和二年、埼玉県立嵐山史跡の博物館で戦国時代の忍びの痕跡を調査するということで、展示を担当した岩田明広氏が、八王子市郷土資料館で収蔵している小松氏など市民から寄贈された表面採集の土玉の調査をおこなった。この時に、「菱形の物」や「機雷状の物」を確認し、丸形以外の土玉があることがわかった。まさに昭和五十九年以来、再び日の目を浴びることとなった。この時は、「菱形の物」「機雷状の物」と突起がすべて取れて、丸形になった「機雷状の物」一点、丸形に穴が貫通しているもの二点の合計五点が確認された（図8）。後日、八王子市郷土資料館の職員が、表面採集品を再観察したところ、機雷状の突起が取れて丸形になったものがもう一点あることを確認した。これを受けて発掘調

図9　さまざまな種類の土玉
（八王子市教育委員会提供）

査品も観察をおこなったところ、「機雷状の物」すべて突起が取れた土玉が一点あることがわかった（図9）。これにより、土玉にバリエーションがあることが確認され、鉄砲弾の替わりの可能性がある「稀有な遺物」として用途のはっきりしない遺物から、用途がわかる遺物に変化するものとなった。

土玉の形状は、発掘調査品と表面採集品を合わせてみると四タイプあることがわかった。発掘調査品も表面採集品もほとんどが丸形の形状である。他の形状の土玉は、丸形をベースにして作られている。丸形以外の形状について説明する。

丸形以外に多いタイプとして、丸形に突起を四つ貼り付けたものになる。突起が残されている土玉は一点しかないが、突起が取れてしまったものとあわせて観察すると、土玉の本体に突起を付ける場所をへこませている（図10）。四ヵ所すべてへこませているものと、二ないしは三ヵ所へこませて、残りは本体にそのまま貼り付けているものがある。本体をへこませず、そのまま貼り付けたものは、突起が付いていた個所がわかりづらくなっている。貼り付けた突起と母体の接続部分は、撫でたり、ほかの粘土を貼り付けたりして、とくに突起がとれないような補強した様子はみられない。どちらかというとわざと突起が取れてしまうような構造となっている。今後、名称がないと不便であるため、これを「突起付土玉」とする。ほかの特殊な形の土玉も説明とともに名称を付けることとする。

次に多く出土しているタイプとして、丸形の中央部に二×五から八ミリの長方形の穴があいている土玉である。古代の首飾りに使用される土製の丸玉は、ひもを通す穴は丸く加工されており、長方形の遺物はない。このことから、穴あき土玉は、首飾りのようなひもを通す穴ではなく、板状のものを、両脇に差して使用した土玉と考えられる。名称を「穿孔（せんこう）土玉」とする。

最後のタイプは、丸形の土玉を成形中に角を作り出し、菱の実に似せたような三角錐状の形を作り出している。丸形を基本としているので、きれいな三角錐とはならず、丸みをもっており、地面にピッタリと接地しない。このため突起を貼り付けた土玉とは異なり、上に向く角がグラグラ揺れて収まりの悪い状態になっている。一点しか出土していないため、この形が主流なのか、イレギュラーなのか、今の段階ではわからない。名称を「菱の実状土玉」とする。

図10　突起の痕跡がある土玉
（八王子市教育委員会提供）

土玉の大きさは、突起付土玉は玉の部分が小型、穿孔土玉は小型と中型、菱の実状の土玉は中型で、すべて大型のものはみられず、特殊な土玉は、中型以下のものである。とりわけ、突起付土玉は、今のところ小型のものしか確認されていない。

土玉に使われている粘土には、やや砂粒質のものと緻密のもの二種類が確認される。中型の形は、緻密の粘土、小型と大型の形と特殊な三種類の土玉は、やや砂粒質な粘土が用いられており、大きさや形状によって粘土を使い分けていることがわかる。

図11　土玉の断面
（八王子市教育委員会提供）

表面の色は、黒色ないしは灰色の須恵器に近い色と、褐色ないしは赤褐色の土師器に近い色、または両方の色が半々くらいの割合になっているものがある。小型と大型は土師器系、中型は須恵器系と半々くらいの色になっている。表面の色は熱を加えて処理することによって変えることができ、本焼きのほかに、もう一度焼を入れる処理をおこなっている。割れている土玉の断面をみると、表面と中央部の色が異なった色になっている（図11）。中型のものは、表面に光沢を持ち、滑らかに処理されたものが多い。

土玉の形状、大きさ、色、粘土の質、制作方法などの考察から、土製品を加工する技術を持っている職人、土玉を焼くための窯や道具、土玉の材料となる粘土が揃っていないと土玉は制作できないといえる。これらを揃えることができる人を考えると、八王子城のある多摩地域ないしは、氏照領内の土師質土器製品を生産した職人といえるだろう。もちろん、道具と材料と制作するための指導者がいれば、制作過程の途中、例えば粘土を丸めて表面を磨くなどの作業は、職人以外の人が関与することも可能であるが、あまりこの方法は効率的とはいえない。このように土玉は、土玉を観察し、材料や製法などを考えると、土玉は複数の工程を経て、作られていることがわかる。

土玉の役割

土玉の使用方法は、長らく鉄砲弾のかわりといわれてきた。しかし、「企画展　実相忍びの者」の展示担当者である岩田氏による「菱の実状土玉」「突起付土玉」の発見により、特殊な形の土玉は、「土製撒玉（まきだま）」であるということが示された。「撒菱（まきびし）」については岩田氏の論考で示されているので、ここでは八王子城での使用方法について論じていきたいと思う。

八王子城の土玉は、先述したように虎口ないしはその周辺で出土し、表面採集品も御主殿や御主殿東南部（虎口辺りになる）で採集された記録が残されており、土玉は虎口で使用されたということがいえる。鉄砲弾のかわりとして使用されたものということで考えると、発射された弾が虎口に残っていたといえなくはない。しかし、御主殿で出土した北条軍のものと思われる銅製・鉄製の鉄砲弾が主殿・会所の建物跡や御主殿内の鍛冶がおこなわれたと考えられている場所で多く出土しているが、虎口ではほとんど出土していない（三浦・村山二〇一九）。また、前田軍側の戦功覚書によると、八王子城内では城方が鉄砲を使用し、前田軍の武将が負傷している。しかし、御主殿以外の場所では、鉄砲弾は出土しているが、土玉が出土していないことから、土玉が金属製の弾のかわりに使っていた可能性は低い。これらのことから、岩田氏が述べているように、鉄砲弾のかわりに使われた可能性は低いと考えられる。

では、土玉が本当に「撒菱」として、使用できたのかを考えてみたい。幸い、ＮＨＫが制作した「歴史探偵」という番組の中で実験をおこなうことができた。実験では「丸形土玉」「菱の実状土玉」「突起付土玉」のレプリカを作成し、御主殿虎口に撒き、甲冑を着用した特定非営利活動法人八王子城跡三ッ鱗会の会員が歩行した。安全のため地下（じか）足袋（たび）の上に草鞋（わらじ）を履くという形でおこなったが、戦国時代は、裸足や草鞋を履いて戦場に赴いた。実験結果は、虎口の階段は、もともと段差が高く登りにくい構造であるが、「撒菱」があると、滑りやすく、足元が不安定になることで、さらに登りにくくなり、階段を駆け上がるスピードが遅くなることがわかった。また、草鞋の網目の隙間に「菱の実状土玉」や「突起付土玉」の突起が刺さり、歩きにくくさせるという効果もみられた。実際に裸足の人であったら、足の裏に突起が刺さり、突起が取れやすく作られているため、突起だけ足の裏に残るという事態が想定される。突起が足の裏に刺さったまま歩いて、痛みを我慢するか、その場で突起を抜く作業をおこなうという、地味ではあるが足止めをさせるという効果は得られる。足止めされた寄手は、御主殿守備からの鉄砲や矢、飛礫などの攻撃対象となっただろう。

御主殿虎口の敷石や石垣は、八王子城がある山で採れる石を用いて作られている。この石は灰色であるため、須恵状の土玉は、色がうまく保護色となっており、兜を着用し狭くなった視野から、「撒菱」が撒かれていることに気が付くのは、困難であったと思われる。まして夜討ち、朝駆けなどの薄暗い時の攻撃時に保護色で見づらくなった「撒菱」は、足止めの効果があったと思われる。

ところでなぜ土玉が、御主殿虎口にまかれたのだろうか。石敷階段という地面が固い構造であるということに理由がある。土の通路や階段の場合、土玉を踏んだ時に地面にめりこんでしまう可能性がある。丸い形のものは転がらないし、突起の土玉は足の裏に刺さらない可能性があり、足止めの効果は薄れてしまう。城の構造や土玉の効果をよく知っていた人物が、土玉の製造に関与し、実戦で使用したと思われる。

土玉は北条氏照軍の中で、いつから使っていたのだろうか。滝山城の出土遺物の中に丸形の土玉があることから、八王子城に移転する天正十五年（一五八七）以前に土玉は制作され、戦いに備えて準備されていたことがわかる。滝山城でも、本丸虎口は石畳通路となっており、河原石の石を敷いている。このように石を敷いた固い地面があるから、土玉が用意されていた。我々がイメージしている足止めの時に使用する鉄製の撒菱ではなく、土製の撒菱が作られ、使用されていたのである。

滝山城や八王子城は、実際に戦いがおこなわれた城である。とくに八王子城は戦い後、再び城として使われず、現代まで開発されないでいた城である。そのため、戦国時代の遺構や遺物が良好に残されている城である。今回のように戦いの様子も、遺物からみることができる城でもある。土玉という特殊な遺物も、現代に残され、我々に戦国時代の「撒菱」があったことを伝えたのである。

〈参考文献〉

浅倉直美編　二〇二一『北条氏照』戎光祥出版
岩田明広　二〇二二「戦国の忍器を追う―忍器認定過程と忍器からみた忍びの正体―」（『埼玉県立史跡の博物館紀要』第一五号　埼玉県立さきたま史跡の博物館・埼玉県立嵐山史跡の博物館）
奥田直栄　一九五八「八王子城調査概報」（『武蔵野』第二三八号　武蔵野文化協会）
黒田基樹　二〇一三『北条氏年表』高志書院
小松敏盛　一九八四「八王子城の土弾」（『八王子城山』創刊号　八王子城山会）
埼玉県立嵐山史跡の博物館　二〇二一『企画展示図録　実相忍びの者』
多摩考古学研究会　一九六五「八王子城出土遺物紹介」（『多摩考古』第七号　多摩考古学研究会）
東京都教育委員会編　二〇一三『東京都の中世城館』戎光祥出版（初出二〇〇六　東京都教育委員会東京都教育庁生涯学習スポーツ部計画課）
西ヶ谷恭弘　一九九五「戦国城郭にみる忍者に関する考察」（『城郭史研究』十五号　日本城郭史学会）
西ヶ谷恭弘・西ヶ谷美恵子　二〇〇二「城石段の構造と構成」（『城郭史研究』二十二号　日本城郭史学会）
八王子市市史編集委員会編　二〇一四『新八王子市史　資料編2　中世』八王子市
八王子市市史編集委員会編　二〇一六『新八王子市史　通史編2　中世』八王子市
八王子市郷土資料館　二〇二〇『八王子城』八王子市教育委員会
三浦麻衣子・村山修　二〇一九「八王子城出土の鉄砲弾について」（『武田氏研究』第六十号　武田氏研究会）

コラム 2

「土製まきびし」の再現に関わって

嶋田英也

◆八王子粘土の特徴

八王子は平安時代、須恵器(すえき)や瓦(かわら)を焼く窯業地(ようぎょうち)だった。八王子みなみ野周辺では、狭いエリアで八〇基以上の当時の窯跡(かまあと)が発掘されている。信楽(しがらき)などに比べると貧弱な粘土の堆積量だが、それでも窯業地を構えるには当時としては充分な量の良質な粘土が掘れたようだ。

八王子粘土の多くは堆積層が薄く、川砂利や砂が混じる。昔の川が蛇行していた頃にできた三日月湖のような所に短期間だけ堆積した土砂に起因していると思われる。

八王子粘土はそれだけでの作陶は非常に難しく、慣れたベテランでないと作陶中や乾燥中によく壊れる（図1参照）。しかし逆に面白い点は、砂が多く含まれていることと、富士山起源の

図1　割れやすい八王子粘土

火山灰の影響が多い点だ。また特異なのは通常の市販粘土に比べ、野焼きが容易な点だ。筆者は八王子粘土で野焼き（耐火レンガで河原でバーベキューをするような簡易の囲い窯と送風機を使った楽焼に近い焼成）をよくおこなう。焼き方もヤンチャで市販粘土だと即爆発を起こすような過激な焼き方である。常温の器を焼成開始三〇～四五分程度で一三〇〇度以上まで温度を上げ、焼成開始から四〇～六〇分程度で本焼成を終える。こういう強行な焼成に八王子粘土は耐えてくれるだけでなく、非常に面白い焼き上がりの肌を持った器に焼き上がってくれる。

普段から八王子粘土を使い、その性質を知っていたために、「歴史探偵」での「陶製まきびし」再現の話が舞い込んできた。

◆出土した「土製まきびし」の下見から

土製まきびしの再現にあたり、八王子市教育委員会で実物を拝見した。その特徴と感想をあげておく。

① トゲのある「まきびし」はほんの数点しかなく、ほとんどが球体の「まき玉」であった。

② 断面を見るに竈などで煮炊きのついでに焼成したものではなく、ちゃんと窯で焼成をおこなっている。これは球の直径が三チセン程度のものの断面でもしっかりと作品中央まで色の変色がなく、窯の熱が中心まで充分届いていることを意味している。野焼きではこうはなりにくい。

③ トゲが取れた部分の接着痕から、トゲ接着方法が判明した。今のわれわれなら接着面に傷をつけて粘土の泥（ドベ）を塗って圧着するが、そういう行為はおこなわれていない。軽く接着箇所に水を付けて軽い回転をかけ圧着した程度と思われる。

④　色が明るいもの（土の地の色）と、黒いもの（燻煙処理されたもの）とがあること。これは焼成終了段階でどのように徐冷させるかの方法（具体的には窯の蓋の閉じ方など）で調整可能。

再現焼成の撮影まで日が少なく、出土品に近い色（鉄分の少ない土）の八王子粘土を用意できなかったことは悔いが残る。

◆作陶実験開始

まきびしの形自体は簡単なのだが、八王子粘土の特性上、ただの球状の団子を作っても乾燥時にヒビ割れが生じやすい（図2）。ヒビ割れが発生しないよう、一個分の粘土を団子状にする前によく練って土を締める必要がある。当時の作陶の際も陶工が「一個分の土をその都度よく練ってから作るように」と実演指導すれば、作陶自体は子供でも可能だと思われる。トゲのあるものの接着も、陶工の指導があれば誰でもおこなえる。実際今回の「まきびし」作陶はＮＨＫ番組スタッフや岩田明広氏らも参加されて作陶されたものである。

一番手間だったのは乾燥である。急いで乾燥すると割れるのでゆっくり乾かす管理が必要だ。

図2　作陶後に割れが生じやすい

◆当時の窯を再現して焼成へ

焼成に際して窯は、岩田氏の監修により中世から近世の素焼き窯の資料などにもとづいて、耐火レンガで当時に近い窯を再現した（図3）。素焼き窯は完全地上型なので遺構としての証拠がなく、推測によることにはなるが、基本的な構造は海外でも日本でも窯の進化は大差なく、おおむね再現した窯で問題ないはずである。

焼成を開始する時の一番の難所が「あぶり」という常温から二〇〇度程度までに作品をゆっくり温める工程で、これを甘くみると爆発してしまう。小さな焚火をして熾火（おきび）を作り、熾火を窯の底部に少しずつ入れて窯と作品の温度をゆっくり丁寧に上げていく。八王子粘土の作品は前述のとおり、少々温度を上げても持ちこたえる能力があるが、限度はある。ゆっくり温度を上げ、頃合いを見計らって細目の薪を窯底部に投入していく。窯底部の焼成室と作品の間には陶製のロストルという網状のもの物を置き、作品はロストル上に置いた（図4）。

ロストルと燃焼室の高さ

図3　当時と近い窯を再現

図4　ロストルに置かれた「まきびし」

の調整は、陶工の長年の経験が物を言うので、当時の「まきびし」も焼成は必ずプロの陶工が窯でおこなったと思われる。出土品の断面がそれを物語っている。

徐々に温度を上げ、一一〇〇度程度の温度になったら試しに一個窯出しして割ってみる。断面を見て出土品同等の焼きが入っていれば焼成終了である（図5）。この時に黒く仕上げたい場合は、燃焼室に薪を少し投入し、窯を完全に塞いで作品を燻炭状態に持っていく。トゲのある「まきびし」は暗い室内に撒くことを想定してか、黒っぽくなった出土品が多かったので、この処理がおこなわれたのであろう。

球体の「まき玉」は逆にこの作業をおこなわず、酸化状態に近づける努力をして窯を閉じるのだが、窯の形状から還元が掛かりやすいので、案外これが難しい。初回の焼成では作品を黒くしすぎてしまい納得いかなかったので、後日二度目の焼成をおこなった。酸化状態に近づけて窯を閉じ、狙った土色の焼成ができた。

図5　割って焼き上がり具合を確認

一度目の焼成時間は「あぶり」を慎重におこなったので、窯を閉じるまでの所要時間はおおむね八時間、二度目の焼成は八王子粘土の能力を信じ、あぶり短めで五時間程度でおこなった。

◆土製まきびし」の使用実験

焼いた「まきびし・まき玉」を「歴史探偵」のロケで石畳階段に撒いて使ってみた。ただの球体の「まき玉」でも思っていた以上に〝兵器として敵の足を一瞬止める能力〟は持っているのだと実感できた（図6）。テレビ番組では球体の「まき玉」の方が出土数が多いことにはあまり触れられていなかったが、一瞬敵の動きが止まったり転倒すれば、矢や鉄砲で仕留めやすいとのこと。作陶に関しては、トゲ付きの「まきびし」を作るのは手間で、これ一個作る間に、「まき玉」五〜一〇個は作れてしまう。数が必要ならわざわざトゲ付きのものを増やすことはしないのだろうとも思えた。

◆陶芸家の眼でみた焼成実験

「薪窯でも小型の窯で須恵器程度の焼成温度なら、そんなに煙が出ない」ことは発見だった。陶芸家にとって薪窯での火遊びは醍醐味の一つだ。本来薪窯は相当量の黒煙が出るので我が家ではおこなえないと思って諦めていた。今回の土製まきびし実験は、薪のみでの焼成で温度は一一〇〇度程度。今後、古代の須恵器等の再現にも利用できそうだ。

図6　実証実験の様子

第四章　天正十八年八王子城の戦いと忍び

柳沢　誠

一　八王子城

北条氏領国の要

八王子城は、現在の東京都八王子市元八王子町三丁目と下恩方町にある深沢山とその麓に築かれた山城で、小田原北条氏の支城であった。小田原北条氏三代当主北条氏康の三男で、滝山城（八王子市丹木町・高月町）を居城としていた北条氏照が築城し、天正十五年（一五八七）までに居城を移した（第Ⅱ部第三章参照）。城名は築城以前から深沢山にまつられていた八王子権現にちなむと伝わっているが、東京都あきる野市大悲願寺の過去帳には天正六年のこととして「神護地城筑始　当国（武蔵国）油井領神護地山において三月比より新城筑き始む」という記述がある。「神護地」は「神護寺」の当て字で、八王子城を含む城下一帯を地元では「ジゴジ」といい、かつては現在の八王子市元八王子町一丁目から三丁目周辺を指す呼称として通用していた。十四世紀初めに当所周辺の庵で書写された聖教の奥書に「慈根寺」と書かれていることから、この寺の名が地名として定着したと考えられる。

地名「八王子」の史料上の確実な初見は永禄十二年（一五六九）と推定される五月八日付北条氏康書状に記された「八王子筋」である（『武州文書』「都筑郡吉田村武左衛門所蔵文書」）。八王子城築城以前の天正六年二月十日付北条氏照制札（「高尾山薬王院文書」）には「八王寺〔子〕御根小屋に候の間」と記され、「根小屋」という砦や家臣屋敷などの施設があったことがわかる。「八王子筋」は、関東山地の東の縁にあたり、上野国から武蔵国北部を抜け相模国に至る山の根の道（山の辺の道）といわれる鎌倉道のひとつが通っていた。また甲斐武田氏の領国から近く、武田氏が天正十年三月に滅亡した後は織田氏や豊臣氏との勢力圏に近接していたので、北条氏領国の重要拠点であった。

北条氏照一代の城

八王子城築城に関わる確実な史料は残されていないが、城郭の構造や曲輪の配置に関する計画は城主北条氏照ただ一人の構想が反映されているといえる。氏照より前に城主は存在せず、落城後に大幅な改修工事の手が入った痕跡もほぼない。しかしながら天正十八年六月二十三日、豊臣方の前田利家・上杉景勝軍が攻撃した際、城主氏照は小田原城に籠城していたため、城主不在のまま落城した。

落城後、八王子城とその周辺には豊臣方軍勢が半年程度駐屯し、北条氏に替わって徳川家康が関東に入府した後、徳川氏に仕えた武田氏旧臣たちが城下周辺に駐留し治安維持・国境警備に従事した。しかし城が本格的に再利用されることはなかったので、落城の痕跡をとどめたまま江戸時代を経て近代に至った。長い年月の間に多くの遺物や遺構は土に埋もれたが、一九九〇年代以降におこなわれた大規模な発掘調査で七万点を超え中国製陶磁器の破片をはじめとする大量の遺物、石敷きの階段をもつ虎口などの遺構が見つかり、戦国時代の城郭研究や小田原北条氏の研究にとって貴重な情報を提供してくれている。これ以前から、歴史愛好家や郷土史家が表土から採集した遺物の存在が知られており、八王子市に寄贈された収集品も数多くある。

八王子城の戦いに忍びはいたか

最近それらの遺物の中に撒菱(まきびし)のかたちをした土玉(つちだま)があることがわかり、また長らく土弾とみなされてきた土玉が実は撒玉(まきだま)ではないかと指摘されるようになった（第Ⅱ部第一章参照）。撒菱型土玉は八王子城跡御主殿虎口(ごしゅでんこぐち)で採集されたということがわかっている（第Ⅱ部第三章参照）。撒菱や撒玉は敵の足をくい止めるために使う忍器としても知られているが、そのような道具を城方(しろがた)（籠城兵）が使ったとしたら、どのような人が考えられるのだろうか。また、それらを作ったのは誰だったのか。そこに忍びの者といえるような人が関わった可能性があるのだろうか。本書でもとりあげられているとおり、小田原北条氏は軍事行動に忍び集団を動員している。軍記によれば、北条氏照の家臣にも横江(よこえ)忠兵衛(ちゅうべえ)と大橋山城守(おおはしやましろのかみ)という「忍びの上手」がいて、永禄七年（一五六四）の国府台合戦で敵陣の様子を探り報告したという（『小田原記』第二「高野台合戦之事」）。これまでに、八王子城の戦いに関する文献資料で忍びがいたという記述はみつかっていない。本章では八王子城攻防戦の実態を探りつつ、この戦いに忍びの者が存在した余地があるかどうかを見極めることにしたい。

二　北国勢と八王子城の兵力

豊臣方北国勢

天正十八年（一五九〇）二月、徳川家康が率いる豊臣軍の先発隊が出陣、豊臣秀吉(ひでよし)は三月一日に京都を出発した。豊臣軍は二十九日に山中城（静岡県三島市）を落とし、四月初めに箱根を突破、小田原城の包囲体制を整えていった。

豊臣方は東海道を東進した本隊とは別に、加賀の前田利家を総大将、越後の上杉景勝と信濃の真田昌幸らを先手とする北国勢が北条氏領国の北部にあたる上野国に迫っていた。天正十七年十一月の陣立書（「伊達文書」）によれば、前田軍一万八〇〇〇、上杉軍一万、真田軍三〇〇〇、信濃の依田康国軍が四〇〇〇とある。総勢三万五〇〇〇の北国勢は、天正十八年三月二十八日に松井田城（群馬県安中市）への攻撃を開始し、四月二十日に開城、守将の大道寺政繁が投降した。四月二十二日、前田利家は戦況報告のため、いったん小田原城包囲中の秀吉の本陣に赴いている。この後、上野国・武蔵国の北条方諸城が開城していく（図1）。

秀吉、助命を認めず

五月二十二日には豊臣方本隊から派遣された浅野長吉（長政）軍が岩付城（埼玉県さいたま市）を開城させた（「浅野文書」）。六月初めに北国勢は浅野軍とともに鉢形城（埼玉県寄居町）を攻撃し、十四日に開城、城主北条氏邦が降伏している。鉢形城開城前の六月上旬、豊臣秀吉は、北条氏邦が要請した北条方諸城の籠城者助命要請に対し、これを認めない姿勢を表明した（「筑紫文書」ほか）。秀吉はこれ以前の五月下旬から浅野らに鉢形城攻めを催促していたが、ほかの城を攻めたため叱責している（「浅野文書」）。一方、この間北国勢に動きが見えないことから、五月下旬から六月初めにかけて氏邦側との交渉に応じていた可能性が指摘されている（『小田原市史』通史編原始 古代 中世）。

鉢形城が開城した六月十四日以前に秀吉から助命を認めない姿勢が示された中で、北国勢は八王子城へと進軍していった。開城させた城の守備や分遣のため再編制があったと考えられ、また真田軍が忍城攻撃に回ったので、八王子城に向かった北国勢の正確な数を知ることは難しいが、投降した北条方の将兵や小田原の秀吉の本陣からの分遣隊を

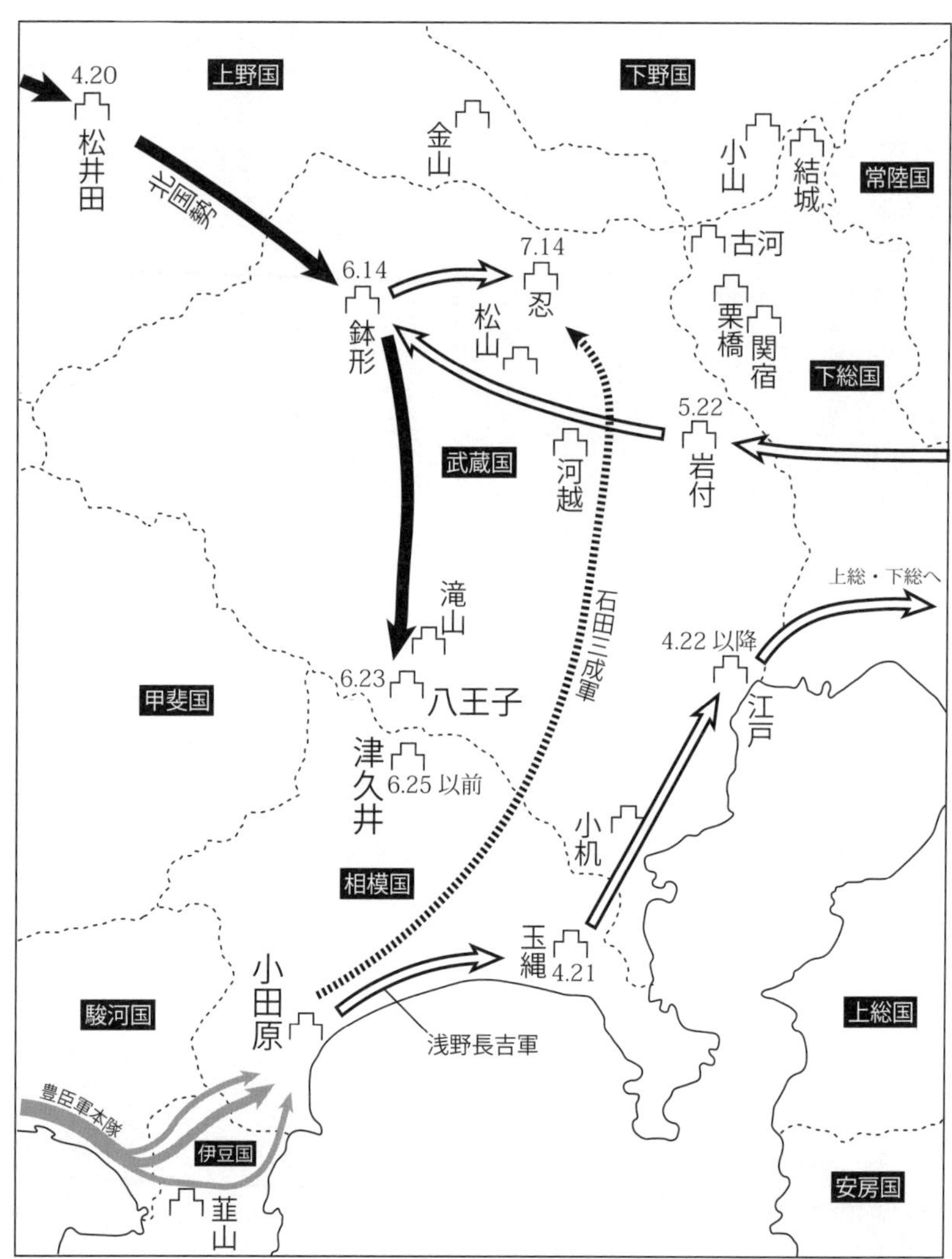

図１　豊臣方軍勢の進攻経路
（筆者作成。数字は開城・落城の日付）

合わせ、少なくとも三万以上の軍勢であったと推測される。

籠城した人数・討ち取られた人数

豊臣方は事前に北条氏の兵力を調査しており、八王子城主北条氏照の兵力を四五〇〇騎と見積もっている（「毛利家文書」）。『太閤記』は小田原籠城戦で氏照が率いたのは三五〇〇余と記す。「騎」は歩兵を含めた総数とみて、四五〇〇から三五〇〇引いた一〇〇〇（人）が八王子城の籠城兵力と推定する見解がある（『新八王子市史』通史編2中世）。

八王子城の戦いを報じた豊臣方部将の書状に、討ち取られた城方の数が記されている場合がある。徳川家康の家臣榊原康政は八王子城攻めに参陣していないので伝聞となるが「千人討取り候」（「松平義行所蔵文書」）、同じく八王子城攻めに参加していない浅野長吉は「城内の者一人も残さず切り捨てられ候事」（「伊東文書」）と記していて、食い違いがある。榊原の一〇〇〇という数字は切りがよすぎるように思われるし、浅野は籠城兵の殲滅を強調している。実際に城を攻め戦場にあった前田利家の子利長は「首数三千余取らせ候」と利家の家臣有賀有賀斎に書き送っている（『北徵遺文』三）。有賀斎の子秦六は利長に仕え城攻めに加わっていた。全軍の総大将であった豊臣秀吉は六月二十八日付で加藤清正に送った朱印状に「大将分十人、そのほか弐千余これを討ち捕る。討ち捨て・追い討ち等その数を知れず候。妻子・足弱迄も悉く御成敗を加えられ候」と記している（「東京国立博物館所蔵文書」）。

城攻めの現場にいたか、いなかったかにかかわらず、いずれも自軍や自らの戦功を伝えようとしたため誇張を含んでいると考えられ、討ち取ったといわれる数から八王子城に籠城した兵力の詳細を割り出すのは難しい。戦場にいた利長が記す数が最も多いのは、前田軍の馬廻衆に多く戦死者が出たことと関係があるのかもしれない。城方で討ち取られた数が三〇〇〇人はあまりにも多く、一〇〇〇人以上という数字も確証を得ない。検討の余地はあるものの、前

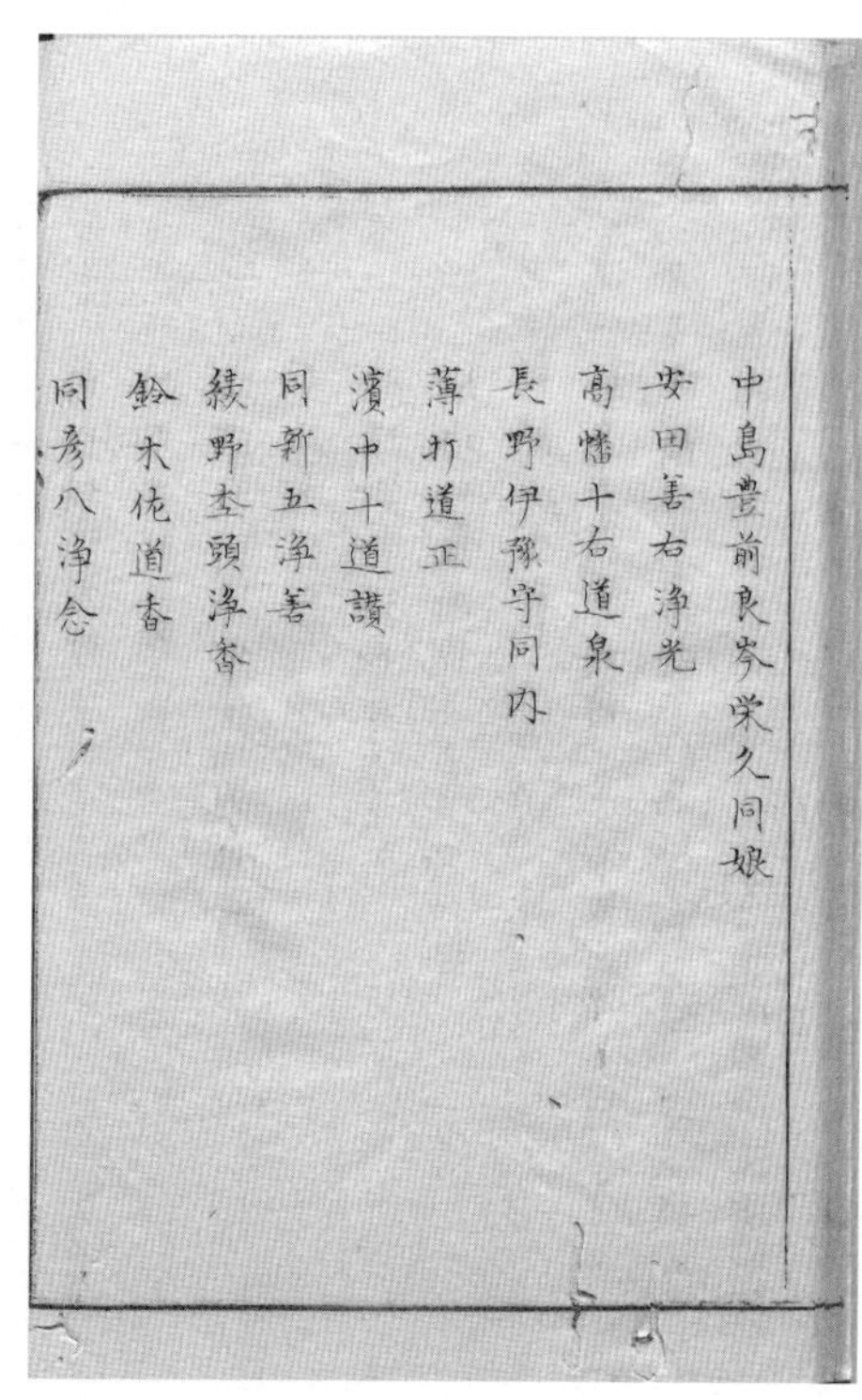
中島豊前良岑栄久同娘
安田善右浄光
高幡十右道泉
長野伊豫守同内
薄打道正
濱中十道讃
同新五浄善
綾野杢頭浄香
鈴木佐道香
同彦八浄念

図2　八王子城戦死者過去帳写
（『新編武蔵風土記稿』巻百五、国立公文書館デジタルアーカイブより）

述した氏照の兵力からの概算も勘案して、籠城兵は一〇〇〇〇人未満であったと推測しておく。

戦死者過去帳

八王子城の戦いで籠城して命を落とした人たちの一部は、戦死者過去帳の写で知ることができる。多摩郡下壱分方村の浄土宗相即寺（八王子市泉町）には戦死者過去帳が伝わっており、江戸時代の地誌『新編武蔵風土記稿』に掲載されているが（図2）、残念ながら原本は明治時代に庫裏の火災に遭った際に焼失している。この過去帳で名前が確認できる約一二〇名には城主北条氏照家臣の武士、「番匠又兵道香」のような番匠（今でいう大工）や薄打（金銀などを薄く延ばして箔を作る職人）、本山派修験とみられる「半沢覚源律師」、「おはらひ（御祓）」と肩書がある人、能役者と思われる「笛彦兵衛清範」などもいる。このほかに、城下の住民と思われる「十日市二郎右」、過去帳写の異本には「八幡宿助蔵道香」のような肩書をもつ人もいる。過去帳にみられる人たちは戦死者全体のほんの一部と考えられ、戦場での活躍を専門とする武士のほかに多様な身分・職業の人たちが籠城していたことを示している。実際にはより多くの、戦闘を専門としない人たちが籠城していたと推測される。

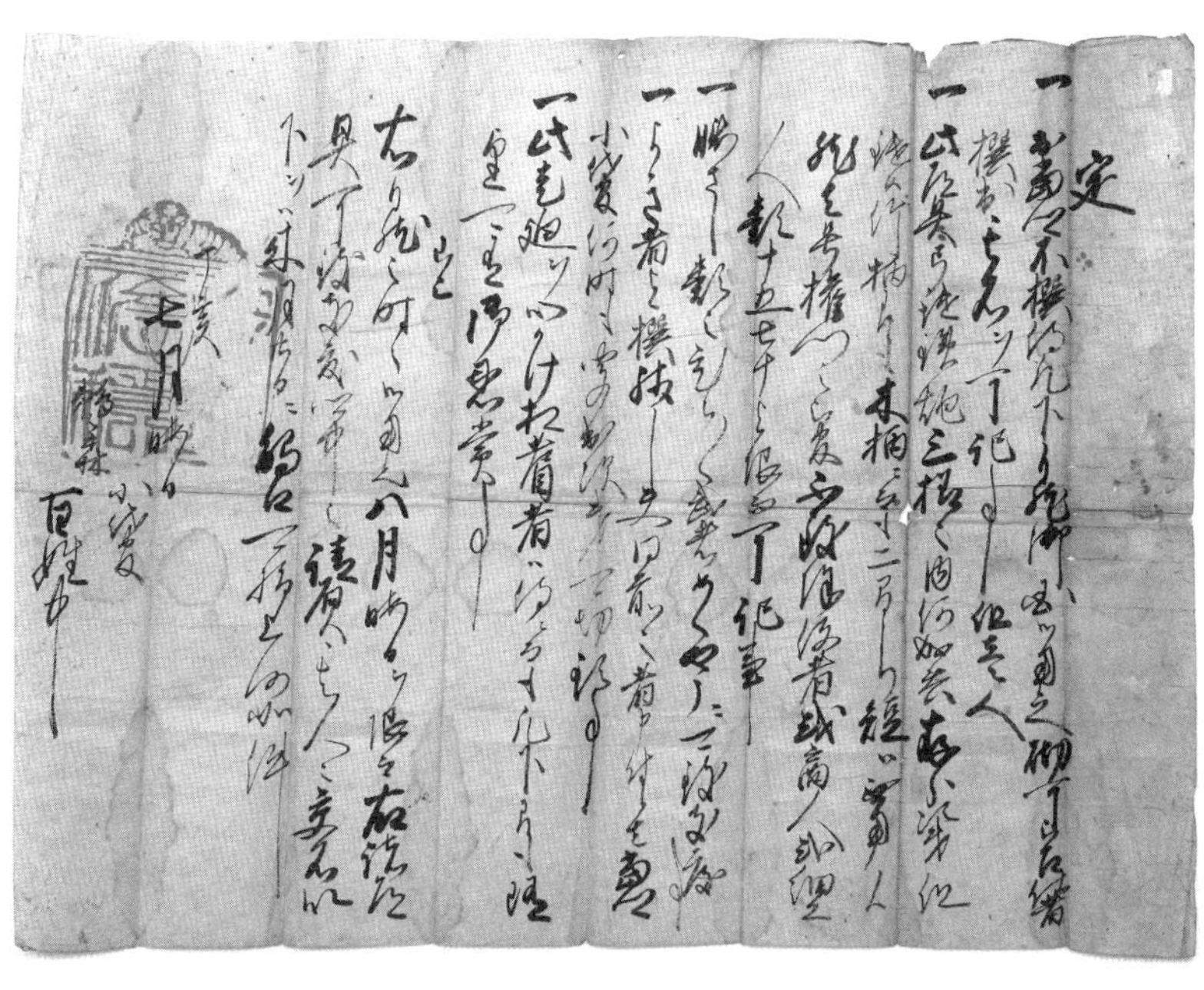

図3　天正十五年七月晦日北条家朱印状（人改令）
（八王子市郷土資料館所蔵）

三　八王子城の兵力と陣容

天正十五年以降の臨戦態勢

小田原北条氏は天正十八年（一五九〇）の小田原攻め以前から、予想される豊臣政権との戦争に向けて準備をしている。戦争準備にあたってどのような人たちが動員されようとしていたのだろうか。また、城主北条氏照家臣ではどのような人がいて、籠城戦に加わっていた可能性があるだろうか。

天正十五年五月に豊臣政権が九州を平定した後、同年七月晦日付で武蔵国中・南部および相模国の郷村に対して、十五歳から七十歳までの成年男子の人数を申告することを命じた朱印状（人改令（ひとあらためれい））を出している。現在、写も含め一五点確認されている（図3）。郷村に住む農民たちは北条氏の出兵の際に戦闘要員として動員されることはなかったが、北条氏の「国」の危機に際して動員する準備が進められた。農民の動員令はこれ以前、永禄十二年（一五六九）に甲斐の武田信玄（たけだしんげん）が武蔵・相模に進攻した際に発せられているが、天正十五年の人改令では、武器の準備、商人や細工人（さいくにん）（職人）などの参加も求められており、北条氏が任命していた小代官の責任で、郷村の請負のもと人数の申告と村高に応じた人員の供出が命じられた。

兵糧・人質徴収

天正十五年末から翌十六年初めにかけて、北条氏照は家臣に対して「陣触（じんぶれ）」を出し、八王子に集合したうえで小田原への参陣を命じている（『武州文書』「多摩郡戸倉村木住野徳兵衛所蔵文書」ほか）。その中で兵糧を郷村に置かず、八王子城に入れるよう命じていることは注目される。敵方による略奪を避け、籠城戦のために兵糧を城へ収容したのである。実際に八王子城跡からは炭化した米や麦などの穀物が出土しているが、米に虫食い痕がほとんどみられないこと、初夏に収穫される大麦の量が多いことから、天正十八年六月の落城以前の収穫後、夏を越さずに搬入されたと推測されている（『新八王子市史』通史編2中世）。

また、家臣の妻子を城に入れるよう命じている。これは家臣の離反を防ぐ意味があり、家臣の家族を戦乱から守るため城に避難させる意図があったとも考えられている。しかし城攻めとなれば戦闘に巻き込まれてしまう。実際に八王子城の落城後、生け捕られた「虜（とりこ）の女共六十余人」が小田原の秀吉本陣に送られたが、もとの居所に戻されている（「上杉家文書」）。前述した過去帳には、家臣の妻や娘など一九名の女性が確認できる。城内の女性たちも豊臣軍の進攻を前に戦闘準備にたずさわったり、戦闘時にも相応の役割が当てられたりしたであろうことは想像にかたくない。

氏照家臣の番匠

八王子城主北条氏照の家臣の多くは農村に拠点を置く侍で、例えば戸倉村（東京都あきる野市）の来住野大炊助は、一一貫五四四文の知行高に対して馬上（騎馬）一人、徒歩一人、鑓持ち一人の軍役が定められていた（『武州文書』「多摩郡戸倉村木住野徳兵衛所蔵文書」）。知行を与えられていたのは来住野のような侍だけでなく、職人もいた。大久野村落合（東京都日の出町）の落合（野口）四郎左衛門は永禄十二年十一月七日、北条氏照から大久野で一貫七〇〇文の知行を与えられている（『新編武蔵風土記稿』多摩郡大久野村）。かれは天正十六年正月八日、豊臣方との戦争を前に「八王子において一曲輪請け取り走り廻るべき事」と指示され、八王子城に妻子を入れること、ならびに大工綾野の指揮に従い尽力するよう命じられている（『新編武蔵風土記稿』多摩郡大久野村）。「大工」は職人集団の長を指す語で、綾野は番匠衆を束ねる立場にあったことがわかる。四郎左衛門に対しては氏照領の番匠衆の一員として尽力するよう強調されており、想定される戦争を前にした城の普請を中心とする「走り廻り」が期待されている。

綾野は、前述した八王子城戦死者過去帳写に「綾野杢頭浄香」とあるその人か、その一族であろう。「杢頭」の名乗りからも番匠衆を束ねる立場にあったことがわかる。八王子城の普請を指揮し、さらに防戦にも加わり戦死したのである。

氏照家臣の番匠には、ほかに高尾山麓の落合（八王子市高尾町）の八郎左衛門尉がいる。氏照が支城領支配を開始した直後の永禄三年（一五六〇）、上杉憲政・長尾景虎（上杉謙信）率いる軍勢が関東に進入した際に、敵が城に攻めてきた場合は「弓にても嗜み」防戦に尽力するよう氏照から求められている（「落合家文書」）。「弓でも手に取って」「弓でも習熟して」という意味から、専門外である戦闘への参加が求められているととらえられる。

「強人」と小田野氏

武蔵国多西郡の小田野（東京都八王子市西寺方町）が苗字の地とされている北条氏照家臣小田野氏は、氏照が養子入りした大石氏の旧臣である。大石氏は十六世紀初めに多西郡の南部に進出し、浄福寺城（八王子市下恩方町、近年「由井城」とも呼ばれている）や滝山城（同高月町ほか）を拠点として周辺地域を勢力下に置いた。大石氏の進出後、小田野氏は同郡由木郷松木（八王子市松木）に拠点を移す。氏照が大石氏を継承した後、氏照の家臣となった。

上杉憲政・長尾景虎率いる関越軍が進攻する只中にあった永禄四年正月、小田野氏は「由木上下の強人」と相談し敵を討つよう氏照の指示を受けている（「佐野家蔵文書」）。「由木」は広くは松木を含む現八王子市東南部地域（由木郷）を指すが、その住民を動員して軍事行動をすることになった。永禄五年と推定される六月二十日、氏照家臣横地監物が在陣していた某所へ「強人」を配置するために小田野氏らが派遣されている。「強人」は『日本国語大辞典』第二版によれば、「強者」に同じで、強い者や剛の者のほかに「油断のならないしたたか者」という意味があげられているが、最近、北条氏の軍隊編成を論じるうえで小田野氏と強人の関係が注目されてもいる（平山二〇一二）。

永禄四年の関越軍との戦いで小田野氏は短期間に戦功を重ね、北条氏康から感状を二度与えられ、氏康からさらに太刀を賜わっている（「佐野家蔵文書」）。同七年の国府台合戦にも功があり、天正期以降、小山城（栃木県小山市）北曲輪の守備や、鹿沼（栃木県鹿沼市）に派遣する鉄炮衆の指揮も任されている。氏照麾下にあって、小規模ながらも精鋭戦闘集団を率いて軍事行動にあたったと考えられている（『新八王子市史』通史編2中世）。

小田野氏が天正十八年六月の八王子城の戦いで籠城に加わっていたかどうかはわからないものの、八王子城本丸の南には松木曲輪という曲輪がある。要害地区の要所を「強人」といわれた由木の松木衆ともいえるような人たちが守備した名残とみるのも悪くないように思われる。いずれにしても小田野氏は生き残り、江戸時代は「小田」と苗字を変える。水戸藩に「八王子衆」として仕官する系統が出て、一方で松木に土着し農民になった一族もいた。

四　八王子城の戦い

戦闘開始

『太閤記』『小田原記』『武徳編年集成』によれば、前田利家を総大将とする北国勢は、天正十八年（一五九〇）六月二十二日亥の刻（午後十時頃）に某所を発ち、翌二十三日の丑の刻（午前二時頃）、八王子城下に至ったという。『武徳編年集成』には卯の刻（午前六時頃）に前田軍が大手口に至ったと記されている。いずれも江戸時代に編纂された軍記の記述であるが、北国勢は夜が明けきらないうちに八王子城下に到着したようである。浅野長吉は「時刻を移さず責め崩し」（「浅野文書」）、前田利家は「一刻に責め干し」（「尊経閣文庫所蔵文書」）、秀吉は「去る廿三日則（卯）時に責め崩し」（「東京国立博物館所蔵文書」）と記しており、いずれも短時間で落城したことを強調している。六月二十三日の明け方に攻撃が始まり、夕方前には決着がついたとみられる。ちなみに江戸時代中期に成立した上杉方の軍記『管窺武鑑』には、前田・上杉両軍は討ち取った城方の首を二十三日申の刻（午後四時頃）に小田原に送ったと書かれている。

『太閤記』『小田原記』をはじめ軍記によれば前田軍が大手口、上杉軍が搦手から攻めたという。前田軍は城の東側、「根小屋地区」と呼ばれている方面から山下曲輪・アシダ曲輪を攻め破り、金子曲輪方面と御主殿方面に兵を分け攻め進んだのであろう（図４）。

搦手は城の北側、下恩方町松竹から本丸方面に至るルートと、西側の「詰めの城」方面が想定される。ふつう八王子城の搦手とみなされているのは松竹からのルートである。現在の登山道だけではなく、北側の山肌をよじ登って本

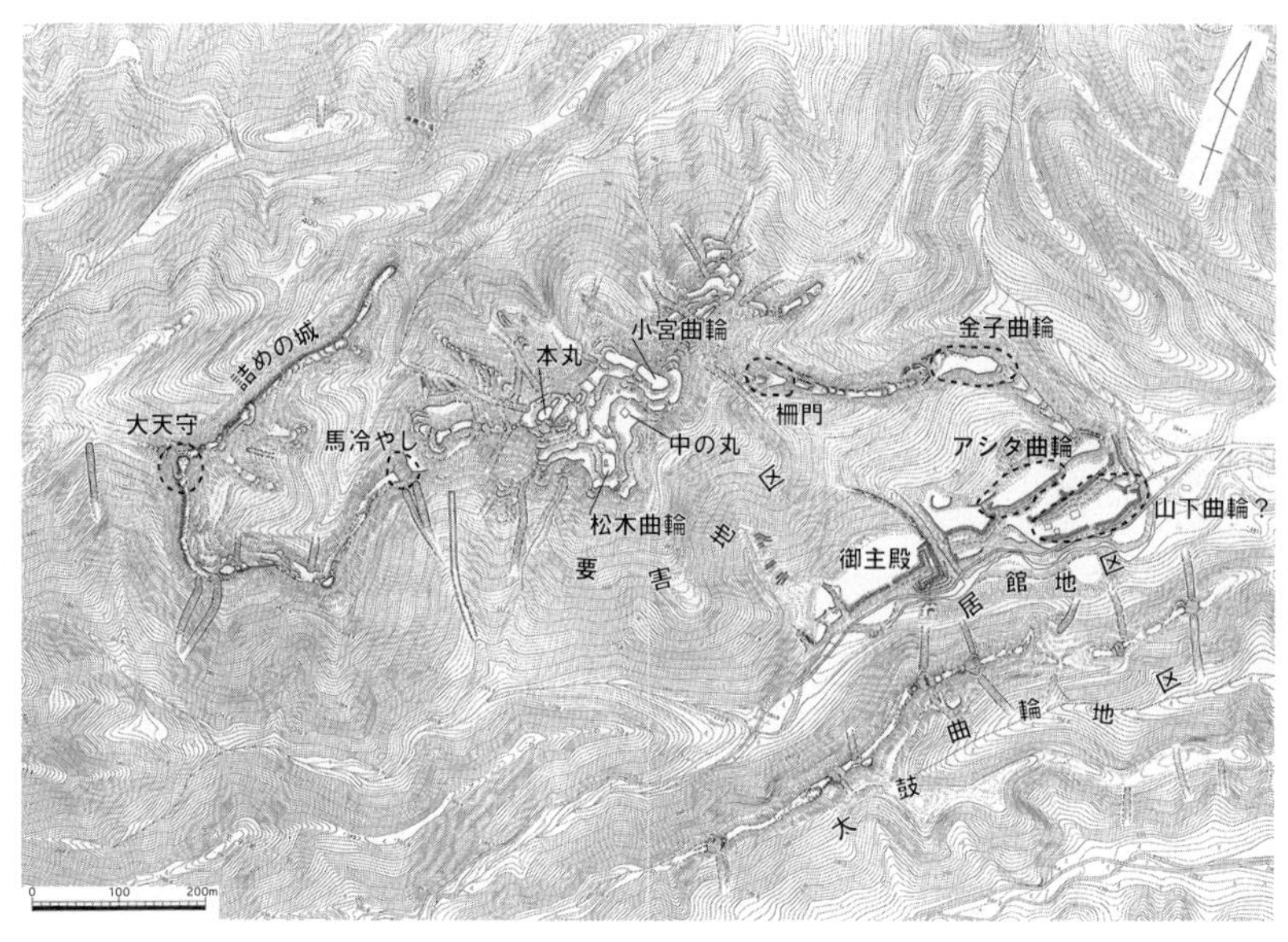

図4　八王子城縄張図
（『東京都の中世城館』2013 掲載図に加筆）

丸直下にいたる攻城経路もあっただろう。

八王子城の守将

籠城兵を指揮したのはどのような人たちだったのだろうか。軍記では守将として、北条氏照家臣の横地監物吉信・中山勘解由家範・狩野一庵宗円・近藤出羽守綱秀の四名はほぼかならず登場する。中山を除き氏照発給文書の奉者や城代としての活躍がみられる氏照の重臣である。中山は八王子城の戦いを描いた軍記で大きくとりあげられているが、ほか三名とは異なり戦場における活躍が中心であった人のように思われる。なお、近藤綱秀は軍記では出羽介助実（あるいは助真）と記されている。『太閤記』によれば、横地が本城（本丸）、中山・狩野が「中の丸」、近藤が山下曲輪を守備したという。狩野は「三の丸」（一庵曲輪）を守ったとする軍記もあり、金子曲輪（金子丸）を守った金子家重が記されている場合もある。

大手口から攻める寄手が最初に突破した山下曲輪は、

アシダ曲輪の下段の曲輪を推定地とする説と、屋外模型広場付近一帯を近藤曲輪と称して推定地とする説がある。こちらは戦後の土地利用で改変されており遺構をとどめていない。山下曲輪を破った後、攻城軍は金子曲輪を抜き「三の丸」へと迫る。「三の丸」は狩野一庵が守備していたことから「一庵曲輪」として登場することがある。現在の小宮曲輪と推測される。『管窺武鑑』によれば、一庵が守る曲輪は搦手から攻め登った上杉軍によって陥落したという。

図5　横地社と「横地社由来記」碑
昭和30年、小河内ダム建設にともない八王子神社横に移された。

逃げた守将

城方の諸将の最期は軍記により描かれ方はさまざまで、『小田原記』では中山と狩野は城下の曲輪で自害、近藤は寄手に突撃し多数討ち取った後に討ち死に、横地は逃れて山中で自害したと記す（図5）。『太閤記』では山下曲輪における近藤の奮戦が描かれるとともに、中山と狩野の奮戦も描く。とくに中山家範の忠節が強調され、一方で本丸を任された横地は前田軍の一番首争いに「おぢわな（怖）なゝひて、一支（サヽヘ）もさゝえやらず落失（おちうせ）ぬ」とされ、さらに氏照家臣として悪賢く不正をおこなっていたことなどがあげつらわれ、近藤・中山・狩野の忠死と対比して不忠の士として非難されている。このことは後世の悪評の根源となっているようにも思われる。

軍記では近藤以下氏照重臣たち、あるいは彼らの妻子の動向が描かれるものの、実際には城内に女性を含む農民や職人などもいたはずであるのに、ほかに籠城していた人たちの姿はみえない。大将格の武士を中心にその戦いぶりや忠節のありように関心を寄せる軍記の性格上、戦闘を専門としない人たちは登場しにくい。

横地将監の奮戦

本丸攻防戦を詳しく記す『管窺武鑑』によれば、本丸に一番乗りをしたのは搦手から攻め登った上杉軍であったという。本丸守備隊と戦闘を繰り広げる中で、大手口から攻め登り本丸に迫りつつあった前田軍に対し、横地監物率いる一隊が打って出て押し返したが、これで手薄になった本丸を上杉軍が乗っ取った。同書は前田軍を押し戻した横地の剛勇を評価するのに続けて、「越後衆早く城を乗り済まし候。横地出でず城内に人数多く候わば、これ程に首尾よく乗取る事は少し成り兼ね申すべく候」とし、横地が打って出なければ上杉軍は城を乗っ取ることは難しかったと記してもいる。

戦功覚書にみる八王子城の戦闘

八王子城内の戦闘の様子がわかる史料には、軍記のほかに戦功覚書がある。戦場で活躍した武士たちが後年作成した覚書で、自らの戦功を書き上げ、仕官する際に仕官先に提出したり、大名が家臣の由緒を調査する際に提出させたり、あるいは武士自らの子孫に伝えるために作成した文書である（竹井二〇一五）。後世に記される点では軍記と同じだが、同じ戦場で戦功を目撃した証人の存在を記す傾向があり、証拠性が高いといえるので、戦場の現実を知る好資料である。なお、以下でとりあげる戦功覚書は『新八王子市史』通史編2中世の「編年史料補遺」に活字掲載されているので、それぞれ「補83」のように掲載番号を付記する。

前田軍の高山喜兵衛は、元和八年（一六二二）に「はちおうぢの城御攻めなされ候時、大手口にて鑓下の功名仕り候」と記し、これに立ち合って目撃した田辺将監と後藤五郎左衛門が前田利常家中にいること、また山田修理という人が上杉景勝家中にいて詳しく知っていることを書き添えている（『鶏肋編』四十二冊、補83）。元和八年時点で高山喜兵衛は出羽の最上義光家中にあった。高山の証言により、前田軍は八王子城の大手口から攻めたことがより確実になる。

石垣・矢切

前田利長の重臣であった横山山城守長知は、前田軍の先手衆よりも先んじて塀際に迫り、「矢きり」を切り落として一番乗りをしたが、城方の反撃にあい鑓で膝頭を突かれ石垣の下に落とされてしまった（『松雲公採集遺編類纂』百四十六、補84）。「矢切」は矢を防ぐ木の盾、あるいは塀の上に尖ったものを並べた「忍び返し」を指す。城内のどこであったかははっきりしないものの、石垣の下に転落したとあるから、現在「居館地区」と呼んでいるエリアの東部、アシダ曲輪の周辺か御主殿の東あたりであった可能性がある。ともあれ、八王子城の戦いの時点で石垣が築かれていたことが確認でき、重要である。

石垣の下に落ちた横山長知は母衣を着けていたが、転落時に母衣が石垣に埋まってしまい、また膝に鑓傷を負ったので立てなくなってしまった。転落の勢いで石垣が崩れたということだろう。そこに長知の弟五郎が駆けつけ、脇差で母衣を切り離し、助け起こしたと長知の甥横山如雲の覚書に書かれている（『温故集録』一、補85）。五郎はその後「本丸へ攻め登りなされ候」とある。八王子城の本丸は城がある深沢山の山頂とされているが、八王子城の戦いでも本丸は山の上にあると寄手に認識されていたことが確かめられる。

城方の鉄炮

横山長知らといち早く塀に取り付き、「塀裏へ私早く付き申し候」と記す向七兵衛は、横山が負傷した後に塀に乗り名乗りをあげたが、城方から鉄炮で胸板を撃たれ負傷した（『山崎長門守家来侍帳』、補87）。「山城殿よく御存知あるべく御座候」とあるので、横山長知の負傷と時を置かずに起こったことだろう。城方から鉄炮に撃たれたという記述はほかの戦功覚書にもみえ、前田方の山崎長徳に属した山崎作右衛門も塀に乗ろうとしたところで撃たれ負傷している（『秘笈叢書』二十三、補88）。八王子城跡からは鉄炮弾が出土しているが、寄手のものか城方のものかはわかっていない。しかしこれらの記述から、城方も鉄炮を使っていたことは確実である。

寄手はいち早く塀に乗る、あるいは塀裏に回ることを競い戦功を争っていた。塀に乗り名乗りをあげるタイミングが標的になりやすく、負傷する可能性が高かった。それが名誉の負傷となり戦功として書き残されることになったのである。

八王子城の防御施設

ここまでにみたように、天正十八年当時の八王子城には石垣が築かれ、土塀か板塀かはわからないが塀があった。塀には敵を寄せ付けないように「矢切」が設置されていた。このほか戦功覚書に記された曲輪を含めた防御施設をみてみよう。前述した山崎作右衛門は、塀に乗る前に「隅の櫓」の下まで来たと書いている。城郭の隅に立てる櫓を隅櫓（角櫓）というが、曲輪の隅に櫓が設置されていたことがわかる。今のところ発掘で櫓跡は検出されていないので重要な証言である。

金子曲輪

山崎長徳に属していた堀覚左衛門は、「八王寺〔子〕麓金子と申し候処を朝懸けに御攻めなされ候刻、その主弟金子三郎左衛門と申す者私討ち取り申し候」と記している（『松雲公採集遺編類纂』百四十六、補89）。八王子城の麓に金子という地名の場所は見あたらないので、おそらく「要害地区」への登り口にあたる金子曲輪のことであろう。前田利秀に属した河内山半左衛門は利秀家中の一番首をあげた後に「二ノ丸」まで攻め登ったところ、「金子と申す者の小路」で城方と戦闘となり、鉄炮で敵三人を撃ち倒した（『乙卯集録併辛酉癸亥集録』、補90）。両者の記述を合わせると、金子氏が守備する曲輪が「二ノ丸」の次にあったこと、また河内山は敵を撃ち倒した後「その気負いにて小丸まで押し破」ったというので、その先に小規模な曲輪があったようなこともわかる。金子曲輪は下部に五つの馬蹄状の段が設けられており、最下段には石垣が築かれている。本丸に攻め登る際の難関となりうる防御拠点である。現状は馬蹄状の段の真ん中を貫くように登山道が作られているが、当時は当然、この道は存在せず、段を迂回して登らなくてはならなかっただろう。「小丸」は金子曲輪の先にある「柵門（跡）」「柵門台」といわれている小規模な曲輪のことであった可能性もある。

二の丸・一番の丸多門

寄手から「二ノ丸」と認識された曲輪はどこだろうか。金子曲輪よりも下にそれらしい場所を探すと、アシダ曲輪ではないかと思われる。この曲輪は下段にも広い曲輪があり、下段を含めてアシダ曲輪とする見方もある。また、下段を山下曲輪と推定する見方もあるが、確定することは難しい。前田利長に属していた宮崎豊左衛門は「二之丸へ乗り申し鑓手を負い申し候」と記し、同じ場所で宮崎蔵人という人も鑓傷を負い、一緒に退いたという（『秘笈叢書』二十二、補91）。

前田利長に属した宇野平八の寄子として参陣していた今井才右衛門は、「一番の丸多門」に宇野および印牧次郎兵衛と三人で一番乗りをしようとして「矢簾」を切り落としたところ、三人とも鑓手を負った（『秘笈叢書』二十二、補92）。「矢簾」は竹などのすだれで作った簾楯のような楯だろうか。「多門（多聞）」とは、城の石垣の上に築く長屋造りの建物をいう。「一番の丸」とあることから、本丸とは異なる特別な曲輪を表現しているのではないか。八王子城内で特別な曲輪といえば、大型建物が二棟建っていたことが明らかになっている御主殿が該当する。御主殿からは今のところ多門に相当するような建物跡はみつかっていない。戦場における混乱のなかで今井らが「多門」と認識したのが御主殿内の大型建物であったのかもしれない。

八王子城の「落口」

ここまでに紹介したのは前田方の戦功覚書であるが、上杉方を含めて今後も八王子城の戦いに関する同様の記述がみつかる可能性がある。搦手から攻めた上杉方には、のちに最上氏に仕官した上野弥右衛門の戦功覚書がある（『鶏肋編』四十三冊、補94）。弥右衛門は八王子攻めの際、「落口」にいたが首一つを取り、上杉景勝の首実検帳に記されたと記している。「落口」は落ち延びる際の逃げ口のことだから、城から逃げる敵を討ち取ったのである。

八王子城に逃げ口はあったのだろうか。前述のとおり『管窺武鑑』によれば、横地監物は本丸攻防戦で前田軍に突撃をかけた後、落ち延びたという。悪評の存否はともかく、横地は逃れて奥多摩方面へ至ったと伝わっているので、城の落口があっても不自然ではない。搦手とみなされている下恩方町松竹方面には上杉軍がいたはずだから逃げられそ

図6　詰めの城の北端西側の石積み
（筆者撮影）

うもない。そのほかに思い当たるのは、「要害地区」の西方に展開する「詰めの城」と呼ばれている曲輪群である。

五　逃げるが勝ち

詰めの城

山頂の曲輪群から通路をたどって南西に進むと、「駒冷（こまび）やし」と呼ばれている大堀切に至る。そこから尾根筋を南に進むと、尾根は南西に方向を変え、さらに登って行くと「大天守（だいてんしゅ）」と呼ばれている削平地に到着する（図4参照）。ここに至るまでの尾根沿いには石が積み上げられていた痕跡がみられ、さらに「大天守」から北に降りていく尾根沿いにも石積みがみられる（図6）。この曲輪群を西の甲斐方面を意識した防衛線とみる見解もある。「大天守」の西には堀切があり、この先に石積みや削平地などの明確な遺構はみられなくなるので、城の

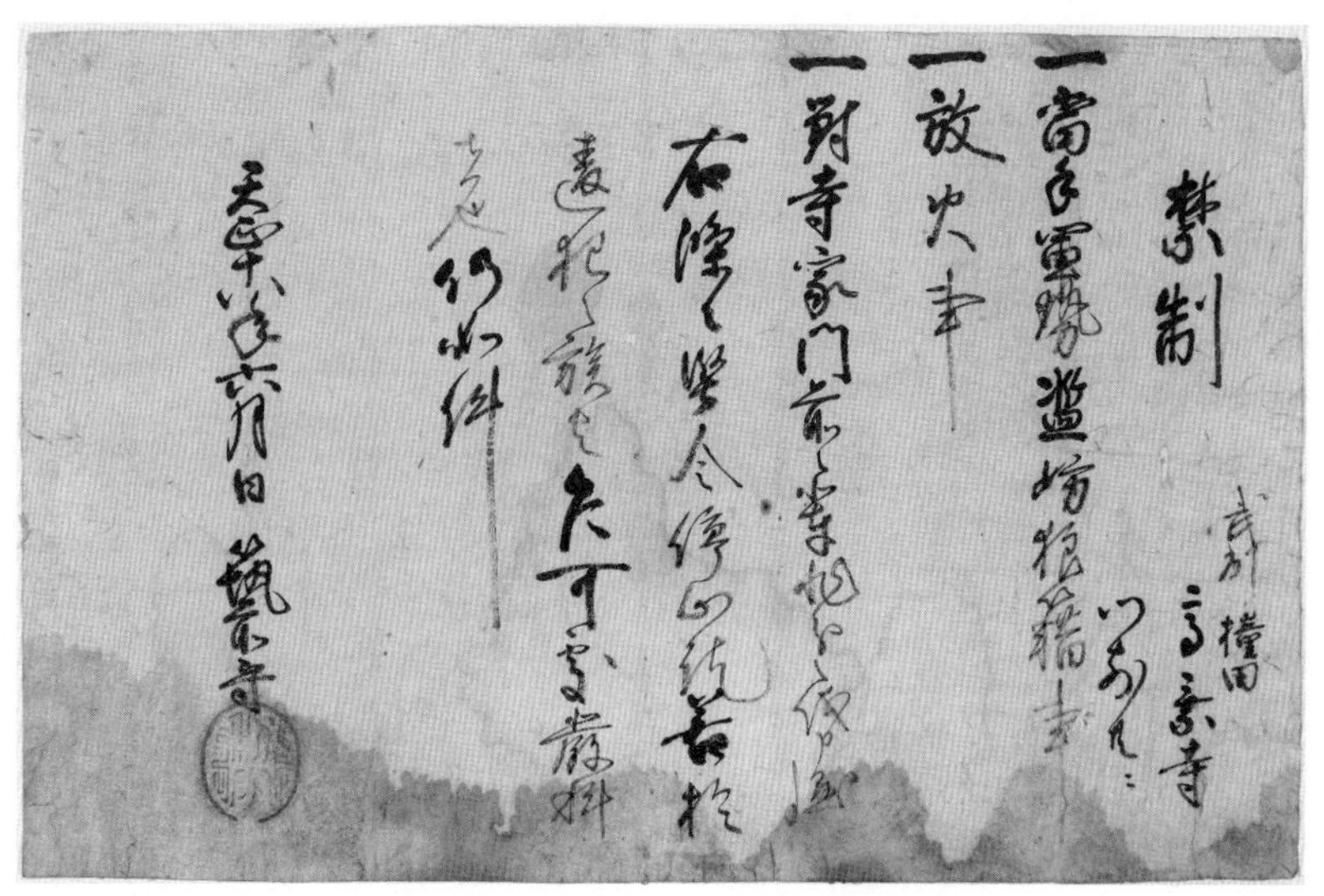
禁制
一 當手軍勢濫妨狼藉事
一 放火事

図7　天正十八年六月日前田利家禁制
（高乗寺所蔵、八王子市郷土資料館画像提供）

範囲と外部との区切れ目となっているようである。堀切から尾根伝いに西へ進むと富士見台に出て、そこから陣馬山へ至る木下沢林道や小仏方面への登山道が分岐している。

「詰めの城」と名付けられた経緯は不明だが、その名のとおり城の最後の拠点としてふさわしい場所ではある。生き延びることを選択した籠城兵は、落口である「詰めの城」を経て山伝いに逃げていくことは可能だったのではないか。

豊臣方禁制

氏照領の農民たちは、豊臣方の軍勢が迫ってくるという風聞が立っていたと思われる中で、全員がおとなしく籠城したわけではない。八王子城周辺には軍勢の暴力や略奪からまぬがれるために郷村の住民が豊臣政権から獲得した禁制が伝存している。椚田郷高乗寺（八王子市初沢町）には天正十八年四月付の豊臣秀吉禁制と、同年六月付の前田利家禁制がある（図7）。また、現在の陣馬街道沿い周辺の「一ふかた（壱分方）」「大はた村（大畑）」「和田村」「八日市村」宛の六月二十四日付木村一・前田利長連署禁制が宝生寺（同西寺方町）に、さらに市域の東南にある清鏡寺（同大塚）には同年五月付「油儀之郷（由木）」宛の秀吉禁制が伝わっている。

高乗寺は境内が避難所とされ、前田軍が避難民に小屋銭をかけたという伝承を記した文書がある。清鏡寺の場合は、寺僧が小田原の秀吉本陣まで赴き禁制を獲得し、寺の裏山に近隣住民を避難させたという伝承が残っている（徳永二〇一二）。戦闘を専門としない人たちの中には、北条方の城に逃げ込んだ人もいただろう。城に避難して戦闘に巻き込まれ敵と戦った人もいたかもしれないが、戦闘が始まる前か戦闘中に逃げた人も当然いたはずである。そのほかに、禁制が掲げられた避難場所に身を寄せ安全を図る場合があったことも忘れてはならない。

復興・新しいまちの建設

八王子城落城後、上杉軍を中心として豊臣方の軍勢が駐屯し、戦乱を避けて逃げた住民を呼び戻して城下の復興が進められた（竹井二〇一二）。天正十八年七月二十八日から天正二十年九月六日までの八王子城下の移住者を記録した「当所江宿越之名前控」という史料がある（『新八王子市史』資料編3近世1）。現在確認できるのは享保二年（一七一七）成立の写で、転写によって原本からの誤記とみられる記述があるものの、「神護寺浪人」「神護寺より」「張形浪人（鉢形カ）」の肩書をもつ人がみられる。「神護寺」は本章冒頭で述べたように八王子城周辺の別称であるから、戦乱を避けて城下から避難していたが、もとの住居地に戻ってきた人ともとれるし、八王子城から落ち延びた人という意味にもとれる。落城後、当初は八王子城下（八王子市元八王子町一丁目〜三丁目周辺）に町立てがおこなわれたが、徳川家康の関東入府にともない天正十九年以降、代官頭大久保長安の配下がこれに関わるようになり、現在の市街地、すなわち近世八王子宿となる場所に新たに宿・町が建設されることになった（『新八王子市史』通史編3近世上）。

撒菱・撒玉を誰が作ったか

本章でみた八王子城の戦いに関する軍記や文書には、忍びの者といえるような特殊武装集団の存在は見いだせなかった。戦闘を専門とする武士による正面からの力攻めがメインであり、籠城側の情報に乏しい。ただし、番匠をはじめとする職人衆が籠城していたことは注目される。天正十五年七月の人改令にある「細工人」は、職人全般を表す語であるとも理解されるが、当然そこには手先を巧みに使って細かい器物（細工）を作る職人も含まれていたであろう。戦死者の中に「薄打」がいたことを思い出してほしい。豊臣方の軍勢が迫る八王子城に撒菱型の土製品を作成する技術をもつ人がいたと考えて差し支えないだろう。

撒菱は特殊な武具か？

撒菱は、明らかに城方が寄手の進入を困難にする目的で使用した道具である。おもに軍記に「鉄菱」「竹菱」として登場することがあり、一六〇四年までに編纂された『日葡辞書』にも「菱（Fixi）」「車菱（Curumabixi）」として掲載されている。同書「菱」の項では「Fixiuo maqu.（菱・刃簇を蒔く）ある道を遮るために、鉄菱を敷設する、または、錐状の鉄の杭を〔地面に〕突き立てる」、「車菱」は「三角形をした稜鉄の一種であって、どんな具合に投げても、そのとがった端の一つは常に上向きになるもの」と解説されている（『邦訳日葡辞書』）。元亀二年（一五七一）までの記述がある合戦記『足利季世記』巻七「義秋公方記」のうち「御祝ノ御能之事」に、織田信長から要求された夫銭二万貫を拒んだ堺の会合衆が、信長が攻めてくるとの風聞を受け「櫓ヲ上堀ヲホリ北ノ口々ニヒシ（菱）ヲ埋テ待カケ」たという記述からも、防戦に用いられる道具として、逆茂木（さかもぎ）や乱杭（らんぐい）などの障害物と同様に認知され使用されていたらしいことがわかる。

八王子城跡でみつかった撒菱は土製の焼き物であるという点が注目される。焼き物であったからこそ朽ち果てずに形を残したのだろうか。籠城した職人衆のいずれかが作製し、敵を足止めして時間を稼ごうと目論んだに違いない。本格的に足止めをするのであれば大量に設置する必要があると思われるが、現在確認されている土玉のうち、撒玉の数（出土品一六〇個体以上）に比べて、撒菱型の遺物の量からみると、効果のほどは期待できそうもない。北国勢の到着までに量産できなかったか、試作品にとどまってしまった可能性まで考えておく必要がある。

生き延びた人たち

撒菱が充分に作製・設置されたかどうかにかかわらず、籠城せざるを得なかった戦闘を専門にしない人たちの大部分は、数に勝る敵正規軍にかなうわけがないので可能な限り城から逃げただろう。落口で警戒する敵をかわし、何とか生き延びた人たちの中には、もとの住居地に戻り、もとのように生活する人もいただろうし、復興事業や新しいまちの建設に参加して新たな人生を歩みはじめた人もいた。軍記や武士が語る八王子城殲滅戦像の一方で、生き延びた人たちのストーリーの中に撒菱型土玉などの武具を位置づけてみてもよいのかもしれない。

〈参考文献〉

「足利季世記」（近藤瓶城編、角田文衛・五来重新訂増補　一九六七『新訂増補史籍集覧』第十六冊　臨川書店）
『小田原記』（国立公文書館デジタルアーカイブ　請求番号：１６９―００５１）

小田原市　一九九八『小田原市史』通史編　原始 古代 中世
木村高敦『武徳編年集成』巻三十八（国立公文書館デジタルアーカイブ　請求番号：特044―0022）
黒田基樹・平山優・丸島和洋・山中さゆり・米澤愛編　二〇一八『戦国遺文』真田氏編第一巻　東京堂出版
竹井英文　二〇一二「小田原合戦後の八王子城―中近世断絶論を超えて―」（八王子市市史編集委員会編『八王子市史研究』二号　八王子市）
竹井英文　二〇一五「「戦功覚書」と城郭研究」（齋藤慎一編『城館と中世史料―機能論の追究―』高志書院）
土井忠生・森田武・長南実編訳　一九八〇『邦訳日葡辞書』岩波書店
東京都教育委員会　二〇一三『東京都の中世城館』戎光祥出版（初出二〇〇六　東京都教育委員会東京都教育庁生涯学習スポーツ部計画課）
徳永裕之　二〇一二「天正十八年の豊臣方禁制と避難所伝承」（八王子市市史編集委員会編『八王子市史研究』二号　八王子市）
夏目定房『管窺武鑑』第八巻（国立公文書館デジタルアーカイブ　請求番号：特048―0029）
八王子市市史編集委員会編　二〇一四『新八王子市史』資料編2中世　八王子市
八王子市市史編集委員会編　二〇一三『新八王子市史』資料編3近世1　八王子市
八王子市市史編集委員会編　二〇一六『新八王子市史』通史編2中世　八王子市
八王子市市史編集委員会編　二〇一七『新八王子市史』通史編3近世上　八王子市
檜谷昭彦・江本裕校注　一九九六『太閤記』（新日本古典文学体系60）』岩波書店
平山　優　二〇二一「氏康の軍事政策」（黒田基樹編著『北条氏康とその時代』戎光祥出版）
間宮士信他編『新編武蔵風土記』巻百五多磨郡（国立公文書館デジタルアーカイブ　請求番号：173―0210）

第Ⅲ部　これからの忍者研究

第一章　関東の忍びとこれからの忍者研究

山田雄司

近年の忍者研究

忍者に関する研究は、これまでは不確実な史料にもとづき数多くの著作が出されてきたが、ここ十年あまりで実証的研究が急速に進展した。それは、二〇一二年に三重大学において忍者研究が開始され、歴史・文学を中心とした研究に加え、食品科学・医学などの理科系分野からの研究も加わって研究がおこなわれてきたことに発すると自負している（山田二〇一六）。その後、国際忍者研究センター、そして国際忍者学会が設立され、三重大学だけでなく各地域の研究者が忍者研究をおこなうようになってきている。

こうした研究の中で核となっているのは歴史に関する研究であり、新たな忍術書や歴史的記述が「発見」されて、さまざまな事実が明らかになってきた。逆に、これまでの歴史研究では、史料に「忍び」「忍者」といった用語が登場し、重要な役割を果たしているのにもかかわらず、忍者は黒装束を着て手裏剣を投げる「キワモノ」であるとの先入観からか、顧みられることがほとんどなかった。

そして、歴史研究の中でも中心となってきたのは、「忍者の聖地」とされる伊賀・甲賀の忍者に関わる研究である。

それは、他地域と比べて圧倒的に両地域に関わる史料が多数残されており、忍術書のほとんどは両地域で成立・書写されているからである。映画・アニメなどでとりあげられてきた忍者も必ずどちらかの忍者である。そのためか、一般には伊賀(いが)・甲賀(こうか)以外には忍者はいないとまで考えられていた。

一方、これまでの伊賀・甲賀以外の忍者といえば、戦国時代における伊達の黒脛巾組(くろはばきぐみ)、上杉の軒猿(のきざる)、武田の三ツ者、北条の風魔といったように、真偽不明の軍記物などに依拠して、伝説が再生産・増幅されてきたといってよいだろう。

戦国期関東の忍び研究の動向

そうした中、戦国の忍びについて実証的研究をおこない、成果をあげたのが平山優氏である（平山二〇二〇a、二〇二〇b）。平山氏は主として戦国時代東国における忍びに関する史料を渉猟し、その実態を明らかにした。結論を簡単にまとめると、戦国の忍びたちの「ほとんどは、夜の闇にまぎれて活動していた。忍びたちの多くが、夜盗などの盗賊出身だったからである」とし、「戦国大名は、多数の忍びを雇用し、これを直参としたうえで、重臣に預けたり、各地の城砦に配備した。そして敵地の諜報活動、偵察はもちろん、草、伏、かまりなどの待ち伏せ戦法、敵城や陣所への潜入、夜討、放火などを担った」のであり、「敵味方の最前線には、双方の忍びが、草、伏、かまりとしてうようよ展開し、時には双方が遭遇して戦闘に発展することもあった。宵から夜中、そして暁までの時間帯、忍びたちは敵の城砦、陣所、最前線の戦場、敵の村町に忍び寄り、殺害、放火、略奪、夜盗など、中世では「大犯」とされる行動をなんの躊躇もせずに実施した」と位置づける。

これをさらに展開させたのが岩田明広氏である。埼玉県立嵐山(らんざん)史跡の博物館で開催された令和三年度企画展「実相忍びの者」は、戦国時代関東の忍びを初めて考古学と歴史学の観点から実証的に検討した画期的な内容で、岩田氏がその展示を担当した（岩田二〇二一a）。さらに岩田氏は論文を発表し、詳しい考察をおこなった（岩田二〇二一b）。そこでは、「戦国期には、特殊な訓練を行う武装集団が全国各地にあり、個々に特徴ある部隊を編成し」「大名軍は正面攻撃、いわゆる力攻めによる損耗を避けるため、乗っ取り・放火・攪乱等の特殊部隊による様々な戦術を駆使した。このうち、特に夜間の潜入・乗取・放火を行う戦術を「忍び」と呼び、土豪が訓練した特殊部隊から特に技能の優れた者を招集して、これにあて、伏兵（草）・かまり・夜懸けなど他の戦術とは明確に区別されるものであった」とし、「戦国の忍びと江戸期の忍びの間には、明確な相違がある」とした。また、「江戸期を中心にした最新研究や、従来の忍び研究で、当たり前のようにその役にあげられてきた情報収集・情報の運搬、長期潜入、変装・方言の習得、忍びの起源とされる修験や悪党との関係等に関しては、一つの証拠も見出せなかった」と結論づけている。

さらに、忍器に関しては、平形手裏剣のルーツとして、さいたま市岩槻城跡などから出土した有角型石製平つぶてやさいたま市伊達城跡などから出土した陶製平つぶて、まきびしのルーツとして、東京都八王子城跡から採集された棘状突起が付いた素焼き土製品や土玉、有孔土玉を見出したことは画期的であった（岩田二〇二二）。ただし、これを裏づけるためには、日本における手裏剣やまきびしのあり方をさらに考察していく必要があろう。

今後の展望

このように、関東の忍びについての研究が深化している中、城の乗っ取りや夜討ちといった方法についてはさまざま明らかになってきている一方、情報収集等については史料に登場しないということで否定的にとらえられている。これは果たして伊賀・甲賀と違う関東独自のあり方なのか、史料的問題なのか、考察を深める必要があろう。

情報収集の方法や変装・方言の習得については、『万川集海』などの忍術書に詳細に記されるが、決して机上の空論ではない。慶長五年（一六〇〇）会津の上杉景勝のいる白河小峰城内部を探るため、徳川方の結城秀康は最初地元の那須の者を遣わしたが戻ってこないので、伊賀者三人を差し向かわせると、那須の者は磔になっており、さらには城内の様子を調査して詳細に報告し、彼らが案内して攻めれば白河城をすぐに乗っ取ることができる旨上申した（『伊賀者由緒書』）。これは他の史料にもさまざま記されているので、確かなことだろう。

また、島原・天草一揆でも忍びが情報収集をおこなっている（山田二〇一三）。上使として差遣された松平信綱に同行した鵜飼勘左衛門の子孫の記録である『鵜飼勝山実記』（『甲賀郡志』）や享保六年（一七二一）に作成された写本が伝来する「甲賀衆肥前切支丹一揆軍役由緒書案」（『水口町志』山中文書二七九）には、寛永十五年（一六三八）正月六日、松平信綱が甲賀者に対し、敵城の塀際までの距離、沼の深さ、塀の高さ、矢狭間の形について調べ、絵図に記して提出するよう命じ、甲賀者五人が久留米藩主有馬豊氏の仕寄場へ参り、木戸を開かせ、密かに敵城の塀下へ忍び寄ったところ、城中から松明を投げるなど用心していたため、塀際にあった味方の死骸に紛れて隠れ潜伏していたが、夜城中が静かになった時分に、二の丸の出城までの距離、沼の深さ、道の良し悪し、塀の高さ、矢狭間の形状を調べ、忍び込んだ証拠として出城の角に堅木を差し込んで戻り、信綱に報告してほめられたことが記される。

こうした内容は決して誇張ではないだろう。上使である父松平信綱に従い参陣した松平輝綱による『島原天草日記』（『続々群書類従』四）寛永十五年二月十五日条には、近江国甲賀からやってきた隠形の者、すなわち忍びが、原城中に入ろうとして夜々忍び寄ったが、城中の一揆勢はみな西国語いわゆる九州方言を話しており、さらにはキリシタン宗門の言葉を唱えていたため、何を話しているのか理解できず、一揆勢と接触することができなかった。そしてある夜、城中に忍び入ろうとしたとき、みつかって追いかけられ、塀そばにあった旗を取って城外へ出ようとしたところ、石で強打されたことが記されている。これは、逆に言えば、忍びは城内に忍び込んで話す内容からさまざまな情報を収集していたといえよう。実際、九州の大名配下の忍びは、原城に忍び込んで情報の収集をしていたようである。寛永十五年正月二十九日「細川忠利より忠興へ」（鶴田倉造編『原史料で綴る天草島原の乱』一二二二）には、忍びの者が原城探索に遣わされ、塀を越えて城中に侵入し、夜廻りの者をかいくぐって中にあった五尺ほどののぼりを奪ってきたことが記されている。また、原城にたて籠った一揆衆も忍びを使って外の状況を探っていた。これらの史料は戦いがおこなわれたのと同時期に記されたものであって信憑性が高い。

城の乗っ取りをする場合、さまざまな情報を収集しないでいきなり乗り込むことはあり得ないだろう。その場合、忍び込んで役割を果たしたのは忍びであるに違いない。しかし、忍びの術が発達した伊賀・甲賀に比べて、他地域の場合それがもっと素朴であった可能性は高いだろう。関東の忍びの状況が解明されつつある中、他地域の研究も深められ、相互の関係や比較がおこなわれることによって、忍びの実態が解明されていくことを期待したい。

〈参考文献〉

岩田明広　二〇二一ａ　『実相　忍びの者』埼玉県立嵐山史跡の博物館企画展図録

岩田明広　二〇二一ｂ　「戦国の忍びを追う―葛西城乗取と羽生城忍び合戦―」（『埼玉県立史跡の博物館紀要』第一四号　埼玉県立さきたま史跡の博物館・埼玉県立嵐山史跡の博物館）

岩田明広　二〇二二　「戦国の忍器を追う―忍器認定過程と忍器からみた忍びの正体―」（『埼玉県立史跡の博物館紀要』第一五号　埼玉県立さきたま史跡の博物館・埼玉県立嵐山史跡の博物館）

平山　優　二〇二〇ａ　「戦国時代の忍びの実像」（『忍者研究』第三号　国際忍者学会）

平山　優　二〇二〇ｂ　『戦国の忍び』KADOKAWA

山田雄司　二〇一六　『忍者の歴史』KADOKAWA

山田雄司　二〇二三　「島原・天草一揆と忍び」（『忍者学大全』東京大学出版会）

第二章　多分野研究からみた忍者研究

吉丸雄哉

忍者研究のはじまり

忍者はどのように研究できるのだろうか。図書分類法の日本十進分類法（Nippon Decimal Classification: NDC）では、武術の下位番号として忍術に「七八九・八」が割り当てられている。だが、近年の研究では、忍術書に手裏剣術を含めてほぼ武術は記されていないこともあり、忍術を戦う術ではなく、情報収集術や総合生存術としてとらえるようになってきた。よって、忍者道場で教えられてきた、忍者が身につけていた武術としての忍術だけではなく、より総合的な身体操作を、実践的な忍術として考察していく必要があるだろう。古武術を扱う雑誌『月刊 秘伝』（ＢＡＢジャパン）が、二〇一四年七月号と二〇二〇年十月号に実践的な忍者忍術の特集をしたほか、忍者関係の記事を頻繁に掲載していることは、注目に値する。

史学において、忍者は長らくアカデミックな研究対象でなかったとはいえ、民間による研究はおこなわれてきたので、「忍者研究史」研究が成り立つ。吉丸雄哉「忍者研究主要文献ガイド　江戸時代から昭和三十年代まで」（『忍者文芸研究読本』笠間書院、二〇一四年四月）は、江戸後期の塙保己一『武家名目抄』を忍者研究の嚆矢とし、続けて伊藤銀月・藤田西湖・奥瀬平七郎ら主要な忍者研究者の業績を紹介したものである。このうち「最後の忍者」として世間に大きな影響を及ぼした藤田西湖については、一柳廣孝「近代日本の霊術運動と藤田西湖」、山本武利「陸軍中野学校と藤田西湖」（ともに『忍者学大全』東京大学出版会、二〇二三年二月）といった研究がある。前者は藤田西湖の忍術が霊術ブームに乗じたものであること、後者はスパイ養成学校の陸軍中野学校で藤田西湖が果たした役割を明らかにした。藤田西湖以前に忍者忍術研究の第一人者であったジャーナリストの伊藤銀月も射程にいれた考察は、山田雄司「大正時代の忍術研究」（『忍者の誕生』勉誠出版、二〇一七年三月）や森正人「「忍術」への想像力―伊藤銀月と藤田西湖」（『忍者学大全』）がある。

酒井裕太「忍者研究の現場」（『忍者学講義』中央公論新社、二〇二二年二月）「古の忍者研究資料」（『忍者学研究』中央公論新社、二〇二二年二月）「忍術雑記帳――現代日本で忍術を評した人々」（『忍者学大全』）は、明治以降に忍術が世間で受け入れられてきた過程を細かく考察したもの。

忍者ブームの起こった一九五〇年代から、職業研究者による本格的な忍者研究がはじまる二〇一〇年までの忍者研究は、奥瀬平七郎・名和弓雄といった民間の研究者や『歴史読本』（新人物往来社）『歴史群像』（学研）といった歴史系商業誌がリードしてきた。これらは現在の忍者研究の基礎をなす一方で、客観的証明の欠けた論考も少なからず含まれているため、成果を再検討しつつ活用していく態度が今後必要だろう。

歴史研究

現在の忍者研究は、実際に存在したがその実態がよくわからない史実の忍者を調べるという歴史研究が中心になっている。山田雄司『忍者の歴史』（KADOKAWA、二〇一六年四月）が広い地域と長い時代に目配りの利いた良著である。近年では幕藩史料にもとづいた歴史研究が急速に進んでいる。国際忍者学会の機関誌『忍者研究』が創刊されて以降、『忍者研究』誌には長野栄俊「福井藩の忍者に関する基礎的研究」（一号、二〇一八年八月）、井上直哉「徳島藩伊賀者の基礎的研究」（二号、二〇一九年八月）、上田哲也「熊本藩細川家の忍び」（三号、二〇二〇年八月）「探索書に見る萩藩の諜報活動」（四号、二〇二一年八月）「本多家の忍びに関する基礎的研究」（五号、二〇二二年八月）と、江戸時代の各藩における忍者の報告が毎号なされている。そのほか、磯田道史氏による岡山藩の忍者の研究や、山田雄司氏による松本藩の忍者や松江藩の忍者の研究もある（「堀尾期松江藩の忍者」『三重大史学』二二、二〇二二年三月）。近世では各藩が忍者を抱えていたため、藩政史料を丁寧に見ていけば研究を着実に進められることが大きい。

その一方で、忍者が最も活躍した戦国時代での実態はわかりづらかった。残存する史料が少ないため軍記のような二次史料をつかった研究が主であった。一次史料をつかった精度の高い研究は平山優「戦国時代の忍びの実像」（『忍者研究』三、二〇二〇年八月）や同『戦国の忍び』（ＫＡＤＯＫＡＷＡ、二〇二〇年九月）で先鞭がついたが、忍者の一次史料は多くないため、本書の研究のように考古学的見地を加えて研究することが今後は必要になるだろう。

伊賀・甲賀の忍者に関しては地元に史料が残っており、三重大学の藤田達生氏や甲賀忍術研究会によって郷土史としての忍者研究が地道に進んでいる。『渡辺俊経家文書』（甲賀市、二〇一七年三月）『甲賀者忍術伝書』（甲賀市、二〇一八年三月）に、甲賀の渡辺家伝来の忍術書のほか、尾張藩の兵学者近松茂矩（ちかまつしげのり）の『用間伝解』『用間加条伝目口義』といった一次史料の翻刻がなされたことは大きい。

このように三大忍術書として知られている『万川集海（まんせんしゅうかい）』『正忍記』『忍秘伝』以外でも重要な忍術書が続々と翻刻されるようになってきた。山田雄司氏により伊賀流忍者博物館所蔵「当流奪口忍之巻註」の翻刻（『忍者文芸研究読本』）や「松村流松明・甲賀流武術秘伝」といった翻刻（『三重大史学』一七、二〇一七年三月）がなされた。このほか『忍者研究』四号に『合武末書』（中島篤巳翻刻）、五号に『合武伝法急勧鶤物見之巻』（中島篤巳翻刻）・『竊奸秘伝書』（山田雄司翻刻）・『山崎流忍術書』『測遠忍之術之巻』（ともに井上直哉翻刻）の翻刻が掲載されている。忍術書は忍者研究の根本の史料のため、翻刻の意義は大きい。

思想・創作面での研究

思想の面での忍者研究は、遠山敦「日本における兵法の受容と忍術の成立」片倉望「『孫子』と『万川集海』を比較して」川上仁一「忍者の精神と日本の心」（ともに『忍者の誕生』）、そして山田雄司『忍者の精神』（KADOKAWA、二〇一九年五月）の研究がある。とくに侍と忍者の比較は関心の高いテーマである。思想や実践に関連していえば、修験道と忍者との関係はより精査されるべきであり、研究の進展が俟たれる。

忍者研究では、創作にもとづく世俗的な忍者像は虚像として軽視されてきた。昭和戦後において立川文庫の研究をおこなった足立巻一（あだちけんいち）や大衆小説の面から研究した尾崎秀樹（おざきほつき）による研究が目に付く程度である。現在では、創作における忍者像も創作物としての価値が認められ、研究対象に含まれるようになった。

文学研究では、吉丸雄哉『忍者とは何か』（KADOKAWA、二〇二二年四月）が、主に江戸時代から大正期までの小説・演劇・浮世絵を対象に、黒装束・黒覆面で手裏剣を打つといった忍者像の形成と変遷の過程を明らかにした。昭和戦後の忍者小説については谷口基氏（『忍者文芸研究読本』など）や牧野悠氏などの論考（『忍者学大全』など）があるが、対象となる作品数が膨大であり、研究の余地は大きい。

創作でいえば、マンガや映画も対象となる。忍者マンガは橋本博、忍術映画は山口記弘氏の論考があるが（ともに『忍者学大全』）、これも対象が膨大である。吉丸雄哉「アナログ忍者ゲームの世界」（『忍者学研究』）は忍者の登場するアナログゲームを手がかりに、忍者の受容のあり方を検討したものである。デジタルゲームは現代の忍者コンテンツの主流であり、今後は研究の俎上に載せるべきものである。

国際的な忍者研究と社会学・観光学的な研究

海外における忍者受容については、井上稔浩「Ninjaになった日本の忍者」(『忍者文芸研究読本』)、ロシア人のクバーソフ・フョードル「外国人の目から見た忍者」(『忍者文芸研究読本』)「世界に広がるNINJA」(『忍者学講義』)が欧米を対象としたもの。関立丹「中国における日本の忍法文学」(『忍者文芸研究読本』)や唐永亮「中国における忍者漫画アニメの受容とその影響」(『忍者の誕生』)は中国における忍者作品の受容を示す。韓国における忍者の影響は金俊倍「韓国版忍者の誕生―「一枝梅」話を中心に」(『忍者の誕生』)がある。日本以外では史実の忍者研究は難しいように思われるが、日本の朝鮮出兵における日韓双方の記録を用いて戦国時代の忍者を考察した金時徳「壬辰戦争文献群における忍者」(『忍者の誕生』)といった研究もある。

社会学的な研究としては、検索ワードをもとに忍者がどのように認識されているかを調べた福島嵩仁「現代の忍者とトレンド」(『忍者学研究』)がある。現代において忍者を利用した観光業は盛んであり、観光に忍者を活用する観光学的な研究発表や報告を学会や研究会で散見する。これも大きな進展が期待される。

自然科学分野における研究

以上のように考古学を含む史学・文学・倫理学・社会学・観光学など人文社会科学系の学問は忍者研究において大きな役割を果たしているが、それ以外に忍者を対象にした自然科学系の研究も存在する。忍者の身体と能力を科学的に分析するものと、忍術書に記された内容を検証・実験するものである。

これについては、医師であり武術家・忍者研究者でもある中島篤巳氏に『忍者を科学する』（洋泉社、二〇一六年六月）という概説的な書物があるが、二〇一二年に三重大学が忍者研究に参入して以降、三重大学の研究者によって細分化された研究がおこなわれるようになった。研究史では、二〇一六年七月二日から十月十日まで東京お台場の日本科学未来館で企画展「The NINJA —忍者ってナンジャ⁉—」が開催されたことが大きい。主催が日本科学未来館であることもあって、歴史や表象史よりも自然科学の見地を多く取り入れた展示をしたのが特徴である。展示の内容は公式ガイドブックの『The NINJA —忍者ってナンジャ⁉—』（KADOKAWA、二〇一六年六月）よりうかがい知れるが、執筆には、運動生理学に小田伸午・杉田正明・脇田裕久氏、狼煙に加藤進氏、自然環境に紀平征希氏、忍者の精神に小森照久氏、忍者食に久松眞氏、薬草に山本好男氏と自然科学系の研究者が多く参加している。小田伸午氏と中島篤巳氏を除けば、先の研究者たちは当時三重大学に所属していた。さらにその研究は読売新聞伊賀・三重版に連載される「三重大発！忍び学でござる」で発展していく。

連載はのちに山田雄司編・三重大学国際忍者研究センター著『忍者学講義』（中央公論新社、二〇二〇年二月）と同『忍者学研究』（中央公論新社、二〇二二年二月）に収録された。もともと新聞連載のため、字数が限られており、また一般読者を念頭にわかりやすく書かれたものだが、それぞれ専門的研究者の知識から書かれており、短いながらも読みごたえがある。

『忍者学大全』（二〇二三年三月）にもに久松眞「忍者食の設計デザイン」、加藤進「忍者の情報伝達方法」、荒木利芳「忍者の火器・火術」、小森照久「忍者の印と息長の効果の医学的検討」が収録される。『忍者学講義』『忍者学研究』に比べて紙幅に余裕があるため、より学術的な内容になっている。

忍者の精神については、精神科の医師である小森照久氏が『忍者「負けない心」の秘密：折れない・凹まない・ビビらない！』（青春出版、二〇一七年七月）と『精神科医が勧める忍者の印と呼吸法を応用した究極の不安・ストレス解消法』（日本橋出版、二〇二一年八月）を著している。西村誠「息長と簡易マインドフルネス訓練の比較：忍者マインドフルネスについての試論」（『忍者研究』三号、二〇二〇年八月）は小森らの研究をもとにした忍者の呼吸法に関する総説的な論文である。

以上のように、忍者に関係する自然科学は、忍者の動きをみる運動生理学、忍者の精神面を対象とする精神医学、星を見る天文学、天候を予想する気象学、堀の幅などを計算する測量学、薬草や忍者の薬を分析する薬学、兵糧丸などを再現・分析する食品学、狼煙や火器を対象とする化学、道具を対象とする工学などが存在する。

忍術は終わったものではなく、武神館や日本忍者協議会による「忍道―NINDO」などがあらたな実践者を生んでいる。先に述べたように忍術書は新たな発見や紹介・翻刻が続いている。それらをもとに自然科学分野の研究も進展するだろう。

エピローグ——忍び研究の新たなステージに向けて

岩田明広

戦国の戦は本軍と分隊や別動隊による作戦行動でおこなわれていた。一九八〇年代以来、集成と翻刻が進む史料をひもとけば、こうした事情は容易にわかる。「忍び」は別動隊を構成する重要な要素だ。それにも関わらず、軍記等の影響を除外しにくく、歴史科学としての忍びの研究は進んでいない。この数年、三重大学や国際忍者学会等で忍者研究が盛んになっているが、近世史料や忍術伝書を中心とした徳川政権下の忍び研究と、文学や映像に描かれた虚像としての忍者研究がその主体だ。

そうした中、戦国期の忍びの実像を把握するため、二〇二一年（令和三）夏、埼玉県立嵐山史跡の博物館で企画展「実相　忍びの者」を開催した。さらに、理解を深めるため、忍びが活動した城や地域の研究をリードする気鋭の研究者にご発表をお願いしたのが、同年九月十九日（日）に同館が実施した博物館セミナー「戦国の忍びを考える—武蔵国での戦いをめぐって—」だった。その後、セミナー発表者の研究報告と、関係した研究者等による寄稿を収録して一書を編むことになり、本書が生まれた。

本書はセミナーの内容に合わせて、全体を三部構成にしている。

第Ⅰ部は、「城攻めと忍び」として、企画展での調査研究内容を中心に紹介し、さらに事例研究で具体的な忍びのあり方を提示することにした。

第一章「一次史料からみた戦国期の忍び」では、「すっぱ」「くさ」「伏兵」等とは異なる、軍の戦術としての忍びの枠組みを定義し、第二章「永禄五年葛西城忍び乗っ取り作戦と天正二年羽生城忍び合戦」では、葛西城の戦いと羽生城の戦いを例に、北条軍の忍びの召集や担い手となった特殊武装集団のあり方、上杉軍の忍びの能力について紹介した。両章は、事業担当者の責任において筆者が執筆した。

続く第三章「忍びにより葛西城を奪う」では、長く葛西城の発掘調査を担当してこられた谷口榮氏に、発掘調査の成果を交えながら葛西城における忍びの足跡を追求していただいた。谷口氏の考察は、戦国期を通じての軍事・政治拠点としての葛西城の重要性を整理し、文献史料についての筆者の解釈の問題点を検討した上で、多数の戦国期の考古資料を紹介して葛西城で白兵戦があったことを示すものとなった。忍び戦術を用いた「乗取」の具体的様相に迫る重要な論及をいただいたものだ。

さらに第四章「上杉謙信の「夜わざ鍛錬之者」から探る羽生城の忍び」では、幻の城ともいわれる羽生城を研究してこられた髙鳥邦仁氏に、忍びに該当する集団のもつ特殊技術についての考察をお願いした。羽生城は、関宿城とともに上杉謙信と北条氏康・氏政が激しく争った城だ。北条軍が包囲する中、上杉方の特殊武装集団「夜わざ鍛錬之者」が兵糧運搬のために北条方の船を奪った、忍び戦術の理解に欠かせない記録が残る。知行により羽生領に入った羽生城主木戸氏・菅原氏が、その故地で夜わざ鍛錬之者を組織したとみる筆者とは異なり、城主となって成長した木戸氏・菅原氏が、羽生領で操船技術を持つ熊野修験関係者を組織したとみる野心的な考察となった。戦国の軍の組織形成の考察という意味で、両説の並列提示は非常に重要だと思われる。

セミナー当日、髙鳥氏は体調を崩され御出席がかなわなかった。その後、髙鳥氏の御発表内容の公表を望む声が多く寄せられた。今回、本書刊行に際して御寄稿をお願いし、御快諾いただくことができた。

第Ⅱ部は「籠城戦と特殊武器」とし、実際に攻防戦が繰り広げられた城跡でみつかった忍器と認定できる考古資料をきっかけに、忍びや忍びに類する特殊武装集団、さらに、籠城戦に関わった技能集団に関する史料をとりあげ、忍びの正体の可能性を追求するとともに、戦国後期の軍事史の中に位置づけることを心がけた。

第一章「戦国の忍器と天正十八年の小田原攻め―岩槻城跡・八王子城跡の特殊武器―」は、企画展での調査研究内容を基本に筆者が担当した。戦国の忍器もしくはそのルーツと認定すべき考古資料として、岩槻城跡・伊達城跡出土の有角型石製平つぶてと八王子城跡採集の土製撒菱等を紹介し、製作・使用した特殊武装集団の性格を考察した。

第二章「岩付城をめぐる上杉・北条の攻防と忍び」では、戦国史研究者としての立場から、新井浩文氏に、有角型石製平つぶてを出土した岩付城における忍びの存在可能性と、忍びに関係する戦国後期関東の情勢を概観いただいた。新井氏は、忍びに関わる行為を含め、武蔵国での城攻めにおける忍びに該当する可能性のある事例をとりあげ、夜間戦闘や情報伝達等の状況を追求されている。今後の忍び研究の基礎的な研究対象を提示する一方、戦国大名を支えたさまざまな職能集団の存在から、軍の構成を問い直す視点をお示しいただいた。

新井氏には、展示の準備段階からたびたび相談に乗っていただいた。感謝申し上げるとともに、前触れなく質問するなど、不躾であったと反省もしている。

続く第三章「八王子城跡の発掘調査と天正十八年小田原攻めでの忍びの痕跡」では、土製撒菱が発見された八王子城跡で長年発掘調査に従事してこられた村山修氏に、御主殿虎口に集中するという発見位置や状況の整理、最新の発見状況、籠城戦における城郭構造と撒菱の使用法等について考古学的に追及していただいた。本書の執筆に際して、その使用法について、石敷き施設との関連にたどりつかれている。

村山氏にも展示準備段階から、多くの御協力をいただいていた。採集資料や発掘調査出土資料を見直し、それらの中に筆者が確認した個体以外の土製撒菱を確認していただいた。とくに出土品中での発見については、セミナー以後の継続的な調査の成果でもある。考古学徒としての村山氏の熱心さは敬服に値する。

第四章「天正十八年八王子城の戦いと忍び」では、北条氏と八王子城を研究してこられた柳沢誠氏に、小田原攻めの際の八王子城の戦いを一次史料から詳細に後付けていただき、忍びやそれに類する活動と城攻めの関係に迫っていただいた。土製撒菱と結びつく忍びの直接の手がかりは得られなかったが、番匠をはじめさまざまな職人集団や「強人」という戦闘集団が籠城戦に関わった可能性が明らかになった。番匠等が土製撒菱の生産に関与した可能性もある。

柳沢氏は、多数の死傷者を出した籠城戦の中で、城内の多様な人々の存在や土製撒菱の使用が、城外への脱出を求める動きであったととらえている。悲惨さが強調されてきた八王子城落城に関する、新しい歴史観の提示といえる。

セミナー発表者ではないが、職能集団と戦国大名軍の関係に、厚みをもたせてくれたのが、第Ⅱ部でコラムを担当された木村希氏と嶋田英也氏である。ともに冒頭で紹介したＮＨＫの番組を通じて忍器の復元製作実験をお願いした職人さんだ。本書刊行が決まった際、忍器復元製作実験の報告を残しておきたいと考え、執筆をお願いした。原稿は紙幅の関係で短いものになったが、実験を通じ職人の協力や指導があった当時の籠城戦を想像させる興味深い報告となった。

第Ⅲ部は、現時点での忍者研究の総括と今後の研究の方向性を検討するため、「これからの忍者研究」とした一部を設け、我が国忍者研究のリーダーのお二人に御寄稿いただいた。

第一章「関東の忍びとこれからの忍者研究」は、企画展の調査研究段階から御教示を賜ってきた三重大学人文学部教授山田雄司氏に、忍びの研究状況をまとめた上で、関東の戦国期忍び研究の位置づけをお願いした。戦国期の忍びの任務に情報収集があったか否かの確認等、今後の課題を御指摘いただいた。さらに、地域を超えた協力体制の構築により、忍びの実態を解明していくという今後の目標を力強く宣言し、筆者らに勇気を与えて下さった。

山田氏の御指摘のとおり、情報なしで戦に挑むことは無謀である。国際関係が複雑化し戦略・作戦が多様化した現代戦では、情報優劣はとくに重視されている。戦国大名間の関係や戦略が非常に複雑だった戦国期も同様だったと思われる。必要な軍事情報は、軍単位のレベル、分隊・部隊単位のレベル、あるいは個々の兵士のレベルなど、階層によって異なる。現在のところ、一次史料をみる限り、戦国大名軍は軍単位の情報収集担当がその任務をおこなっており、忍びがこれをおこなった証拠はみつけられていない。情報収集のあり方を明確にすることは、戦国大名軍の作戦行動のあり方として重要だ。本書では、新井氏が上原氏を例に、諜報戦の手がかりを探っている。今後の忍び、あるいはその周辺の研究が楽しみな一面だ。

これを明らかにするためには、一次史料とは異なる軍記等の史料に目配せするのが一つの方向性であろう。文学の方法論で忍者研究をリードしてこられた三重大学人文学部教授吉丸雄哉氏のような、広範な視座が有効なのだ。

吉丸氏は、筆者らの活動に目を止めて下さり、台風の中、埼玉にいらしていただき、セミナーへの御臨席を賜った。その縁を頼りに、今回御寄稿をお願いすることができた。吉丸氏には、三重大学での研究成果をもとに、第二章に「多分野研究からみた忍者研究」として、文学・史学・理化学等の多様な科学からの最新研究の紹介と、虚像と実像として生き続ける忍者を通じて発展する我が国文化の可能性を論じていただいた。活躍の場を世界に広げた現代の忍者研究は、総合科学に昇華していくに違いない。

さて、本書を手に取り、読者はどの章からお読みいただいただろうか。どこを開いても、新しい事実や考えを目にすることができたはずだ。本書の執筆に際して、各執筆者には自由に論じていただくよう心掛けた。戦国の謎に挑み続けるため、今後の研究の発展の花芽を少しでも多く残せるよう考慮したものだ。忍び関連の情報はできるだけ広く扱い、用語や概念、個々の合戦の評価等の整理や統合はおこなわなかった。混乱もあるかも知れないが、それらは今後の検証ための大切な資産だ。歴史科学の醍醐味でもある論争の種として、読者にはお赦しを願いたい。

本書によって明らかになったのは、忍び戦術の担い手になりうる者たちと、忍び戦術に関係した者たちの身分や職業の多様な可能性であり、興味・関心をもち、研究すべき対象の広がりであろう。

本書を通じて、大軍が交錯する戦国の夜の戦いを支配した、忍びの姿に出会うことができただろうか。

忍び研究の楽しみ——あとがきに代えて

晩秋のよく晴れた日、埼玉県小鹿野町の日尾城跡に登った。日尾城は、上杉謙信第二次越山後の北条軍による奪還作戦の際、氏政軍の南図書助が乗っ取った城だ。

秩父霊場三十一番札所の鷲窟山観音院駐車場から、岩殿沢を登る。観音山は第三系礫岩・砂岩の馬上礫岩層からなり、崖や谷が発達している。二〇一九年の台風一九号の大雨により岩塊が露出、登山道は崩壊状態だった。

急登の後、沢が右に折れ、大きく開けた平場に出る。白昼だが日照がなく薄暗い。目前に、岩塊を載せた尾根が壁のように聳えているからだ。巨大な岩塊中央には、切通しとも思える門のような割れ目が開く。牛首峠だ。岩門を抜け、その上部を回り込んで、標高五五〇メートルの尾根上を進む。

炭焼き窯の残址を過ぎると、大規模な曲輪が三段連なり、その突き当りに直交する尾根がある。尾根上左には馬上城山八幡の祠をまつる小規模な曲輪が、右には広い曲輪が開け、その先に物見台とされる小曲輪が続く。これらの曲輪群から切岸状の斜面を下った所に、さらに小規模な曲輪が付く。どれも切り立った尾根上を利用している。尾根を跨ぐ曲輪の両側には、何かを頼らずには立つこともままならない急傾斜が谷底に至る。

日尾城には、天正八年（一五八〇）に武田軍小幡信真（おばたのぶざね）配下の黒沢大学助（くろさわだいがくのすけ）が攻め寄せているが、その際の戦術も乗っ取りだった。信真が、黒沢大学助に乗っ取りを急げと催促した文書が残っている。

日尾城跡から北に上武山地・神流川を大きく越えた群馬県安中市の松井田城跡も、乗っ取り戦術を受けた山城の一つだ。武田軍配下の真田軍が、忍び戦術で水曲輪を乗っ取ろうとした記録が残る。松井田城跡も日尾城跡に似て、尾根筋上に曲輪が並ぶ。天正十八年、松井田城を力攻めした豊臣軍北国勢は、降伏に追い込むまでに約一ヵ月を要したという。

武田軍は、静岡県掛川市にあった徳川方の高天神（たかてんじん）城の攻城戦でも乗っ取り戦術を用いている。まず塔尾という曲輪を乗っ取り、その後、本曲輪・二の曲輪を三日以内に攻略するよう、勝頼が大井左馬允入道（おおいさまのじょうにゅうどう）に指図している。

秋の日差しの中、日尾城跡に登った理由は、忍び戦術でも城攻めによく用いられた乗っ取りを実地に体験しておきたかったからだ。

関東山地は谷が深く険しい。こうした山体を利用した山城では、多勢では拠点を確保しづらく、面的な攻撃は展開できない。攻めるなら、城兵の隙をついた急襲が定石だろう。夜戦のスペシャリストが急襲する忍び戦術はきわめて有利な戦法だ。奥秩父の深い連山に包まれ、忍び戦術の重要性を再認識した。

第Ⅰ部第一章にも記したが、戦国期の合戦を紐解くと、その多くは城の争奪戦だった。テレビ番組のような野戦は、実はそれほど多くない。初期の城は、有事の退避所から起こったものだ。争いが生じると、武士も民も近くの山地等に逃げ、堀や柵を築いて交通路を遮断し、守りを固めた。戦が常態化すると防御施設を備えた山は要塞化し、武士や家臣が籠る建物も造られるようになった。城は字のとおり、人・モノ、そしてカネが集まる町を成し、政治・経済・宗教・防衛の中心になった。城取りが国盗りと等しくなったのだ。

今回の研究を通じ、戦国期の攻城戦・籠城戦では、攻守ともに、忍びや類似の特殊武装集団・特殊技能集団の活躍があったことが明らかになってきた。戦国期の戦の多くに、忍びや類似の集団が関わっていた可能性があるのだ。今は研究を続けるほど、忍びの世界が広がっていく気がしている。

埼玉県立嵐山史跡の博物館の展示準備で本格的に研究をはじめてから、この春ですでに五年が経過した。その間、忍びを通じて、筆者は非常に多くの出会いを経験した。一つ一つの事実探求がつぎつぎに連鎖して、多くの人に結び付き、戦国の忍びの実態に近づくことができた。こうした幸運は、長く研究活動を続けてきたが、初めての経験だった。その成果として開催したのが、忍び戦術の舞台になった城郭や、関係地域の研究をリードする気鋭の研究者によるミニシンポジウム「博物館セミナー」であり、本書の基礎になるものだった。

書末を借りて、そうした出会いの中での思い出深いエピソードを、いくつかご紹介しておこう。

セミナーのような討論をともなう学術発表会では、発表者同士の事前の勉強会が欠かせない。当初セミナーの準備は時間的に余裕がない状態だったが、新型コロナウイルス感染症拡大にともなう延期により、三回の準備会をもつことができた。

最初の準備会は、二〇二〇年九月、埼玉県立嵐山史跡の博物館で、発表者に御足労いただいて実施した。

このときは、主に本書第Ⅰ部第一・二章、第Ⅱ部第一章の筆者の調査成果をお話しし、研究者のみなさんに、発表していただける内容をご発言いただき、分担をお願いした。その日は、深谷市本田に回り、発表者全員で忍びの故地を訪れた。帰路、JR高崎線熊谷駅に向かう車中でのできごとだった。

八王子城跡で採集された土製撒菱の話題になった際、その採集位置の確認をお願いしていた村山氏から、御主殿「虎口」に集中していた旨の発言があった。土製撒菱は構造から撒菱であると認識できるものだが、八王子市郷土資料館でその存在を確認したとき以来、筆者は、採集状態から敵の足止めのために用いたことがわかれば有難いと考えていた。しかし、昭和三十年代の採集だ。難しいかもしれない。そう思いつつ、実は次回の準備会での報告あるいは本番での報告を楽しみにしていた。村山氏には準備会以前から採集位置確認の相談をもちかけていたが、あっけなく、出入り口の施設に集中していたことを「暴露」され、楽しみを奪われたようでもあり、非常に有難くもある一幕だった。

第二回の準備会は、二〇二二年六月、八王子城跡ガイダンス施設で実施した。その際、八王子城周辺に土製撒菱を作り使った特殊な集団や忍びに類する集団がいなかったか、文献史の視点からの検討をお願いしていた柳沢氏から、成果の中間報告があった。あらためて豊臣軍の小田原攻めの際の古文書を読んでみた結果、北国勢の攻撃が明け方に始まり、攻め手の兵が競って石垣上の塀に登り、「矢切」を処理することで戦端が開かれたことなど、城攻めの詳細な実態がわかってきたとお聞きした。

筆者の忍び研究は、戦国大名軍を理解するための方途として位置づけたもので、軍全体の構造や戦闘の実態を考え、戦いの世が長く続いた理由を理解しようという目的をもっている。柳沢氏の言葉は、文献史料と考古資料を武器に多様な集団にアプローチする今回の方向性が、そうした目的に繋がることを示しているように思えた。

二回目の準備会では、長く葛西城の発掘調査を担当してこられた谷口氏からも中間報告があった。谷口氏には、企画展の展示資料探索時に、葛西城の忍びを記した「本田家文書」について御教示いただいて以来、非常に多くの御支援を賜ってきた。谷口氏との出会いなしに、現在の到達点はなかっただろう。葛西城の様相から、考古学的に忍びによる城攻めの具体像を考察していただけないかという筆者の困難な依頼に対し、谷口氏が石製平つぶてに繋がる板碑の投擲武器への転用の可能性を示されたのがこのときであった。その後、埼玉県加須市の騎西城跡で円形の回転系投擲武器とみられる多数の石器の存在を確認し、現在は、手裏剣等につながる回転系投擲武器の情報が、十六世紀後半の元荒川・利根川下流域に存在していたことを把握するに至っている。

執筆者が楽しんでばかりで読者には申し訳ないが、セミナーの準備会は、誰も知らない情報がたびたび交錯する、大変楽しい勉強会になったことを記憶している。

博物館セミナー開催にはハプニングもあった。

企画展に関する調査研究段階から多くの御支援をいただいていた三重大学人文学部教授の山田雄司氏には、セミナー前日の令和三年九月十八日に予定していた御講演のため、十七日中に埼玉入りしていただいていた。山田氏には、伊賀・甲賀の最新情報と今後の忍び研究の方向性のお話しを頂戴し、引き続き、博物館セミナーでも御登壇いただく予定であった。

その十日ばかり前の九月七日、フィリピン東方の海上で台風一四号が発生した。海水面温度が高く、台風は急速に発達し、十一日には中心気圧が九〇五ヘクトパスカル、中心付近の最大風速が六〇メートルの「猛烈な」台風になっていた。その後、東シナ海に停滞していたが、十七日夜、福岡県に上陸すると、日本列島を横断する形で東進してきた。このため、講演会は急遽中止することになった。参加を予定されていたみなさまには大変な御心配と御不便をおかけした。この場を借りて深くお詫び申し上げたい。

当日は、台風の勢力が弱まったこともあり、予定していた山田氏の御講演「伊賀・甲賀の忍びと忍び研究の現状」と徳川林政史研究所所長で公儀隠密研究の第一人者である深井雅海氏の御講演「将軍直属の隠密御庭番の探索報告書」を記録のため、内部開催することができた。その様子は、現在YouTube埼玉県立嵐山史跡の博物館のチャンネルで公開している。拙い編集であるが、ご覧いただければ有難い。

本書の出版に至るまでには、他に多くの方の御支援・御教示があり、家伝の史料の調査のお許しや企画展への御出品など、特別な御高配も賜った。おひと方おひと方とのふれあいが心に残るものとなっている。最後になってしまったが、御教示・御協力を賜ったみなさまに衷心より謝意を表したい。また、戦国史における忍び研究の重要性を御理解いただき、筆者ら研究者の意向をお汲み取りになり、多大な御尽力を賜った上、細々とした事務全般までお引き受けくださった株式会社吉川弘文館編集部の石津輝真氏、今回の出版の御支援と機会を賜った株式会社吉川弘文館に、あらためて御礼を申し上げたい。

戦国の軍の研究としての本格的な忍び研究は、まだ緒についたばかりといってよい。その分、多くの研究対象があり、謎も深い。忍びになぞらえて、明日にでも情報収集の全国調査に出たいところだが、しばらくは関東の調査・研究で手一杯になりそうだ。いずれ忍んで出かけることにしておこう。

二〇二三年三月　花を待つ奥武蔵にて

岩田明広

関東の戦国年表

※本年表は、岩付城の動向を中心に編集した。

年代	西暦	事項
文明十六	一四八四	太田道可（資頼）生まれる。父は太田美濃守（『年代記配合抄』）。
文明十八	一四八六	7・26 太田道灌糟屋にて誅殺。太田六郎右衛門家督継承（『年代記配合抄』）。
永正二	一五〇五	武蔵中野陣にて太田六郎右衛門誅殺、備中守遺跡を継承（『年代記配合抄』）。
大永二	一五二二	2・2 太田資正誕生。父は資頼（道可）、母は太田下野守女（『年代記配合抄』）。2・16 太田永賢没する（「養竹院墓碑銘」）。この年道可、氏綱を頼み岩付城を攻め落とす、城主渋江右衛門太輔討死（『年代記配合抄』）。
大永四	一五二四	1・13 上杉朝興の江戸城、北条氏綱に攻められ落城。太田源次三郎（資高）は朝興から謀反氏綱につく（『年代記配合抄』）。
大永五	一五二五	2・6 渋江三郎、氏綱を頼り岩付城を攻め落とす。道可石戸城へ移る（『年代記配合抄』）。
享禄四	一五三一	9・24 道可、岩付城を攻め落とす。渋江三郎討死（『年代記配合抄』）。
天文二	一五三三	太田全鑑（資顕）岩付城主となり、道可隠居する（『年代記配合抄』）。
天文六	一五三七	この年、山内上杉憲政関東管領となる。4・26 扇谷上杉朝興死去、号法光院殿、嫡子朝定家督継承（『年代記配合抄』）。7・11 河越城落城（『北条記』）。
天文十一	一五四二	太田氏資誕生。父は資正、母は難波田弾正（正直）女（『年代記配合抄』）。
天文十二	一五四三	2・3 北条家、岩付太田氏家臣上原出羽守の所領久良岐郡戸部郷に陣夫役を課す（「上原文書」）。4・20 道可六十歳にて死去。足利義氏誕生。父は晴氏、母は氏綱女芳春院（『年代記配合抄』）。
天文十五	一五四六	3・7 北条氏康、上原出羽守に太田全鑑の北条方内通への馳走を命じる（「上原文書」）。4・20 河越夜戦にて北条氏康が古河公方・両上杉連合軍を破る。難波田正直善銀討死。松山城も落城するが、9・－ 資正が奪還する（『年代記配合抄』）。10・9 太田全鑑没（『太田家譜』）。
天文十六	一五四七	2・27 全鑑、宮城政業に大まき・市谷分を返還する（「豊島・宮城文書」）。8・7 氏康、上原出羽守の氏康荷担を賞し、都筑郡市郷を与える。28日には同郷の諸公事を免除する（「上原文書」）。12・9 資正、松山城に上田又次郎を置き、自身は岩付城へ帰還。上田氏は氏康に与し同13日岩付城を攻める（『年代記配合抄』）。

年号	西暦	事項
天文十七	一五四八	梶原政景誕生。父は資正、母は大石道俊女（『年代記配合抄』）。1・18資正、氏康と和睦（『年代記配合抄』）。1・21氏康、岩付から出奔する人数や所領について上原出羽守に対して尋ね、引き立てるべき事を約す（「上原文書」）。7・13資正、浦和郷内の長嶋宮内分二〇貫文の地を松野左馬助に与える（「松野文書」）。
天文十八	一五四九	9・3資正、慈恩寺に六十六坊を寄進（「慈恩寺文書」）。
天文二十三	一五五四	氏康、古河城の足利晴氏父子を攻める。義氏は葛西城へ移る（『年代記配合抄』）。
弘治三	一五五七	義氏元服、3・－葛西城にて梶原政景も元服し源太政景となる（『年代記配合抄』）。4・4資正、北条氏康との盟約により遠山氏とともに常陸小田氏治を攻める（海老島合戦）（「白川文書」『結城家譜』）。
永禄二	一五五九	2・15義氏、関宿へ移る。北条氏康隠居、氏政家督継承（『年代記配合抄』）。
永禄三	一五六〇	9・－長尾景虎、関東出陣（『歴代古案』）。資正、北条氏から離反し、景虎の出陣に応える。2・14資正、石浜宗専寺に制札を出す（『武州文書』「豊島郡橋場町総泉寺所蔵文書」）。12・24資正、景虎の命令で正木憲時と原胤貞との和睦を進める（「上杉家文書」）。
永禄四	一五六一	2・22長尾景虎、松山着陣（『年代記配合抄』）。2・－長尾景虎、太田資正をはじめとする二五五名以上の反北条勢力を『関東幕注文』に記す（「上杉家文書」）。2・－資正、小仏谷・案下谷に制札を出す（「薬王院文書」）。8・28資正、松山城を奪取（「太田資武状」）。11・27上杉輝虎、岩付に着陣（『上杉家文書』）。12・21資正、比企左馬助の戦功により、比企郡代を命じる（『武州文書』「中山村比企道作所蔵文書」）。氏康、氏繁に資正と成田長泰の逆心を伝える（「箱根神社文書」）。
永禄五	一五六二	4・16北条氏政、本田氏に対し葛西城乗っ取りを命じる（「本田家文書」）。5・14資正、三戸駿河守のもとへ取次として野本右近と舎人孫四郎を遣わす。8・26本田氏、北条氏に舎人郷を求める（「本田家文書」）。12・16輝虎、資正からの救援要請により越山する。12・16輝虎、資正からの救援要請により越山する（『歴代古案』）。
永禄六	一五六三	2・－輝虎、石戸城に着陣。2・4松山城代扇谷上杉憲勝、松山開城。氏康・信玄連合軍撤退。2・11輝虎、岩付より出陣、資正従軍し騎西城を攻め小田朝興降伏、成田長泰も輝虎方となる（「伊藤本文書」）。
永禄七	一五六四	1・8資正・里見父子連合軍、国府台合戦で北条氏康・氏政軍と戦い敗れる（『小田原編年録』）。7・23氏康、資正不在の岩付城を攻め、資正・梶原政景を追放する（「蕪木文書」）。資正これ以降、道誉と名乗る。10・27道誉、那須逗留中に、三春城主田村月斎からの返書をうける（「青山文書」）。11・27道誉、宇都宮逗留中、沼田城主河田長親に黄金一〇〇両等の礼を述べる（「上杉家文書」）。

永禄八	一五六五	3・7 簗田晴助、関宿城に先制攻撃を仕掛けた太田氏資に野伏を仕掛け撃退する（「古簡雑纂」）。5・7 道誉、岩付城奪回を試みるも内通者のため未遂に終わり、忍城へ戻る（『長楽寺永禄日記』）。5・15 太田氏資、宮城四郎兵衛尉に舎人郷を与える（「豊島・宮城文書」）。5・― 忍城主成田氏長、藤田甘糟の商人長谷部氏が忍領の足軽であることを証明する（「町田文書」）。7・8 輝虎、三戸駿河守とその内方に道誉父子と共に岩付城奪回を命じる（「三戸文書」）。
永禄九	一五六六	6・28 佐竹義重、道誉・梶原政景父子を常陸片野城主・柿岡城主として招聘する（『古文書雑集』）。
永禄十	一五六七	1・26 輝虎、佐野に在陣、道誉父子に参陣を要請（「太田文書」）。8・23 三船山合戦で北条軍が里見軍に敗北。氏資はじめ岩付衆五六騎討死（「太田資武状」『年代記配合抄』は永禄九年）。
永禄十一	一五六八	8・7 輝虎、道誉に佐野から東は佐竹・宇都宮に任せる旨を伝える（『謙信公御代御書集』）。
永禄十二	一五六九	2・11 道誉、輝虎に関宿城危急につき越山を要求（「山吉文書」）。3・27 輝虎、道誉父子に越相一和についての見解を七ヶ条の覚書として送る（「専宗寺文書」）。4・21 道誉・梶原政景父子連署で越相一和に関する条書を河田長親に要望する（「上杉家文書」）。5・5 武田信玄、道誉家臣太田宮内大輔に道誉父子の武田方誘引を依頼（「太田文書」）。6・27 信玄、道誉に北条との戦況を伝え、調略を依頼（「太田文書」）。年未祥8・6 武田家臣小山田信茂、関東へ商人派遣につき、岩付の鈴木雅樂助か柏崎を訪ねるよう天原氏に命じる（「御感状之写幷書簡」）。11・20 輝虎、越山し、道誉父子に参陣要請（『安得虎子』）。
元亀元	一五七〇	1・6 政景、三戸駿河守に大毛・吉羽・上高野及び冬木の地を宛行う（「三戸文書」）。1・10 輝虎、佐野陣中で道誉と面会、義重の参陣を要請（「太田文書」）。2・1 信玄、小田城主梶原政景からの太刀到来を謝し、岩付奪回を要請する（「太田文書」）。2・18 氏康父子、輝虎に起請文を出し、岩付城の道誉への返還、政景の小田原在府、養子の提出などを盟約する（「上杉家文書」）。3・9 輝虎、大石芳綱への書状の中で道誉の軽率行動を咎め不信を表明（『歴代古案』）。4・24 山吉豊守、輝虎の意をくみ、道誉との不和解消を三戸駿河とその室（道誉妹としやう）に依頼（「太田文書」「三戸文書」）。
元亀二	一五七一	8・8 謙信、道誉との三戸駿河守室（としよう）に書を送り、道誉父子の先忠を失わず忠信を尽くすことを要請す（「太田文書」）。11・10 謙信、北条高広に里見・佐竹・道誉との手切れ後悔を伝える（「新潟県立文書館所蔵文書」）。12・5 謙信、三戸駿河守に道誉父子の参陣を要請する（「三戸文書」）。
元亀三	一五七二	5・7 北条家の忍者風間の六ヵ村滞留につき、岩付衆の立川・中村・足立・浜野・岩井の各氏に宿以下の諸事を命じる（『新編武蔵風土記稿』所収文書）。
元亀四（天正元）	一五七三	12・10 すな原村百姓が風間の在宿迷惑を北条氏に訴え、北条氏は今後は置かないことを伝える（『武州文書』「鴻巣宿百姓三太夫所蔵文書」）。

天正二	一五七四	1・26謙信、関東出陣の陣触れを発令（「後藤文書」）。3・13謙信、木戸忠朝・重朝・菅原直則の羽生三将へ出陣にあたり道誉父子の参陣を催促する（「西沢徳太郎氏所蔵文書」）。4・4謙信、羽生三将に佐竹義重の出陣を急ぐべき旨、道誉に飛脚を出すよう命じると共に、夜わざ鍛錬の者による敵船収集を命じる（「上杉家文書」）。4・13佐藤筑前守の失策により船橋による兵糧輸送失敗、謙信激怒する（「志賀文書」）。5・17北条氏、関宿渡しの法度を定め陣営からの通行を検閲する（「二見文書」）。10・12謙信、関東に出陣（「太田文書」）。11・27謙信、関宿救援のため沼田出陣に際し、佐竹・政景らの不参加を嘆き、太田父子の責任を問う（「上杉家文書」）。閏11・18羽生城自落、閏11・19関宿開城（「賜蘆文庫文書」）。
天正五	一五七七	2・11北条氏、すな原村代官内田孫四郎の知行役不正に関する風間同心渡辺新三からの訴えを却下する（「屋代典憲氏所蔵古文書之写」）。年未祥7・5北条家、関宿台宿と網代宿の町人に弓・鑓・鎌持参での出陣を命じる（『下総旧事』所収文書）。
天正六	一五七八	4・3忍城主成田氏長、熊谷の商人長野氏の伊勢参宮を祝す（「長野家文書」）。年未祥6・1また氏長より伊勢の連歌師村岡玄を招聘を依頼される（「長野家文書」）。
天正八	一五八〇	12・1鉢形城主北条氏邦、塩荷を押さえるべき範囲を長谷部氏に命じる（「長谷部家文書」）。
天正十一	一五八三	6・17古河公方足利義氏遺臣簗田助実ら関宿木間ケ瀬の足軽に強奪された人馬の返還を氏照に求める（「喜連川文書案」）。
天正十三	一五八五	2・11氏房、伊達房実に岩付奉行を命じる（「梶田文書」）。7・10氏政、氏房の婚姻につき、江戸城からの輿入れ行列惣奉行を宮城、福嶋に命じる（「豊島・宮城文書」）。11・15氏房、宮城美作守に岩付城中城車橋の管理を命じる（「豊島・宮城文書」）。
天正十四	一五八六	3・14道誉、山宮斎に書を送り、豊臣秀吉の北条討伐についての疑念を述べる（「佐藤行信氏所蔵文書」）。5・13秀吉、道誉に書を送り、近日中の関東出馬を伝える（「専宗寺文書」）。7・9佐竹氏家臣岡本賢哲、道誉に書を送り、秀吉からの使節として山上道牛が到着した旨を伝える（『江戸譜』所収文書）。
天正十五	一五八七	12・24氏房、来年の出陣に備え、家臣の妻子を岩付大構内へ移住させる（「道祖土家文書」）。
天正十六	一五八八	1・8北条氏照、笹井観音堂・杉本坊配下の山伏に戦時における参集を命じる（「篠井文書」）。
天正十七	一五八九	11・28秀吉、道誉に北条氏直への宣戦布告状写を送り、覚悟を要請する（「太田文書」）。
天正十八	一五九〇	5・21氏房家臣松浦康成、山本正次に岩付城の戦況を小田原城の氏房に伝えるよう命じる（「越前史料山本文書」）。同日岩付落城（「平岩文書」）。6・8秀吉、岩付落城後の様子等を立花宗茂に伝える（「立花文書」）。

執筆者紹介（生年／現職）——掲載順

岩田明広（いわた　あきひろ）　一九六五年／埼玉県立自然の博物館主席学芸主幹
谷口　榮（たにぐち　さかえ）　一九六一年／葛飾区教育委員会生涯学習課兼務産業観光部観光課主査学芸員
髙鳥邦仁（たかとり　くにひと）　一九七九年／羽生市教育委員会生涯学習課文化財保護係長
新井浩文（あらい　ひろぶみ）　一九六二年／埼玉県立文書館学芸主幹
木村　希（きむら　のぞみ）　一九六八年／有限会社木村石材代表取締役
村山　修（むらやま　おさむ）　一九六八年／八王子市教育委員会生涯学習スポーツ部文化財課学芸員
嶋田英也（しまだ　ひでや）　一九六六年／陶芸家
柳沢　誠（やなぎさわ　まこと）　一九七七年／八王子市郷土資料館文化財専門員
山田雄司（やまだ　ゆうじ）　一九六七年／三重大学人文学部教授
吉丸雄哉（よしまる　かつや）　一九七三年／三重大学人文学部教授

戦国の城攻めと忍び
北条・上杉・豊臣の攻防

二〇二三年(令和五)六月二十日　第一刷発行

編　者　戦国の忍びを考える実行委員会
埼玉県立嵐山史跡の博物館

発行者　吉　川　道　郎

発行所　株式会社　吉　川　弘　文　館
郵便番号一一三−〇〇三三
東京都文京区本郷七丁目二番八号
電話〇三−三八一三−九一五一(代)
振替口座〇〇一〇〇−五−二四四
http://www.yoshikawa-k.co.jp/

組版＝文選工房
印刷＝藤原印刷株式会社
製本＝株式会社ブックアート
装幀＝清水良洋・宮崎萌美

ISBN978-4-642-08434-5